东北大学百年校庆丛书
1923 - 2023

# 漫游东大

主编　丁义浩　刘海龙
　　　韩　斌　杨　明

东北大学出版社

ⓒ 丁义浩 等 2023

**图书在版编目（CIP）数据**

漫游东大 / 丁义浩等主编 . — 沈阳：东北大学出
版社，2023.7
ISBN 978-7-5517-3341-0

Ⅰ . ①漫… Ⅱ . ①丁… Ⅲ . ①东北大学—校史 Ⅳ .
① G649.283.11

中国国家版本馆 CIP 数据核字（2023）第 145474 号

出　版　者：东北大学出版社
　　　　　　地址：沈阳市和平区文化路三号巷 11 号
　　　　　　邮编：110819
　　　　　　电话：024-83687331（市场部）　83680267（社务部）
　　　　　　传真：024-83680180（市场部）　83687332（社务部）
　　　　　　网址：http://www.neupress.com
　　　　　　E-mail:neuph@neupress.com
印　刷　者：辽宁新华印务有限公司
发　行　者：东北大学出版社
幅面尺寸：170 mm × 240 mm
印　　张：18.5
字　　数：294 千字
出版时间：2023 年 8 月第 1 版
印刷时间：2023 年 8 月第 1 次印刷
责任编辑：邱　静　孙　锋
责任校对：孙德海
封面设计：解晓娜　潘正一
责任出版：初　茗

ISBN 978-7-5517-3341-0　　　　　　　　　　定　价：75.00 元

# 东北大学庆祝建校一百周年
# 丛书编委会

# 总序

习近平总书记在文化传承发展座谈会上强调，在新的起点上继续推动文化繁荣、建设文化强国、建设中华民族现代文明，是我们在新时代新的文化使命。要坚定文化自信、担当使命、奋发有为，共同努力创造属于我们这个时代的新文化，建设中华民族现代文明。

大学文化，是大学在长期的办学实践中，经过代代学人的不懈追求、沧桑历史的传承积淀，涵育出的一种独特的文化形式，体现着一所大学的发展历程和学术传统，凸显着一所大学的思想理念和精神气质，它是大学的血脉根基，是大学的灵魂所在。古今中外的一流学府，无一不是在其所处的时代背景下塑造并形成自身的精神文化，以探索未来新知，引领文明之进步、社会之发展。在全面推进中国特色、世界一流大学建设，全面建设社会主义文化强国，实现中华民族伟大复兴的大背景下，中国大学应有做文化引领者的担当，中华文明呼唤有灵魂的大学。

东北大学创建于 1923 年，至今已有一百年的历史。一百年来，一代代东大人书写了坚守初心使命、矢志育才报国的奋斗史创业史，形成了"爱国爱校、严谨治学"的光荣传统、"献身、求实、团结、创新"的优良校风、"自强不息、知行合一"的校训精神和"实干、报国、创新、卓越"的文化品格。这是百年东大砥砺奋进的"精神密码"，是全体东大人接续奋斗的"价值坐标"，是东大历百年而常新的力量之源。正是凭借着这种强大的文化和精神力量，百年东大在上下求索中回答时代之问、勇担时代之责，

谱写了与国家同呼吸、与民族共命运、与时代相偕行的壮丽篇章。

"求木之长者，必固其根本。"东北大学一百年波澜壮阔的历史，是一座宝贵的精神和文化宝库，学校发展、变革的文化脉络和历史进程，既是东大自身记录历史、面向未来的宝贵参照，也是中国近现代史中的教育缩影。为此，我们满怀珍重与敬意开展东北大学百年校庆系列丛书编写工作，以期将一个真实、鲜活、厚重、坚韧的东大用文字与图像的形式呈现在读者面前。

在关心和支持东北大学发展的师生、校友共同努力下，在为丛书编辑出版过程中发挥重要作用、作出积极贡献的专家学者指导帮助下，东北大学百年校庆系列丛书共计 10 本出版发行。这套丛书文脉清晰、内容丰富、事例翔实、图文并茂，既有对东北大学文化内涵的系统阐释，又有百年办学实践中具有典型性、代表性的人物故事；既有东大早期办学救国的珍贵史料，又有新时代东大立德树人、科技报国的生动纪实；既有校园中东大师生的活跃风采，又有海内外校友对母校的深情眷恋；既有对楼馆风物的抒情描摹，又有今日校园的如画风景。这套丛书的出版，是对东大百年文化的挖掘凝练，是对东大百年办学实践的梳理总结，是将作为思想结晶的文化藏于器、寓于形的实践创造，具有深远的历史意义和文化价值。

人类伟大的精神之花，必将结出丰硕的文明之果。一所大学之精神文化，在缔造辉煌成就的同时，也必定成为支撑其前行的不竭动力。站在建校百年的历史节点，我们回望过去，将历史化身纸书，将文化刊刻梓行，旨在继承和吸纳中进步，在传承和创新中发展。唯有如此，才能使东北大学的精神与文化超越时空，展现出永恒的魅力和风采；才能肩负起一所大学的时代责任和历史使命，在新时代新征程上，为建设教育强国、为以中国式现代化全面推进中华民族伟大复兴作出新的更大贡献。

百年东大，风华正茂；百年东大，文化日新。东北大学再上征程，朝着下一个百年的宏图愿景砥砺前行。

丛书编委会

2023 年 7 月

# 引子

　　建筑是凝固的历史，风物是定格的文化。自然景观和人文景观呈现出的视觉效果，反映出这片地域自然活动和人类活动的历史烙印，流淌的是这片地域独特的历史文化传统。每个地域最有代表性的景观，往往就是这个地域历史文化传统的根和魂。就好比说，白山黑水铸就了东北大地的风土人情，而"一宫两陵"则是沈阳享誉世界的文化名片。

　　沈阳地处浑河（古称沈水）之北，中国古代习惯把水的北面称为阳，沈阳由此得名。沈阳故宫、昭陵、福陵，一栋栋雄伟、宏大的建筑充满了关东人的豪气与粗犷，宣示着沈阳历史的灿烂与辉煌。然而在这风光背后，也有过屈辱与忧伤。"九·一八"历史博物馆的残历，诉说着沈阳人的不屈与抗争。"一朝发祥地、两代帝王都"的豪情和"勿忘国耻、振兴中华"的警醒，融入沈阳人的血脉，铸就了沈阳人既豪放包容又坚强隐忍的性格，铸就了沈阳人更为浓烈的爱国情怀。

　　当我们把目光在沈阳大地上聚焦，再聚焦，从北陵大街到南湖之畔，再到浑南腹地，你会发现，有一所高等学府，其历史脉络，从北向南与沈阳的中轴线高度贴合，这，就是代表辽沈大地

教育高度、传承沈阳文化情怀的东北大学。

1923 年，以"御侮兴邦"为办学初衷的东北大学，在白山黑水间撑起一面兴学育人、文化救国的大旗。100 年来，东北大学的历史与中国现代史紧密相连，与中华民族百年奋斗的历程密切相关，爱国、爱校已成为东大传统的核心内容。她是抗战中第一所流亡的大学，也是新中国成立后唯一成功复名的大学。她的学生是一二·九运动的主力军，点燃了西安事变的导火索。在这里，诞生了中国奥运第一人、中国第一台模拟电子计算机、第一个软件园、第一台国产 CT 机、第一块超级钢……

东北大学的历史，是一代代东大人砥砺进取、拼搏创业的发展史。从为国求索的迁徙抗争，到新中国成立初期助力现代工业体系的构建；从改革开放后产学研结合的大胆试水，到推动钢铁大国向钢铁强国、制造大国向"智造"强国跃升的不懈奋斗，经过北陵初创、被迫流亡、南湖新生、浑南拓土，百年东大已成为沈阳景观的代表、文化的高地、教育的翘楚。

"白山兮高高，黑水兮滔滔；有此山川之伟大，故生民质朴而雄豪；地所产者丰且美，俗所习者勤与劳。"如《东北大学校歌》所言，东大人传承了关东大地的气质，东大的景观也处处映衬出其浓厚的历史和文化。东北大学的物质文化，包括地理环境、建筑人文景观、教学科研设施、文化传播载体，鲜明地反映出其"实干、报国、创新、卓越"的文化内核。

漫步在东北大学的新老校区，触摸一栋栋建筑，游览一处处景观，仿佛是一次与东大历史和文化的交流，百年的辉煌与坎坷、奋斗与抗争、继承与创新浮现在眼前。北陵旧址的双子楼——汉卿南楼、北楼，庄严典雅，吟唱着"研究高深学术、培养专门人才"的初心和使命；南湖校区的四大学馆——建筑学馆、采矿学馆、冶金学馆和机电学馆，整齐大气，见证着东大人实干报国的优良传统；浑南校区拔地而起的图书馆、教学楼馆、生活服务中心，兼具美观与实用，用靓丽的色彩昭示着东北大学面向未来、创新发展的志向。还有一二·九花园、小南湖，移步易景，每一处景观都浓缩着东大的历史、文化和东大人的性格、追求……

百年学府，风华正茂。十秩盛事，躬逢新章。积淀百年的东北大学，正以传统又清新的景物、稳重又青春的姿态，迎接新时代的新发展。漫游东北大学，特色的建筑、别样的景观，会打开你记忆的闸门，打开你前进的视野，为你讲述东北大学的故事，带你走进东北大学的未来……

# 目 录

# 第一章

## 汉卿南北楼的沉思

人事有代谢，往来成古今。

2001年，国务院公布第五批全国重点文物保护单位，东北大学旧址（原北陵校址）名列其中。

东北大学北陵校址，由我国著名建筑学家杨廷宝先生设计规划，是现在的辽宁省人民政府、辽宁省军区所在地，其建筑以中西合璧为特色，至今仍保存完好。理工大楼、汉卿南楼、汉卿北楼、校长办公楼、图书馆等建筑，经受住了岁月的洗礼，记录着这所一流学府昔日的繁盛与辉煌。

走进东北大学北陵校址，就如同翻开一本厚重的大书，这所学府从初创到盛极一时的历史，值得细细品读。

这段历史是一首歌。它的旋律融汇了20世纪早期东北地区仁人志士培育英才、振兴东北、强国御侮的宏愿，融汇了爱国将领张学良慷慨捐家资、倾力兴教的远见卓识。这旋律荡气回肠，气壮山河！

这段历史是一首诗。它用独特的语言和动人的韵律，描述了这座校园雄姿英发、群贤毕至的往昔，"爱校、爱乡、爱国、爱人类"的优良传统和"自强不息、知行合一"的精神源头。

这段历史是一座宝藏。它拥揽着沧桑厚重的文化遗存，保留着建设一流师资队伍和学术群体的先进理念、五育并举的办学精神和产学研相结合的办学传统。

# 风雨如晦中鸿基初创

沈阳市皇姑区北陵大街东部，世界文化遗产清昭陵南面，新开河北岸，坐落着辽宁省人民政府、辽宁省军区等建筑院落。

近百年前，这里是东北大学北陵校址所在地。这里环境幽雅宜人，建筑美轮美奂，以当年"关外教化之极盛"的辉煌办学成绩、成熟的校园规划和建筑设计，在白山黑水间留下永恒的人文坐标，在中国高等教育史上留下浓墨重彩的一笔。

寻迹百年时光，穿越历史长河，让我们走进东北大学北陵校址，去探寻那蒸蒸日上的如歌岁月，去感受那群英荟萃的崛起气象。

东北大学北陵校址，由教学区、生活区和体育运动区几个部分组成，共有大小建筑 76 栋，总建筑面积 75208 平方米。遵循传统书院建筑群坐北朝南的规则，教学区由南向北依次坐落着理工学院教学楼（俗称理工大楼或大白楼）、图书馆、体育馆、礼堂和实验室等。以图书馆及其正南的大白楼为中轴线，校园呈对称式总平面布局。轴线的最南端为学校主入口，主校门设置在南边中心处。

这些建筑和它们之间的中心绿地构成南北向轴线。最北端为东北大学汉卿体育场，用于消除基地北边不规则的尖角地块。这条南北向主轴线形成了整个校园形态的脊柱——"中"字构架中的"丨"。

东西向次轴线，则由公共建筑大礼堂和女生体育馆确定，在东西向次轴线与南北向主轴线交点的两边，沿东西向次轴线在南北两边平行坐落着汉卿南楼、汉卿北楼，理工实验室和化工楼，与南北向主轴线上的图书馆和理工学院教学楼一起，共同围合成校园中心广场——"中"字构架中的"口"。

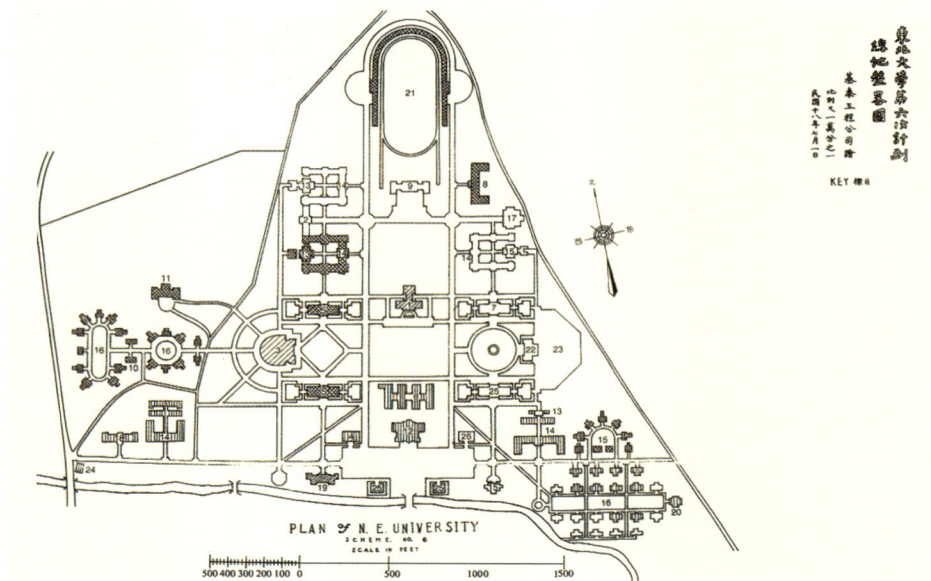

东北大学第六次计划总地盘略图（基泰工程公司 1929 年 7 月 1 日绘制）

校园整体分区明确、层次丰富，在"中"字构架组织下，形成中心广场、校园公共设施、四所学院、学生宿舍、教职工宿舍这样一组由交往礼仪空间、公共学习空间、半私密生活空间组成的校园建筑群。北陵校址作为学校第一次成熟的校园建设，为东北大学校园文脉的传承奠基。

沿着位于校园最南端主入口处的正门前行，雍容大气的理工大楼会首先进入你的视线。这座楼，现为辽宁省人民政府办公厅使用，是当年东北大学理工两个学院的教学楼，也是东北大学北陵校址的首批标志性建筑物之一。

这座由德国建筑师设计的欧式建筑，

理工学院教学楼

主体为 3 层钢筋混凝土结构，另有半地下室，建筑面积为 7544 平方米，是北陵校址中规模最大的建筑。进门大厅为采光玻璃天井，内墙用大理石镶嵌，大理石铺地，外墙水泥罩面，楼顶对称的大圆顶美观大方，设计师大胆使用了绿色作为穹窿顶的外饰面，使本就处在中轴线上的理工大楼更显别具一格。各教室的采光非常好，在当时全国各高校的建筑中堪称佼佼者。即使从今天的审美角度看，仍不失为一座极具艺术眼光、装修毫不落伍的建筑精品。

百年沧桑，物换星移。以大白楼为代表的一座座老东大建筑，从历史深处走来，作为历经岁月洗炼的文明菁华，深刻地彰显着这所百年名校独特的精神气质。让我们跨越百年风雨，把历史的长镜头首先摇向一枚木质篆文校章，去重温一座巍巍学府在风雨如晦中鸿基初创的动人故事，去感悟一段黑土地上的"传奇红"。

1923 年 4 月 19 日，东北大学的主管机关奉天省长公署向东北大学颁发木质篆文校章一枚，即"东北大学之章"。《国立东北大学廿周年纪念册》中记述，该校章于 1923 年 4 月 26 日正式启用，"璀璨宏伟之东北最高学府，遂正式建立"。

这枚小小的印章看似寻常，背后却蕴含着一个风雨如晦、鸡鸣不已的时代，寄托着一批仁人志士培育英才、救亡图强的信念。

1904—1905 年，日俄战争在东北爆发，日本战胜了沙俄，对沙俄在东北的特权取而代之，获得了旅大租借地的利益，进而以旅大、满铁沿线为据点，大力兴办学校，尤其注重高等教育的发展。

东北大学第一枚校章印样

日本南满洲铁道株式会社成立南满医学堂，后来改为满洲医科大学，又在旅顺设立旅顺工科大学。日本人用武力强占东北后，妄图用教育软化东北人民的反抗决心，以不声不响地蚕食鲸吞东北的土地，瓦解东北人民的民族意志。百年前的东北大地，在日本侵略者逼迫下，阴云密布，山雨欲来。

在东北存亡的紧急关头，一些具有爱国思想的有识官绅屡次呼请东北当局："欲振东北，必振实业，必振教育；教育兴，则民智开，民智开，人才生，东北则有望矣。"20世纪20年代初，奉天省教育厅厅长谢荫昌建议："欲求东北富强，不受侵略，治本之策，端赖兴办大学。"1922年春，奉天省代省长王永江进一步建议："联合吉黑两省，创建东北大学，以为百年树人之计。"

王永江（1872—1927），字岷源，汉族。辽宁大连人，清末贡生，1922年起任奉天省代省长，他积极主张创办东北大学。1922年兼任东北大学（筹备中）校长后，他不惜重金广招人才；从严治校，主张"知行合一"，购买先进设备等，为把东北大学建设成为全国一流高等学府奠定了基础。1927年11月病故。

创立东北大学的动议，一开始就遭到日本侵略者的极力反对。日本驻沈阳总领事亲自出马，向奉天省长公署施加压力，妄图迫使其取消创建大学之举。《国立东北大学廿周年纪念册》中记载："日人闻而瞿然亟思有以尼之，其驻沈阳总领事，竟请我毋办大学，愿以彼之南满医科大学及旅顺工科大学为我育才。"

谢荫昌（1877—1928），号演苍，江苏武进人，近代教育学家。他毕业于日本明治大学经济科，1901年（光绪二十七年）曾参加"爱国学社"，研究国外经济、教育。民国后赴东北活动，任东北教育厅厅长。他关心中国教育事业，1912年以后，翻译了日本广野周二郎所著《图书馆教育》一书，对推动我国图书馆学的形成和发展有积极影响。

在东北大学初成立时，原拟由奉天、吉林、黑龙江三省按比例摊款，吉林省因大学设在沈阳而不同意拨款，于是东北大学经费由奉天、黑龙江两省按9∶1的比例分别摊款。

当时，兴办大学以培养人才之举，不唯日本阻挠，内部亦有反对力量，如以杨宇霆为代表的东北实力派就极力反对，认为办大学是难以放下的包袱。因此，东北大学是在内忧外患的形势下诞生的，一成立就被赋予教育兴国的历史重任。

王永江在奉天省长公署内设大学筹备委员会，制定章程，积极筹办建校事宜。是年冬季，聘请李树滋、范先炬、佟兆元、林成秀、关海清、谢荫昌、王镜寰、莫桂恒、恩格、吴家象、汪兆璠、王之吉为委员，商议以国立沈阳高等师范学校校址办大学理工科，以奉天公立文学专门学校校址改办大学文法科，并委托留学海外的孙国封考察欧美学制，打算仿照欧美大学创办新型大学。

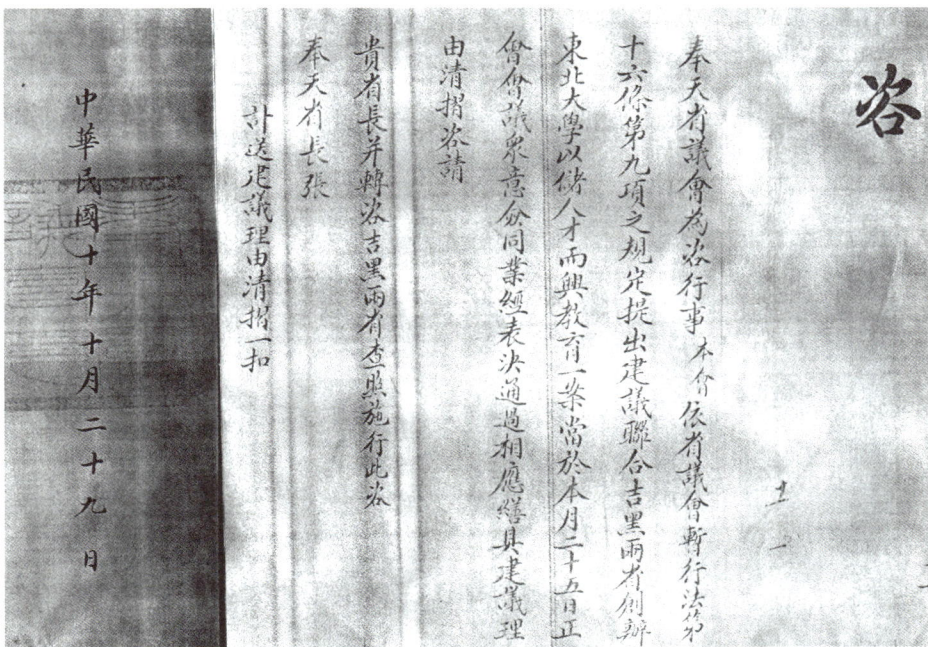

奉天省议会关于联合吉、黑两省创办东北大学的咨文

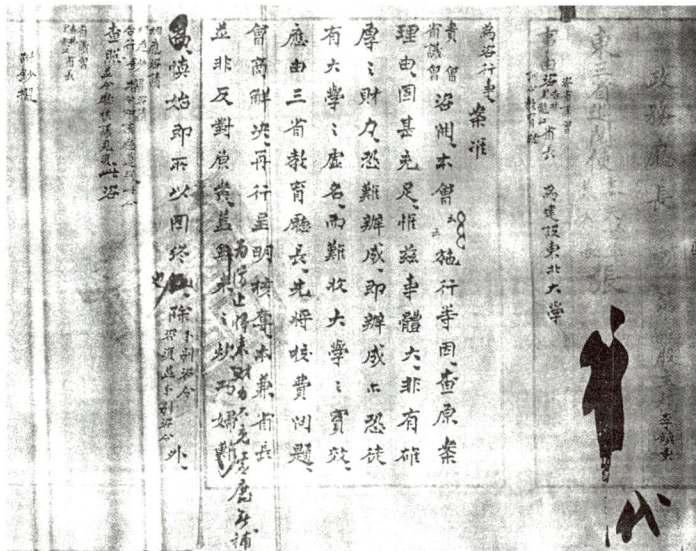

1921 年 10 月 29 日成立东北大学的批文

当时奉天省长公署拟定的东北大学组织大纲规定，"东北大学暂定六科，分年组织。文科分六学系：国文学系、历史学系、地理学系、教育学系、俄文学系、英文学系。理科分三学系：数学系、化学系、物理学系。工科分六学系：土木学系、机械工系、电气工系、采矿学系、冶金学系、建筑学系。农科分四学系：农学系、林学系、农艺化学系、兽医学系。商科分二学系：银行学系、外国贸易学系。法科分三学系：法律学系、政治学系、经济学系。"这样，东北大学将办成包括文、理、工、农、商、法等学科的综合性大学。

十秩砥砺奋斗，世纪沧海桑田。东北大学适应国家的发展和需要，明确了新的奋斗目标，即建成"在中国新型工业化进程中起引领作用的'中国特色、世界一流'大学"，这与立校之时办"综合性大学"的办学初衷一脉相承。

大学筹备委员会推举王永江为校长，聘请留美教育硕士汪兆璠为文法科学长、留德工学硕士赵厚达为理工科学长、吴家象为总务长，选聘教授、遴委职员、筹备招生、创订章程、草定课程等各项工作也随之进行。

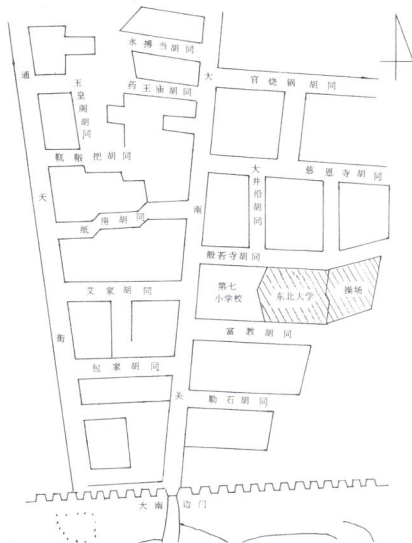

该图原为 1989 年 7 月出版的《沈河区志》(沈阳地区志丛书沈文内登字 105—27 号)内的一张夹页上所载,该图的原标题是"1927—1949 年大南辖区图"。东北大学及操场位置上的线条,为编者在复制该图时加上的。

东北大学成立初期的大南关校园位置示意图

1923 年 4 月 26 日,奉天省长公署颁发的"东北大学之章"正式启用,以此为标志,宣告经过艰苦筹建的东北大学正式成立,校址设在沈阳大南关般若寺胡同原国立沈阳高等师范学校和原奉天公立文学专门学校。

奉天省长公署令汪兆璠兼任文学专门学校校长,令赵厚达兼任沈阳高等师范学校校长,将两校学生共 170 余人及图书仪器一并归入东北大学,招考文法、理工第一届预科新生 310 余人。10 月 24 日,举行了隆重的开学典礼。

建校初期,由于新校舍尚未建立,大学办公室及学生教室暂时占用沈阳高等师范学校校舍。由于大南关校园地处市区,狭窄喧闹,不适合大学理、工、农科的发展,于是开辟北陵前土地 300 余亩,并收买毗连民地 200 余亩,

东北大学大南关校园(即东北大学南校)校门
(建于 1923 年夏)

开始修建北陵校舍。为满足理工科实验实习的需要，又从德国采购理化仪器和机械，政府另拨御花园前官地 400 亩供办大学工厂使用。

1923 年 7 月，北陵校舍正式动工。至 1925 年 9 月，北陵校园中的理工大楼等建筑相继竣工，理、工两科先行迁入，北陵校园被称为东北大学北校。文、法两科仍留在大南关校园内，其被称为东北大学南校。

东北大学一经成立，暑假便开始招考文、法、理、工四科学生。报考资格仅限于中等学院毕业生，必须以中学毕业证书为凭。学校规定的学习期限为预科二年、本科四年。学习成绩优异、名列前茅者，免交全部或一半的杂费，毕业后，还有公费留学的奖励。

1923 年 10 月 24 日东北大学举行首届开学典礼时
全校师生合影

东北大学大南关校园图书馆

以前，东北各省官僚富户的子弟多到关内和海外求学深造，一般小康之家的子女无力到外地求学，只能放弃深造的机会。东北大学成立后，吸引了东北的莘莘学子。报考者极为踊跃，但是由于要求严格，仍然有多数不能被录取。东北大学不单招收中学毕业生，办本科、专科以济时需，还创办了东北大学夜校部，以提高当时各级职员的素质，使其有深造的机会。

东北大学历届的入学考试和学期、学年考试都郑重其事，要求严格。创办之初，校长及各学院院长均以宁缺毋滥为原则，经常举行月考，促进学生钻研。无论是月考、期考还是学年考试，学校各级具体负责人都到考场监试，严禁交头耳语、传递纸条、偷看书本。如有违犯者，轻者记过扣分，重者记大过或取消该门试卷全部成绩。

凡是年考在 90 分及以上者，称为超等生并发给奖励证书，以资鼓励。成绩不及格者，一律牌示降级。如果没有相应的班级可降，即予以开除学籍。每学年开除淘汰者均不在少数。比如，政法各系学生每班入学时 60 余人，但到预科毕业时，各班只剩 40 余人；到本科后也有淘汰的，毕业时，仅剩 30 余人。文法各系入学时约 50 人，经过多次筛选，最后得以毕业者只占半数以上。理工科各系入学时都是几十人，而能毕业者只有十几人。可见，东北大学考试严格，注重教学质量，王永江、刘尚清主持校务期间更是如此。

严师出高徒，当时东北大学的学生毕业后走向社会，无论做什么，都受到社会重视。东北大学考试风纪的严肃一直延续到今天，冶金学馆的中心考场，就是这所大学极为严格的考试纪律的"见证人"。

东北大学第一任校长王永江，一贯主张严格办学，整肃校风。在东北大学第一届招生时，经他命题的作文题是"士先器识而后文艺"，即首先注重思想品格、道德修养。在开学典礼上，王永江谆谆告诫学生笃诚奋进，崇尚道德品格的砥砺，督促学生埋头攻读。

当时，东北大学各科学生每晚均上两小时自习。由于外语学习负担较重，又有各种考试的压力，所以学生的学习时间相当紧张，不少人还利用课余时间自习经史，加评注，作笔记，而后送有关教授批阅，凡愿学者均可得到指教。

由于学校规定，考试名列前茅的学生可免交学杂费，毕业成绩优异者可得官费留学，种种鼓励下，学生学习十分勤奋刻苦，这为后来东北大学校风的形成起到了奠基作用。东北大学的学生今天仍然以刻苦著称，每日清晨时分春华园书声琅琅，夜晚时分图书馆灯火通明，浓厚的学习气氛，在校园中形成了催人奋进的气场。

初创时期的东北大学，课堂纪律和请假制度严格到近乎苛刻，教授上课先点名，不许迟到早退，学校没有大学生随便不听课和自由散漫的现象。教授讲课时，严禁喧哗，不准窃窃私语。院长、系主任常到课堂巡视，发现问题及时处理。寝室、饭厅也不许大声吵闹，图书馆更不准谈笑嬉戏。学生请假须经院长批准，住宿生临时外出，须向学监请假。有事不请假者以旷课论，在期末年考时扣分。凡未请假而私自旷课或不归宿者，都要根据情节轻重，分别予以批评、斥责、记过甚至开除处分。

东北大学提倡艰苦朴素的校风，文法学院院长汪兆璠在美国留学时就是一个勤工俭学的学生，归国后成为东北大学的主要领导成员之一。他一直坚持勤俭朴实的作风，要求学生历行节约。如果学生穿奇装异服、仪容不雅，他就会厉声斥责，不留情面。对屡教不改的纨绔子弟，东北大学会开除学籍，贴出告示，以警告他人不可再犯。

张学良校长在东北大学首届本科生毕业典礼上讲话

东北大学在理工学院大礼堂（即理工大楼一楼大厅）里举行了第一届本科生毕业典礼，张学良校长到会，亲自向毕业学生颁发毕业证书，授予学士学位，勉励学生走上工作岗位后，努力为国家建设服务。

在这届毕业典礼上，张学良校长还宣布了学校的一项决定，即为鼓励学生努力学习，成为国家建设的栋梁之才，各学系毕业考试成绩名列第一的毕业生，学校公费资助其出国留学。他当场宣布了第一届毕业生中由学校公费资助保送到欧美国家留学的人员名单，包括土木学系的刘树勋、物理学系的崔九卿、机械学系的金锡如等（其中，刘树勋和崔九卿都曾在 20 世纪 40 年代担任过东北大学代理校长）。九一八事变后，东北大学流亡到关内，经费困难，这项工作被迫停止。

东北大学创设之初，就立志要办成高水平的大学，特别要与日本大学竞争，以抵制日本的教育侵略。他们充分认识到，欲使学校水平高，师资质量必须得到保证，所以对教师的配备非常重视，不惜重金延揽名师。当时，东北大学所聘教授都是有较高学位的欧美留学生和国内知名教授。英文、俄文两系除了由留学英、美、苏的毕业生任教外，还有通晓汉语的英国人、苏联人担任教授职务。校长王永江是清末科举出身，所以特别重视古文，聘请了一批有名的汉文家，比如马宗芗、吴宓、柳诒徵，分别讲授中国文学史、十三经、史记、文心雕龙、昭明文选等课程。

东北大学在理工科教学方面，不单注重课堂教学，更注重实践教学。学生结合实际进行学习，实验设备、附属工厂的作用得到充分发挥，这充分体现了东北大学"培养专门人才，建设新东北，以促进国家的现代化，消弭邻邦的野心"的办学宗旨和目标。

东北大学工厂

为了锻炼学生的动手能力、实践能力，学校创办了占地面积约 400 亩、职工 700 余人的东北大学工厂，主要功能是供大学工科学生研究学术和实地实习。学校规定了学生的下厂劳动时间，学生下厂劳动时，穿上工作服和工人一样参加生产劳动。这所大学附属工厂虽然是工学院学生实习的地方，但是也承接外来的机械生意，积极生产各种机械产品。

东北大学工厂厂徽

1925 年，奉天省长公署拨款 50 万元作为工厂的流动资金，工厂业务得以扩大，不仅为东北各铁路局修造车辆，而且承办修理中国各铁路局机车、客车及机件等零活，这在国内大学中是独有的。用现在的视角看，这无疑是一个典型的产学研结合的范例。由此可见，东北大学特色鲜明的产学研结合办学传统可谓源远流长。

东北大学培养人才特别注重实用，因此，学校在办学过程中十分看重实习环节。工学院在《教务概况》中明确指出："教学方法特别注意实习实验，除平时利用各实验场及大学工厂外，每年寒暑两假例送本科学生于各大厂各矿场各铁路及其他公用机关实地研习，以为将来实际从事各项事业之准备。"

例如，采冶系的实习有定量分析实习、矿物实习、岩石学实习、地质实习、水力实习、试金术实习、电工实习、选矿实习、冶金分析实习、工厂实习。为此，学校花重金从欧美国家进口大批先进的教学实验仪器，建立起全国一流、设备完善的实验室。到 1930 年，全校共有实验室 39 个。

东北大学理论联系实际的教学方针，不仅在理工院系得到实施，在文、法、教育院系也是如此，学生经常接触社会，为社会需要而学习。例如，俄文系的学生去哈尔滨，住在俄侨的宿舍里，以便练习俄语。文、法学院组织学生赴北平、天津、浙江等地参观，以便了解社会。这一传统一直持续至今，每年寒暑假学校都会组织学生开展主题鲜明、丰富多彩的社会实践活动，进行社会考察，让学生深入认识社会、了解社会、服务社会。这是东北大学自立校就已确立，并在一个世纪的岁月中不断发扬光大的优良传统。

电磁实验室

有机化合物燃烧分析室

东北大学作为学术研究机构，从建立之时起，就倡导广大师生在完成正常教学工作后，组织学会，创办会刊，以便在课余时间开展对本学科的学术研究，增进才能。东北矿学会、哲学会、英文学会、北国文艺社……一时如雨后春笋，纷纷成立，为校园带来了一股清新的学术气息。学会的活动方式主要有两种：一是通过座谈会、讨论会、辩论会、报告会等进行学术研究；二是通过会刊发表研究成果，以推动本学科学术水平的提高。

在东北大学北陵校址中，有一座庄重典雅的哥特式建筑，外墙采用棕色基调，为砖混结构的四层楼房。从空中鸟瞰，该建筑呈"士"字形，像一架飞机。这里曾经也是辽宁省档案馆的所在地。它始建于1929年，位于老东北大学校园的中心，由杨廷宝先生设计，1931年竣工，建成后，曾被建筑界冠以"学院派保守的折衷主义""前现代折衷、古典主义"的头衔。历经近百年风雨沧桑的这座大

俄文系学生第一次到哈尔滨实习（1929年）

楼，与周围新建的高楼大厦相比，虽显些许陈旧，但敦实坚固，仍保留着当年的风采，犹如一位饱经沧桑的老人，向我们讲述着它从东北大学图书馆到辽宁省档案馆的变迁。

当你驻足凝视这座曾经的图书馆大楼时，仿佛看到了近百年前朝气蓬勃的东北大学学生进出图书馆的情景，听到了它在无声地诉说着这所东北地区高等学府当年的强盛与辉煌、磨难与沧桑……

英文学会理工学院部分会员合影

到 1931 年 9 月，东北大学已发展为东北最高学府。它校园广阔，舍宇壮丽，设备齐全，经费充裕，良师荟萃，学风淳穆，有 6 个学院，24 个学系和 8 个专修科，教职员工 300 余人，在校学生 3000 余名。学校拥有国内一流的师资队伍、办学环境、办学经费、仪器设备，整个学校欣欣向荣、蓬勃发展。

就在东北大学按照现代大学的格局发展起来并日益壮大时，日本帝国主义于 1931 年 9 月 18 日悍然发动了九一八事变，沈阳城沦陷，东北大学师生不得不挥泪告别沈阳，流亡北平，书写了东北大学历史上最悲怆的一页。

时间总是一路狂奔，而建筑却见证并记载着昔日的辉煌。理工大楼、教职员住宅、图书馆、校长办公楼等建筑，记录着东北大学初创时期的美好岁月和办学盛况，诉说着有关东北大学的传奇。

当年学生在图书馆中学习的情景

# 汉卿掌校 极一时之盛

"我父亲死后留下很多遗产，留下很多钱，我把这些钱差不多都捐出来了。建设东北大学是我自己拿的钱，还有教育经费，都是我私人拿的钱。我为什么要那样做呢？那时我的脑子里想：一个国家要强，主要靠造就人才，教育为基本。"

上面这段话，为张学良老校长 1990 年接受日本广播协会电视台记者采访时所讲。这是一位世纪老人对自己当年慷慨解囊、捐资助学的深情剖白，质朴的语言中蕴含着对教育事业的长远眼光。

1928 年，张学良主政东北，东北大学及整个东北教育事业发展迎来了春天。1928 年 8 月，张学良开始兼任东北大学校长，成为东北大学第三任校长。他掌校后继往开来，殚精竭虑谋求东北大学的发展，明确提出"研究高深学术，培养专门人才，应社会之需要，谋文化之发展"的办学目标，并慨捐家资，倾囊强校，锐意改革。在他的大力支持下，1928 年至 1931 年九一八事变前，东北大学进入大发展时期，短短几年内便跻身全国著名大学之列。

在绿意盎然的东北大学北陵校址，沿着理工大楼左侧前行，两座造型相近、具有欧式建筑风格的双子楼会进入你的视线，它们就是汉卿南楼、汉卿北楼，现为沈阳警备区司令部办公楼。

这两座建筑，是张学良捐资修建的东北大学文学院、法学院大楼。学校为纪念张学良捐款办学的义举，将文学院教学楼命名为汉卿南楼、法学院教学楼命名为汉卿北楼。

汉卿南楼和汉卿北楼同属于东北大学北陵校址的第二批工程，两座建筑南北对望、交相辉映，仿佛在沉思张学良校长一心为东北地区打造著名学府、为国家培育英才的大智慧和大情怀。

汉卿南楼——文学院大楼

回首当年，张学良兼任东北大学校长后，认为"文法学院同学亦应吸收昭陵之新鲜空气，南北两校分隔，各方均感不便"，遂决定扩建北陵校舍，实施南北合校。经校务会决议决定，首先在北陵校址兴建校长办公楼、教育学院教学楼及学生宿舍、文法科新校舍、图书馆和西新村教授住宅等。

在张学良的重视和督促下，1929年9月26日，文学院、法学院教学楼基本竣工并投入使用，南校全部迁入北陵新校舍。在一年多的时间内，东北大学完成了扩建、合校，建设之速、发展之快令人赞叹。

汉卿北楼——法学院大楼

汉卿南楼、汉卿北楼：系东北大学文学院、法学院的教室，是东北大学北陵校址的第二批工程建筑，由张学良校长捐资兴建，1929年9月26日基本竣工并投入使用。为纪念张学良校长的捐助，校方将两楼四层外正面原饰有的"文学院"和"法学院"字样刮掉，分别重修为"汉卿南楼"和"汉卿北楼"四个银光大字（现"汉卿南楼""汉卿北楼"字样已不存在）。两楼主体三层，地下室一层，顶楼一层，砖混结构，线砖到底，南楼建筑面积为4589平方米，北楼建筑面积为4555平方米。楼的入口雨篷有巴洛克建筑特点，设计造型庄重大方，建筑质量上乘，现由辽宁省军区使用。

《东北大学周刊》中记载着东北大学中国文学系专任教授刘异（刘豢龙）描述东北大学校景的诗词，其中写道："校之中部，为汉卿南楼，即文学院；汉卿北楼，即法学院；迤东为理工学院，迤西为教育学院。各科讲座，分设其中，皆层楼竞峙，杰阁通明，朱栋云浮，绮窗斗巘。可以邀谈天之客，会绝尘之子，高论雄辩，逸俗荡氛，狙丘稷下，方斯蔑矣。紫幅云开五色烟，银冈虚馆尚依然，玉笙终日调鸾凤，合被人呼碧落仙。汉卿南楼东，即图书馆，曾构飞星，鸳瓦流耀，绩彩焕发，烂焉铺翠，宁芬涵秘，苞诸赤绿，挈羽陵之丹篆，森群玉之仙华，逍遥文雅，校雠图籍，亦石渠天禄之所也。"从诗词的描写中可以想象，当年的东大校园是何等壮丽，环境是何等优雅，学生在这里高论雄辩，书生意气，指点江山，激扬文字，生活是何等富有生机。

该楼属于东北大学北陵校址的第二批工程建筑。由广升建筑公司总办，砖混结构，共两层，高级水泥罩面，建筑面积1417平方米。建筑特点：科林斯式柱头，外部造型优美，内部装饰高雅。1929年3月1日建成并开始使用。其一层为理工学院各部办公室，上层为校长办公室。现为辽宁省人民政府办公用。

校长办公楼

教育学院大楼坐落在西校门里路北，1928年6月开工，1929年2月建成并投入使用。

教育学院大楼

由理工大楼向东，就来到了教师宿舍楼群。张学良深知教师是办学的关键，为使东北大学迅速办成一流大学，他不惜重金聘请国内外知名教授到东北大学任教。种下梧桐树，引来金凤凰，优雅的生活环境、优厚的待遇吸引各地英才纷至沓来。

东北大学汇集了当时众多的国内名家和学者，他们所讲授的科目几乎覆盖了各门专业课程。

文法专业阵容颇为壮观：教育家、思想家章士钊主讲中国政治思想史和形式逻辑课程，见解独到，兼容并包；北洋政府司法总长、国民政府外交部部长罗文干主讲行政学、行政法、国际法课程，案例生动，旁听者极多；音韵训诂学家、文学家黄侃主讲文字学课程，讲课时吟诵诗章，抑扬顿挫，学生唱和，传为"黄调"；古文字学家、历史学家唐兰首创用自然分类法整理古文字，贡献巨大；哲学家梁漱溟创办哲学系，建成了当时东北唯一、全国知名的哲学研究中心；陈天倪、吴贯因主讲国文、中国文学史课程；吕思勉主讲中国历史课程……

理工专业也毫不逊色，工程教育家、机械工程专家刘仙洲主讲机械原理、热机学课程，开始自编中国大学工科第一套教科书，倡导"工读协作制"；梁思成、林徽因留学归来，在东北大学创建了中国第一个建筑系；化学家庄长恭执掌化学系，鼓励学生多做研究、多写论文。

建筑学系主任梁思成教授

东北大学还聚集了一批知名博士、教授，如刘风竹、赵鸿翥、曾运乾、赵修乾等。汇聚起如此阵容豪华、规模庞大的学术群，这是当年国内其他大学无法相比的，也是当今国内任何一所大学都难以企及的。

张学良为教授所定的月薪为360~800元现洋，是一般教员、公务员收入的三四倍，属全国之冠。1929年出版的《东北大学概览》中记载，当时东北大学共有教授99人，教授中有博士学位的13人、有硕士学位的30人。其中，教育家、思想家章士钊的薪水最高，月薪800元现洋，并在校园内有独院的眷属住宅。张学良在戎马倥偬之际广纳贤才，一时间，东北大学人才济济，极一时之盛。

东新村——教授住宅一隅

东北大学一成立，校风校纪、考试制度就井然有序；张学良任校长后，教学与管理更加正规。为了保证教学质量，东北大学在招收新生时严格把关，又在课程设置上认真吸收欧美国家名牌大学的经验。当年，东北大学工学院的课程设置是以美国麻省理工学院的标准为蓝本的。在教材选用方面，学校力求高水平，一般都是使用外国原版教材。

东北大学执行当时国内外各大学课程设置与考绩的先进办法——学分制。各系所开课程分为必修课和选修课两种，各系学生都可以选修外系、外院的任何课程。各学科课程按每周学时数多少，核算成各科的学分，然后以学分多少确定升降级的标准。

1923—1928年，东北大学毕业的学生人数仅占入学人数的三分之二左右。中途退学的原因有很多，经济难以支撑是其中最重要的一个原因。张学良掌管东北大学后，实行了贷款助学金制度。学生们非常高兴，尤其是经济困难者，从此不必顾虑因囊中羞涩而中途辍学的情况了。这项制度促进了学生孜孜求学，奋发图强，使其免去后顾之忧而一心读书。这项在当时看来十分超前的制度得以传承，今日的东大学子，仍然享受着种类丰富、涵盖本硕博各阶段的优厚奖学金和困难补助金，使其在全覆盖的学生资助体系下安心学习，尽享高等学府无微不至的人文关怀。

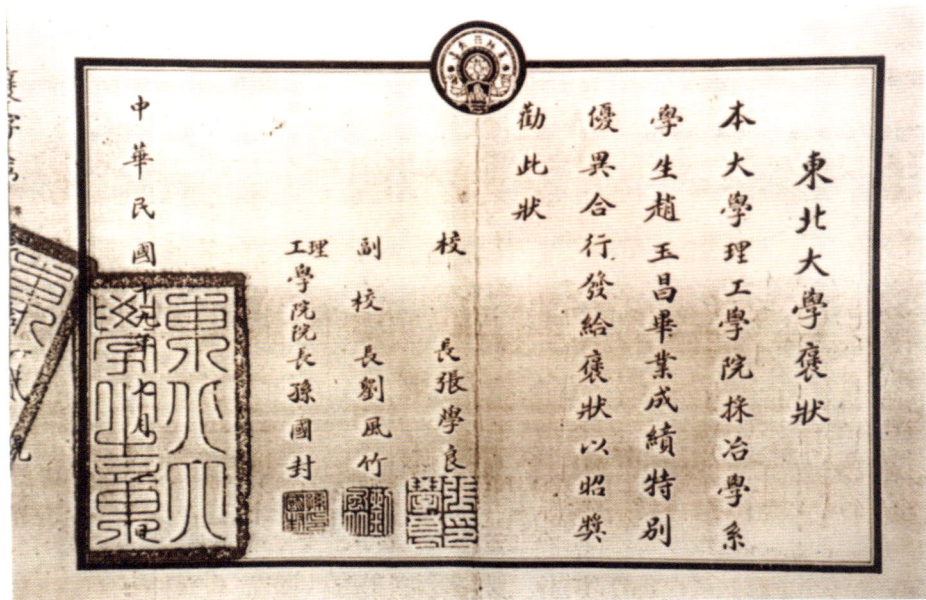

颁发给优秀学生的奖状

在张学良就任东北大学校长之前，东北地区没有女子大学，不仅东北大学不招收女学生，东北地区其他高校也不招收女学生。东北地区中等学校毕业的女学生只好到关内或国外的高校就读。

　　"民国都成立这么久了，为什么还在剥夺妇女受教育的权利？"东北社会各界人士对东北大学成立以来一直不招收女生的做法提出了批评，希望学校能够取消这个不合潮流的规定。

女生宿舍全景

　　1928年8月，张学良得知东北大学拒招女学生的情况后，决定立即取消这条规定。"东北大学应当成为真正实现男女平等的模范。"经张学良校长决定，从1928年秋天开始，东北大学各学科均招收女学生入学。虽然女学生当时只占在校学生的6%，1928年仅录取50余名女学生，但这对东北大学来说是一个良好的开端。

　　为了鼓励女学生入学后努力学习，张学良还让夫人于凤至入东北大学政治系插班听课。他说："我妻子应该带这个头。"于凤至在回忆这段往事时说："我在家务之外，尽量抽时间去沈阳的大学听课，我要补充自己的知识，好有助汉卿（张学良）。"东北大学招收女学生，开创了东北女子高等教育的先河，兼具女子文化启蒙的作用。很多积极进取的女学生有机会学习深造，对东北的教育观念和人们的社会观念革新都起到了重要作用。

东北大学女学生合影

1929 年教育学院游艺部男女委员合影

　　1927 年以前，东北大学学术研究活动偏重教师方面，而学生没有学术活动的机会。张学良担任校长以后，学刊编委会经过选举产生，出刊内容丰富多彩，有专论、著述、文艺、译文、调查等。学刊广泛发动学生写稿，有关学术论稿还聘请教授为指导。各系大多数都建立了学会，各学会还有定期或不定期的刊物，如夏声学社有《夏声季刊》，采冶学会有《采矿通讯》。

学生们经常以学会或系的名义邀请教授作学术报告或讲演会，如国学学会邀请高梓教授作"先秦诸子研究"的报告，哲学学会请梁漱溟教授作"儒家思想体系"的报告等。广泛的学术活动传统从 20 世纪 20 年代延续至今，百年文脉薪火相传。今朝的东大，辽海讲坛、教工学堂、建龙大讲堂、"大视野"素质提升讲座等学术报告活动仍然活跃在校园，清新的学术之风吹遍东大的每一个角落。

文法学院东北研究社

在东北大学老图书馆的东北方向，有一座风格独特的体育场，由于其主席台为罗马式建筑风格，看台为朝南开口的大马蹄铁形看台，因此，人们称它为"罗马式马蹄铁形体育场"。由于体育场是张学良捐资修建而成的，故以张学良的字——汉卿来命名，即汉卿体育场。它于 1929 年 6 月开始动工兴建，1930 年 10 月 31 日竣工并通过验收。

这是一座可容纳观众万余人的体育场，有 400 米长跑道的田径场、两个篮球场、两个排球场和两个网球场。体育场建筑面积 3189 平方米。它是当时国内唯一有钢筋水泥结构固定看台的田径运动场地，东、西、北侧为看台区，规模堪称远东之冠。从场外进入二层看台，共有 15 个入口门，将

《千字文》的头 15 个楷体字（即天、地、玄、黄、宇、宙、洪、荒、日、月、盈、昃、辰、宿、列）依次镶嵌在各入口门的上方，作为标记和序号，十分典雅。

关于这 15 个字的命名，还有一段诙谐的故事。东北大学体育场，看台长，门口多，为门命名时，副校长刘凤竹曾召集各位教授及有关人士商讨。在表决时，有人提出建议，说台门如此之多，不下四五十个，用英文字母，不但不够，同时也犯忌讳，例如 A 门则可以，若是 P（屁）门，则谁肯出入？至于用天干地支等字，似亦不妥，因为这些字也是不敷应用，同时那十天干的最后一字，是癸字，若排到癸（鬼）门，又谁敢出？语毕，大家以为其人所说很有道理，且颇幽默，于是取消此议，另想办法。大家正思考时，刘豢龙教授提议用《千字文》，自头向后，顺序用之，绝不犯讳，而且足用，他将全文一念：天地玄黄，宇宙洪荒，日月盈昃，辰宿列张……大家听后，就决议用《千字文》为体育场看台门命名，即天门、地门、玄门、黄门……。

这段插曲，颇有意味，当年校刊《蜜丝》也曾大刊特刊，学生争先阅之。文学院有位教授，在 1930 年 9 月 1 日出版的《东北大学理工学院概览》"建筑与设备"的"运动场"栏目中，对即将完工的汉卿体育场有如下描述："运动场为一极大马蹄铁形之洋灰铁金（筋）建筑，价值现洋二十万元。可容万余人，田径赛圈周围六百米，运动员预备室、沐浴室、休憩室无不具备，乃中国北部唯一最大运动场也。"

汉卿体育场全景图

东北大学创建之初，不开设体育课，但聘有体育导师，引导学生开展体育运动，学生参加运动者寥寥无几。张学良任校长后，在办学方法上，以智、德、体、群、美五育并重。他充实了体育师资，增添了器材设备，希望将学生培养成为体魄康健的社会骨干。

　　张学良掌舵东北大学的几年内，通过大幅增加教育投入，引进了大量人才和西方近代教育体系。他大力提倡学以致用的办学目标，培养实用人才，坚持教育与生产劳动相结合的原则，发展体育教育，支持男女合校，践行"兼收并蓄"的开放式办学理念。这一系列强校兴学的举措，使东北大学进入发展快车道，成为名副其实的东北最高学府，成为东北人民的希望之所在。

# "爱校、爱乡、爱国、爱人类"的时代强音

从东北大学南门进入校园后，沿着银杏掩映的笔直甬道前行，可见一座绿意葱茏的小花园。一块光洁的黑色大理石静静地斜卧在花园的路边，上面用隶书镌刻着《东北大学校歌》歌词。

白山兮高高，黑水兮滔滔；

有此山川之伟大，故生民质朴而雄豪；

地所产者丰且美，俗所习者勤与劳；

愿以此为基础，应世界进化之洪潮。

沐春风时雨之德化，仰光天化日之昭昭。

痛国难之未已，恒愤火之中烧。

长蛇兮荐食，封豕兮喧呶，

灼灼兮其目，霍霍兮其刀，

苟捍卫之不力，奚宰割之能逃？

惟卧薪而尝胆，庶雪耻于一朝。

惟知行合一方为贵，无取乎空论之滔滔，

惟积学养气可致用，无取乎狂热之呼号。

其自迩以行远，其自卑以登高。

爱校、爱乡、爱国、爱人类，期终达于世界大同之目标。

使命如此其重大，能不奋勉乎吾曹，能不奋勉乎吾曹。

东北大学黑色大理石校歌石刻

上面这段古朴典雅的文字，是东北大学第一首校歌的歌词，是东北大学精神内核的完美表达和跨越时代恒久屹立的文化旗帜，展示着东北大学的精神与使命，宣示着东北大学的立校宗旨和传统，蕴含着东北大学师生的家国情怀。

这首校歌始创于 1929 年，它犹如东北大学的精神图腾，与校徽、校训相得益彰，共同反映了东北大学的爱国主义传统。

1929 年，东北大学六周年校庆前夕，校长张学良派孙国封赴京邀请诗人、北京大学教授刘复（字半农），中国现代语言学和音乐学先驱赵元任共同创作《东北大学校歌》。

刘复（1891—1934），字半农，原名寿彭，后名复，是我国新文化运动的先驱之一，诗人、语言学家，语言及摄影理论奠基人。他积极投身文学革命，反对文言文，提倡白话文，是白话诗歌的拓荒者。他的代表诗作《教我如何不想她》，经由现代语言学和音乐学先驱赵元任谱曲，成为经典艺术歌曲，至今还被海外游子歌唱，以寄托思念祖国的心声。

面对列强环伺、几欲吞并我东北山河的危急态势，刘半农深深意识到为东北大学创作校歌的深远意义和肩负的重大使命。怀着忧国忧民之情，倾注一腔心血，他不负众望，写下了振聋发聩的《东北大学校歌》。

校歌的谱曲者赵元任，被称为"中国语言学之父"的江南才子，不遗余力地为机关、学校、团体，以及突发事件写歌，如1933年所写的《我们不买日本货》、1937年所写的《抵抗》，都反映了赵元任作为中华儿女的一颗赤子之心。

两位民国时期的大师级人物共同为东北大学谱写了校歌，决定了校歌的品位与层次。1929年6月，张学良校长决定，把这首歌作为校歌开始在全校传唱。这首校歌是东北大学的第一首校歌，其歌词与简谱都记载在《东北大学六周年纪念》中。

一次，全校师生员工集会，校长张学良登上主席台训话，2000多名学子服装整洁，列队在操场上倾听。随后，由教育学院的潘美如指挥。师生们歌声嘹亮，表达了忧国忧民、反对帝国主义、"爱校、爱乡、爱国、爱人类"、为达世界大同之目标而奋斗的共同心声。

东北大学校歌具有独特的地域识别内涵。一开篇便标明学校的地域区位："白山兮高高，黑水兮滔滔"。中国历来注重乡土观念，哪怕是普普通通的一座山、一条河，都与生于斯、长于斯的人们有着千丝万缕的血脉联系，寄托着他们无尽的生活记忆。校歌将东北风物与故土情怀融入其中，拉近了与学生的距离，更激励了学子造福桑梓、报效祖国的决心。

这首校歌不仅深情地讴歌了东北的人杰地灵，更毫不隐晦地道出了时人对于日、俄侵略势力进一步掠夺我东北河山的担忧："痛国难之未已，恒愤火之中烧。长蛇兮荐食，封豕兮喧呶，灼灼兮其目，霍霍兮其刀，苟捍卫之不力，奚宰割之能逃？惟卧薪而尝胆，庶雪耻于

赵元任（1892—1982），语言学家。他博学多才，既是数学家，又是物理学家，对哲学也有一定造诣。他不仅会说33种汉语方言，还精通多国语言；不仅是世界著名的语言学家，也是著名的音乐作曲家、哲学家、逻辑学家、翻译家和作家。曾荣获美国普林斯顿大学、加州大学和俄亥俄州立大学荣誉博士学位。他在方言学、语言学、音韵学、语法学、语言理论等领域都有较高的成就，为中国现代语言学的创立和研究奠定了基础，与梁启超、王国维、陈寅恪一起被称为"清华四大导师"。作为我国20世纪优秀的作曲家，赵元任突破了"学堂乐歌"借用外国乐谱填词的模式，开始完全由中国人独立作曲作词，使中国近现代音乐进入了新的发展阶段。

一朝。"这首激昂奔放、雄浑豪迈的校歌充分体现了强烈的危机忧患意识和浓厚的反帝爱国热情。

面对日本侵华的事实,校歌勉励学生发奋学习,感召他们矢志报国。校歌成为这一时期东北大学所追求的大学理念的载体,体现了一种超越大学本身、勇于担当历史责任的爱国精神和保家卫国的民族精神。

东北大学成立后,东北地区的形势发生了一系列重大变化。1928 年 12 月 29 日,张学良将军在东北易帜,东北地区从此开始悬挂"青天白日旗"。这不仅维护了国家的统一,也粉碎了日本侵略者妄图把东北从中国版图上分裂出去的阴谋。1931 年,日本侵略者在沈阳制造了九一八事变,并在很短的时间内侵占了全东北,东北大学因此被迫流亡到北平坚持办学。东北大学又先后被迫流亡到陕西西安、四川三台等地。虽然颠沛流离,但是东北大学"抵御侵略、培养人才"的办学方向从未迷失。

在东北大学创建及流亡时期,随着时局和条件的变化,先后共有 4 首校歌以第一首校歌为基础进行改编,在校园内传唱。这些校歌歌词虽有些许更改,但抵御外侮、救亡图存是从未改变的主旋律。大学精神在此时期被爱国主义深深浸染,校歌能够唤起民族觉醒,共同抵御外侮,并彰显东北大学建校以来一以贯之的、特有的精神追求。

2003 年,在东北大学建校 80 周年之际,学校对校标、校色、校歌等进行了重新界定。综合不同历史时期的校歌,学校领导班子成员认为,1929 年东北大学的第一首校歌大气豪迈,特色鲜明,历史悠久,确定其为《东北大学校歌》。为了使校歌更简洁、便于传唱,2004 年,东北大学请校名誉教授、著名音乐家吕远先生对校歌进行了改编和浓缩。

吕远,1929 年 9 月 11 日出生于辽宁安东(今丹东),中国著名词曲作家。

　　吕远，是我国著名音乐家，2004 年被聘为东北大学名誉教授。曾任中国文联全国委员、中国音乐家协会创作委员会顾问等职。50 多年来，他创作了《克拉玛依之歌》《泉水叮咚响》《牡丹之歌》《有一个美丽的传说》等上千首歌曲。他既有相当高的艺术造诣，又了解东北大学的历史与现状，对学校有深厚的感情。

### 东北大学校歌

　　经吕远改编的校歌，在保持原有爱国主义传统的基础上，歌词更加紧凑，节奏更加上口，既保持了原有的词曲风格，又融入了新内容、新旋律。例如，删去了与20 世纪 20 年代末东北地区危机四伏的政治形势相关的歌词，如"长蛇兮荐食，封豕兮喧呶，灼灼兮其目，霍霍兮其刀"，增添了校训的内容，使校歌所表现的爱校、爱国的主题更加突出、鲜明。同时，原速度被改为进行速度，使校歌唱起来更加富有激情和时代感。歌曲时间也从改编前的 4 分多钟缩短到 1 分多钟。

　　吕远教授不但无偿改编校歌，还在改编后，亲自出面，请中央交响乐团、中央交响乐团合唱团重新录制了校歌。改编后的校歌很快在校园内广为传唱。

　　如今，每当新生入校军训时，学校必首先教学生学唱校歌，唱校歌已成为每个东大人的必修课。每有大型集会活动，开幕唱国歌、闭幕唱校歌已成为东大的传统。"使命如此其重大，能不奋勉乎吾曹"，时刻激励并感召着每一个东大人。声声校歌，化作了师生、校友心中最温馨的集体记忆和共同语言。

# "自强不息、知行合一"的精神源流

　　从东北大学正门进入校园，一块寓意"高峰迭起"的石头映入眼帘。石头上赫然镌刻着"自强不息、知行合一"的八字校训。这八个字励志务实，既是东北大学精神薪火相传的见证，也是东大人勤奋踏实的精神写照。

校训石

　　"自强不息"语出《周易》乾卦："天行健，君子以自强不息。""天行健"是说天道日夜周而复始地运行，四季交替，永不止息，天道运行一往无前，任何力量也无法阻挡。"君子以自强不息"是在这种天道启发下的人道的表现，人立于天地之间，天所覆地所载，天道即人道。君子应当效法于天，像天一样刚毅坚卓、奋斗不止、自我完善、进取拼搏，充分发挥自己的生命活力，树立自强不息的人生态度。

古代圣哲常能深刻体会这种精神并自觉加以实践，如孔子"发愤忘食，乐以忘忧，不知老之将至"，顾炎武"苍龙日暮还行雨，老树春深更著花"。这种自强不息的精神，我国古人持之以恒地实践，我们后人亦能时时感受到它那幽香的理性与璀璨的美丽。

"自强不息"蕴含了中国传统文化中最可贵的奋发进取的精神。以"自强不息"作为学校精神的核心价值，是为了鼓励学生为实现理想信念和人生价值而奋发向上，志存高远。20世纪20年代的中国，抵御外侮、救亡图存是时代的主旋律，尤其是东北地区在日、俄两大侵略者的铁蹄蹂躏下，积弱积贫，危机四伏，风雨飘摇，救亡图存，使命尤重。

1928年，张学良对学生讲话时说："我很望诸君，要坚定了志向，各用己之所学，全国学者都能如此，则中国自强矣。"1929年，张学良校长为《东北大学校刊》题写"急起直追"四个字。他曾讲道："我国文化落后，国势阽危，愿求急起直追，非倍力倍速不可。""中国惟一希望，在青年；青年之根本，在教育。"对于东北大学这个东北地区的文化旗帜和精神堡垒来说，用自强不息的精神来训导学生，不仅能够激励学生勤奋读书、力求上进，更能激发学生的民族责任感和使命感。

2003年，在庆祝东北大学建校80周年之际，学校再次提出把"自强不息"作为东北大学校训，彰显出东北大学在纷繁变幻的历史长河中依然保持着自己的核心价值、永远守望着自己精神家园的文化传统。

"知行合一"语出心学集大成者王守仁，他在《传习录》中说："知行功夫，本不可离，只为后世学者，分作两截用功，失却知行本体，故有合一并进之说。"他大力提倡"知行合一"，强调"践履之功""事上磨炼"。

"知行合一"是对王守仁的哲学核心范畴——"良知"的论证与展开。在王守仁看来，知行尽管可以分为两个方面说，但不能分为"两截"去做，知不离行，行不离知，两者互为表里，不可分离。"知之真切笃实处便是行，行之明觉精察处便是知。"他认为，知的本体就是良知，良知的实现是致良知，致良知即行良知，或者说是知行合一。

所谓"知行合一"，这里不只是讲一般的认识和实践的关系，更重要的是指人的道德意识和思想意念与人的道德践履和实际行动之间的关系。知中有行，行中有知，知行不可脱节，知行是一不是二。以知为行，以知定行，知是行之始，行是知之成。

东北大学第一任校长王永江于 1923 年 10 月 24 日举行首届学生开学典礼时为东北大学题写校训，就要求东北大学的学生要树立高尚的道德情操和积极的道德实践，不可把道德情操和道德实践分割开来，他鼓励学生笃诚奋进，致力于严格管理，推动形成踏实勤奋、传承至今的东大学风，使东北大学培养出来的学生能够成为"铁肩担道义，妙手著文章"的国家栋梁。

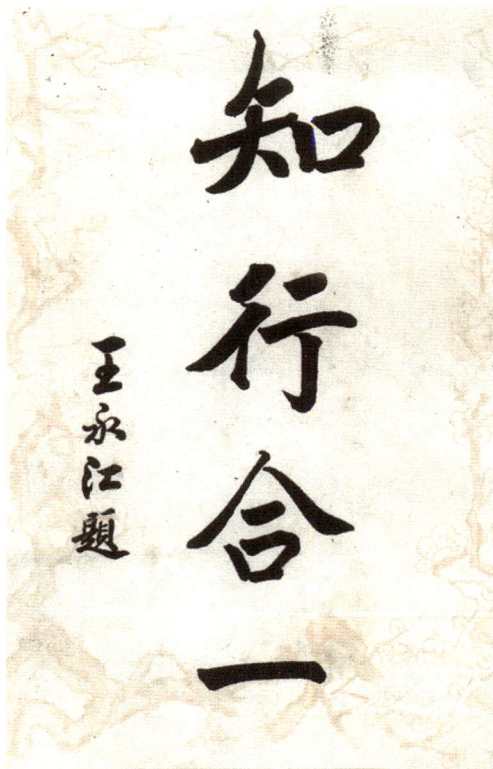

王永江"知行合一"题字

1927 年东北大学制定的校徽和 1929 年张学良校长主持制定的、由林徽因设计的新校徽正面均铸有"知行合一"四个字。张学良校长亲自题写书名的《东北大学年鉴》（1929 年）一书中，有一专页，刊出了王永江校长"知行合一"的亲笔题词。

东北大学把"自强不息"和"知行合一"作为新校训，不仅传承了自身的历史渊源和文化内核，而且强调了当代追求真理和努力实践并重的要求，这种继承与创新的结合是东北大学校园文化建设的新跨越、新突破。"自强不息、知行合一"的精神，曾经在风雨如晦的岁月里激励着东大人在颠沛流离中耕读救国，在新中国建设中顽强拼搏、真诚奉献，忧天下之忧，乐天下之乐，在新时代矢志报国、担当奉献、勇立潮头、砥砺前行。

独特的历史背景孕育了东北大学独树一帜的校训，校训与东北大学的艰辛发展相伴而生，是对东北大学人文传统的高度凝练，是全体东大人心中屹立不倒的旗帜，作为全体师生的座右铭和行动指针，具有广泛而深远的影响，已成为东北大学的宝贵精神财富。

今天的东北大学，把这一传统继续发扬光大，更加重视增强学生高尚道德情操，增强学习动力，培养实践能力和创造能力。学校从确立人才培养目标，到实习基地网络和创新实践教学体系，再到打造产学研用紧密结合的办学特色，都深深印证着"自强不息、知行合一"的校训精神。励志务实的校训在岁月的流逝中展示着自己特有的魅力，风霜多而风骨弥坚，历史久而青春永驻。

# 穿越海峡两岸的历史回响

在东北大学 80 华诞前夕，为了表达对张学良老校长的思念、敬仰之情，东北大学在校内兴建了一座以张学良的字命名的建筑——汉卿会堂，并以此作为师生的爱国主义教育基地。

汉卿会堂

汉卿会堂的外观极富特色，为灰白色圆形建筑，由梁思成的学生、著名设计师袁镔设计，圆形的屋顶西高东低，凝视着海峡东岸，企盼着世纪老人的归来和两岸的团结与统一。建筑的周围掩映着苍松翠柏，更显其别具一格、庄重肃穆。这是一座集人物纪念、校史展览、会议服务等多功能于一体的现代化建筑。

走进汉卿会堂，迎面矗立着张学良铜像。老校长张学良生平业绩展位于会堂的一楼，这里收藏着张学良生前使用过的物品。他在台北为东北大学复名而题写的"东北大学"四字手迹亦陈列于此，这份从海峡对岸带回来的校名手迹的背后，不仅是张学良老校长与东北大学绵延不断的缘分，更是一位历尽沧桑的世纪老人和千千万万海内外东大学子的心灵守望。

1990 年，张学良老校长在接受日本广播协会电视台记者采访时，曾说道："我的军队没了，我的军衔没了，我只有东北大学、老朋友和过去的事了。"一语道出张学良对东北大学刻骨铭心的感情。

东北大学在海内外的广大校友，多年来为恢复"东北大学"校名锲而不舍

汉卿会堂张学良铜像

地奔走呼号，热切盼望着东北大学能凤凰涅槃、浴火重生。1985 年 4 月和 1986 年 9 月，东北大学北京校友会和沈阳校友会相继成立，东北大学的校友们多次向党中央和政府管理部门表达在东北工学院的基础上恢复"东北大学"校名的愿望。旅居世界各地的东大校友遥相呼应，特别是旅居美国的宁恩承和张捷迁两位老学长，全力支持东北大学的复名申请。

张捷迁是老东大工学院纺织学系学生，后留学美国。他长期从事空气动力学等方面的研究，是纽约科学院院士、台湾研究院院士、东北大学在美校友会会长。他富有前瞻性地指出：张老校长恢复自由乃东北大学复名的先决条件。他虽身在海外，但心系祖国。为恢复张学良的人身自由，他带领旅美校友会会员不辞辛劳地开始了一系列行动：多次致信李登辉，为老将军发表请愿文章，主办"张学良将军全面自由研讨会"……这些活动引起了台湾政界的高度重视和国际媒体的关注。

宁恩承曾受张学良之聘，于 1931—1933 年担任东北大学秘书长、代理校长，是协助张学良把老东大办成一流学府的功臣。为了东大复名，他奔波于美国，以及中国大陆和中国台湾地区之间，曾多次面见张学良老校长谈及东北大学复名之事。

宁恩承

张捷迁

1990 年 6 月 1 日，张学良老校长 90 华诞的盛大寿宴在台北市园山饭店隆重举行，标志着张学良全面恢复自由的开始。

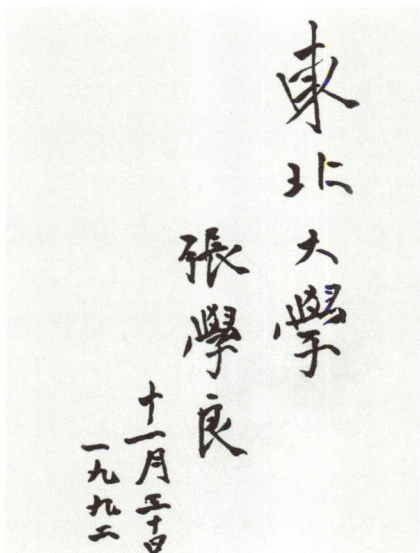

张学良校长题写的"东北大学"手迹

1992 年 11 月 16 日，张捷迁与张学良老校长通电话，请他为东北大学题写校名，获老校长的慨诺。同月，宁恩承去台北具体承办此事，宁老见到张学良老校长后，先将东北大学复名的进展情况向老校长汇报，然后请他题写校名。张学良老校长欣然应允，毫不犹豫地挥笔写下"东北大学"四个大字，并签上自己的名字。

写完之后，仿佛意犹未尽，他提笔凝思了一会儿，又自言自语地说："还写什么呢？"宁恩承在一旁赶紧提醒："写上日期吧。"张学良就又写上了当天的日期——1992 年 11 月 30 日。中国台湾地区采用"民国纪年"，署名日期不用公历，在没有任何人提醒的情况下，老校长却写下公历的日期，充分展示了老校长的政治智慧和他对恢复东北大学校名的心愿。

张学良的题字一笔千钧，迅速得到了党中央领导的高度重视。国家教委通过了有关东北大学复名的申请，使东北工学院成为新中国成立以来唯一一所复名成功的高校，同时使张学良和海内外十几万名东大校友的夙愿得偿。

1993 年 3 月 8 日，国家教委正式批准东北工学院复名为东北大学。这是东北大学发展历史上的里程碑，新老东北大学终于有了穿越时空的呼应，得以再续前缘。

1993 年 4 月，张捷迁代表东北大学全体师生员工和海内外校友，赴台北向张学良老校长呈送了关于聘请老校长出任东北大学名誉校长和名誉董事长的聘书。张学良，这位为爱国、统一付出了人生的沉重代价的老人接到聘书后，露出了孩子般的笑容。他还特意拿出放大镜，逐字逐句地阅读了一番，愉快地接受了聘书，并欣然再次挥毫，为东北大学题词："教育英才""东北大学七十周年纪念"。

张学良接受东北大学名誉校长的聘书

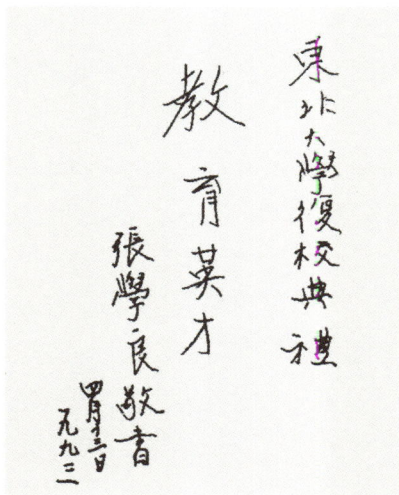

张学良为东北大学题写的"教育英才"手迹

1993 年 4 月 22 日，春风送暖，在这个美好的日子里，辽宁省体育馆内布置得庄严喜庆，东北大学复名庆典在这里举行。当红绸从新校牌左右两侧徐徐揭起时，以张学良先生手迹镌刻的"东北大学"四个大字显露出来，会场上响起了经久不息的掌声。骄傲与自豪、鼓舞与振奋，如排排热浪在东大人的心中涌起。

东北大学复名庆典

在恢复校名 7 个月后，时任东北大学校长蒋仲乐在台北和张学良老校长实现了历史性的会面。1993 年 11 月 27 日下午，台北市士林区天母中山北路，东北大学校长蒋仲乐、副校长赫冀成以及苏士权、柴天佑、才庆魁三位教授，还有东北大学老学长宁恩承、张捷迁以及他的夫人张素坤女士，来到老校长的寓所。刚刚落座，一位老人就来到客厅门前。他，就是当年的少帅、苦心经营东北大学的老校长张学良。蒋仲乐校长快步上前，紧紧握住了老校长张学良的双手，历史在这一瞬间定格……从 1928 年张学良出任东北大学校长至此，已时隔整整 65 年！

1993 年末，东北大学名誉校长、校董会名誉主席张学良，由台北驻地移居美国夏威夷的希尔顿饭店居住。从 1995 年起，我校又先后五次组成代表团，赴美国夏威夷，给张学良老校长祝寿，同时报告办学情况，向他汇报学校的发展，并转达全校师生对他的思念与美好祝愿！

新老校长历史性会面

2001 年 10 月 15 日，张学良老校长在夏威夷驾鹤西去，数万名东北大学师生员工得知消息后，沉浸在悲痛之中，在校内举行了各种形式的悼念活动，告慰老校长的在天之灵。时任校长赫冀成、副校长王宛山特赴夏威夷参加张学良老校长的葬礼和公祭活动。学校中心花园挂起数千只洁白的纸鹤，仿佛也正跨越千山万水，寄托着东大学子的怀念与敬仰，飞到夏威夷去……

学生在中心花园为老校长折千纸鹤

张学良老校长虽然已经离开了我们，但他为东北大学作出的贡献是不朽的。正如宁恩承老先生所说："人生不满百，但是东北大学可以传之千年！"白山黑水不会忘记张学良老校长曾经在这块沃土上用热忱书写的有关东北大学的精彩篇章，东北大学的里程碑上会永远镌刻他的名字。

第二章

从新开河畔
到涪江之畔

漫步在幽静怡人的东北大学校园，仰望着气势恢宏的主楼、古朴典雅的四大教学馆，欣赏春花夏草、秋杏冬雪，感受、品味时光和岁月在校园的轮换交替，人们总会情不自禁地赞叹东北大学的风景之美。

　　风景也许会相似，但那一尊尊默默矗立的雕像，如一二·九运动群雕，校歌石刻，刘长春、宁恩承、张捷迁雕像……映衬的是东北大学独特的风骨、风气、风范，彰显的是东北大学更深层次的精神内涵。

　　当你看见它们时，请不要匆匆地走过，你需要用心凝视、阅读。它们会为你铺展东北大学从初创到流亡的历史画卷，会为你开启东北大学从沈阳新开河畔到四川三台涪江之滨的悲壮记忆，以及生生不息的文脉延续……

# 播撒文明的文化列车

在东北大学校史馆里，静静地陈列着一尊奠基石碑，它的历史要追溯到 1936 年 8 月东北大学西安分校新校舍建成之时。石面黑底白字，镌刻着张学良老校长的亲笔题词："沈阳设校，经始维艰；自九一八，憯遭摧残；流离燕市，转徙长安；勖尔多士，复我河山！"历史依旧鲜活，一尊石碑犹如一位善于钩沉的史家，向它的观者娓娓述说那段饱含屈辱的曲折过往。

西安分校校舍奠基石（仿制件）

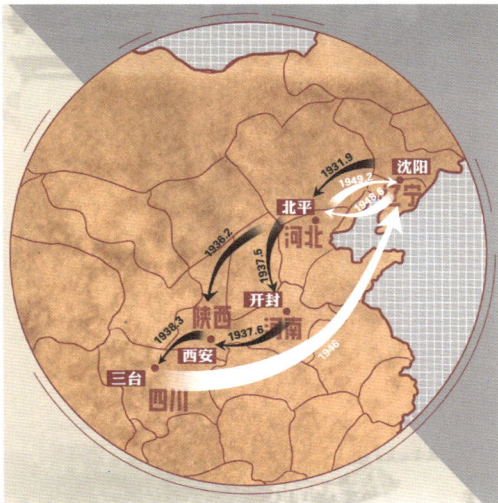

1931 年九一八事变爆发后，东北大学内迁办学路线图

时间追溯到 1931 年 9 月 18 日晚，日本关东军借口柳条湖事件，炮轰东北军沈阳驻地北大营，发动了震惊中外的九一八事变。新开河畔的东北

大学也未能幸免于难。兵锋威胁之下，东北大学于 24 日离开沈阳，内迁北平，从此踏上了长达 15 年的流亡之路……

东北大学总校校门（北平）

法学院赵鸿翥教授后来回忆从沈阳到北平这段历程时描述道："大部师生见敌寇无退意，乃……集团乘北宁路专车西上，仓促就道，校中印信档卷，以及公私图书衣物，均未及运出，全部损失，不可估计。车行三日始抵北平，师生中多囊空如洗，沿站乞食，有忍饥数日而未得一饱者，其颠沛情况实难馨述。"

在既无设备又缺资金、校址又无着落的情况下，东北大学不得不送部分学生到北京大学、清华大学、南开大学等高校借读。关于借读生活，《东北大学校刊》上发表了一段文字，其笔触轻松幽默，却难掩借读生活的苦涩和对母校的眷恋。

北平复课后学生夜间苦读

"已有九岁的东北大学，已经由沈阳被迫而到北平。他（东北大学）的孩子太多，因为自己有些照顾不周，所以把一部分送到他的伙伴（南开大学）那里寄养。这些孩子们固然感谢他的伙伴能代为抚养的好意，同时还是想念东北大学。因为只有东北大学一切都愿意，一切都舒适，东北大学为着这些孩子的前程打算。这些孩子们当然要遵守着这种意旨努力前进。"

终日忙碌于军政民事的张学良，面对此情此景，与北平当局多方协商沟通东北大学复课事宜。同时，坚守到最后一刻方才离开沈阳北陵校舍的宁恩承秘书长也辗转来到北平，主持复课事宜，东北大学终于得以在北平复课。

南兵马司前税务监督公署旧址，后来成为东北大学第二分校校址。在这里，80余间房舍收容了男女学生300余人，"宿舍中既无床铺，学生以地为席，移砖为枕。饭厅则桌凳皆无，倚室而立食者，阅十余月"。"各级学生各在宿舍上课，教员坐讲授，学生环立敬听，遇有笔记，则俯床书写……然师生精神，始终不懈。"

长歌当哭、以苦为乐，东大人在家徒四壁的情况下弦歌不辍。

"岂曰无衣，与子同袍！"这是河南大学一位教授对东大、河大两校关系的经典评价。从新开河畔出发的东大人，哪里能料到，学校还会迁移到中州之地，与千年古城开封结下斩不断的亲情血脉。

西安事变后，国民政府教育部为对东北大学进行"改制"，借用河南大学校舍设立东北大学办事处，令在北平的东北大学师生限期到河南大学报到。因部分教授未能来到开封，东大学子或与河大同学合班上课，或由河大教授代为授课。相隔万里的两校学子竟因列强侵略而相聚一堂，共研学问，在叹息命运多舛之余，不得不惊叹东北大学顽强的生命力。

部分东北大学师生在河南大学东大办事处前留影
（左四为东北大学代校长臧启芳）

这既不是东北大学与河南大学最早的交集，也不是两校最后的交集。早在东北大学流亡北平之初，农学院教授许振英等就率领部分农学院学生南下赴河南大学农学院借读。后来，东北大学迁往西安，部分东大生作为转校生留在河南大学，直至学成毕业。

陕西的风雪与东北一样遒劲有力，西安的民风与东北一样豪爽淳朴。日军加紧侵略华北后，张学良校长成立了东北大学西安分校，东北大学工学院及补习班前往西安。就如捐资修建北陵校园时的慷慨一样，张学良校长再次捐资 15 万元现洋作为建设西安校园之用。1937 年 6 月，西安校园重要建筑陆续竣工，于是在开封的大学校部及文、法两院师生迁往西安，集中办学。如今，张学良题词的奠基石仍然屹立在西北大学大礼堂正门之前，回首凝望着东北大学师生在此驻留的两年时光。

东北大学西安分校校门

1938 年春，日军西犯，潼关戒严，与当年的华北一样，此时的西安也已经无法安放一张平静的书桌。东北大学不得不前往内迁途中的最后一站，也是驻留时间最久的一站——四川省三台县。

三台，旧称潼川，为川北重镇，靠近涪江，民风朴素、风景秀丽。东北大学师生由西安出发，先乘火车到达宝鸡，再由宝鸡步行至南郑，最后由南郑乘汽车抵达三台。一行月余，一路崇山峻岭、岩径崎岖。《东大入川纪》记述了此次迁移："我们所乘的这列火车，真可以说是一列逃难的文化列车。除了我们东大的同学之外，它还载着：准备到皋兰上课的甘肃学院的学生，准备到天水上课的焦作工学院的学生和准备到汉中上课的山西铭贤女中的学生……"

东北大学——东北的最高学府，自身又何尝不是一列永不停息的文化列车？它载着东北人民复土还乡的期望，从祖国的大东北启程，一路且行且停，直至停留在祖国西南腹地的小城。在这里，东北大学生根发芽，开枝散叶。1938 年 7 月，工学院脱离东北大学，参与组建西北工学院，为西北高等教育的发展注入自身的力量。失去工学院的东北大学没有薪尽火灭，在三台县政府及民众的支持与爱护下，由初到三台时 2 个学院不到 300 名学生，发展到 3 个学院、1 个研究所，共 700 多名学生。

20 世纪三四十年代的三台，除城外一条接通成都、重庆的沙石公路外，几乎没有什么现代化设施。狭窄的青石板铺就的街道两旁，拥挤着低矮破旧的房屋。虽然条件艰苦，但三台县人民给了东大人家的温暖。各界人士举行盛况空前的大会，欢迎东北大学迁到三台。除了地方政府和各级学校的学生外，驻在三台的中央机关、省府机关以及各职业团体都派代表参加，各区区长及联保主任亦全体出席，到会人员 3000 余人。全体商店也都悬旗致贺。

时任三台县县长是北京大学毕业生、开明绅士郑献徵，他在日记里写道："三台虽然因为天灾缺吃少穿，但中国的未来需要大学生，所以三台人民愿意勒紧裤腰带，多添几百张嘴吃饭，这既是为了积蓄抗日的力量，也能为三台播下文化的种子。"正如郑献徵所言，东北大学承载的使命如此厚重，早就超越了一所简单的学校。

东北大学三台时期校门

1933 年，张学良与王卓然密议"还乡大计"时提出："武要保全东北军实力，文要发展东北大学。"西安事变后，国民政府有意停办东北大学。时任校长臧启芳据理力争："如果取缔东北大学，就表明中国国民政府决定放弃东北，关系领土完整和国家主权的大事，绝不可违也！"

如此使命重大，数百名东大师生怎敢忘记各界的殷殷嘱托："提高抗战情绪，推进后方文化！"

三台县龙王庙，原有的建筑早已不复存在，唯有一株大榕树生长得枝繁叶茂。这里曾是东北大学文科研究所所在地，也是东北大学在三台 8 年

"读书不忘救国"抗战精神的寄予之地，东北大学培养硕士研究生就从这里开始。

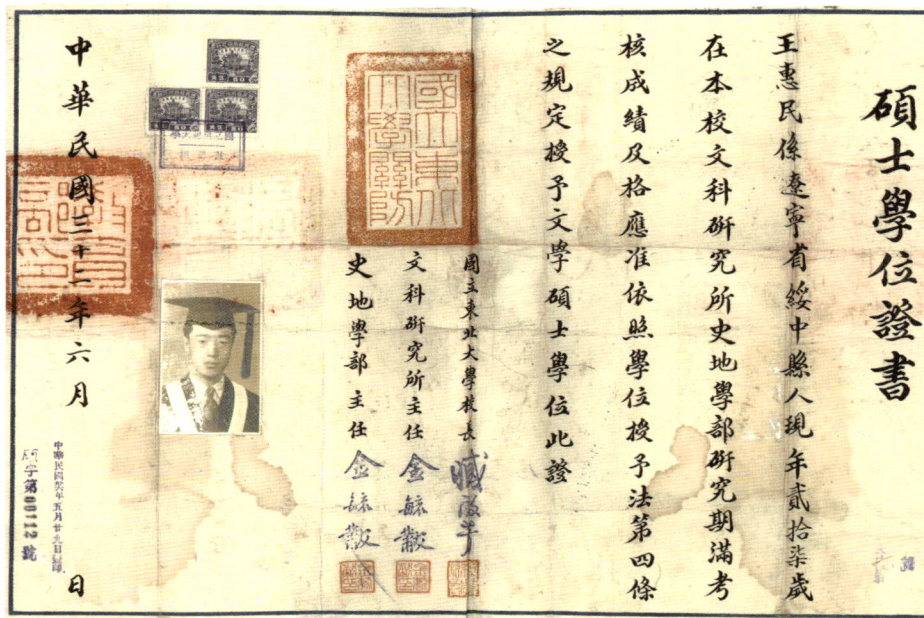

东北大学学生王惠民的硕士学位证书

在这里成长起来的这批研究东北史地的文静书生，尽管不能铁马金戈驰骋沙场，但肩头承载着复土还乡、建设东北的重任。1942 年 3 月，按照国民政府的指示，东北大学东北建设设计委员会正式成立，委员会集中专家、教授 15 人，开始着手研究制定收复、建设东北的计划与纲领，以备抗战胜利后为国之用。为支持委员会的工作，国民政府教育部向总统侍从室申请每月补助委员会经费 1 万元，并得到正式批准。

为东北建设设计委员会承担研究工作的正是年轻的东北大学文科研究所。《东北通史》《东北要览》《东北集刊》……一大批研究东北史地、经济的著作、调查报告、学术刊物纷涌而出。时至今日，这些成果都是东北史研究领域的典

《东北要览》扉页

范和基石。文科研究所还根据国民政府军事委员会的要求，制定了《东北

四省建设方案概略》，详细地阐述了抗战胜利后收复与建设东北的规划及具体措施。

1944年"双十节"，文科研究所在重庆中苏文化协会会场举办了一场盛大的东北文物展览会。展览分布在三个房间，中间屋子正厅挂着"东北故乡"四个字，展览陈列了东北史料、现代资料及各种东北文物、风土照片、图表等。踏入会场的东北同胞们仿佛又回到了故乡，嗅到了东北泥土的气息。此次展览，前来参观者多达3000余人，莅会者摩肩接踵，其中不乏中央各院部长官、朝野名流学者、中外记者。《新民报》总经理、著名作家张恨水先生在参观后感慨道："东北人民，在水深火热中，过了十三年，在后方的东北人

离开三台返回沈阳前，全体教职员
在礼堂前合影

士，也在血泪中回忆着故乡十三年。含着血泪，看了这些图书，实在忍不住和他们喊出来，打回老家去！"

"打回老家去"，这不是一个奢望，而是一个即将实现的事实。在文科研究所制定《东北四省建设方案概略》两年后，抗日战争终于取得了胜利。时任东北大学文学院院长的陆侃如教授抑制不住胜利的喜悦，欣然提笔写道："万里流亡，尝胆卧薪，缅怀白山黑水，此时真个还乡去；八年抗战，收京降敌，珍重禹时舜壤，来日无忘守土难。"

东北大学终于能够回到阔别多年的北陵校园，回到美丽的新开河畔。

1948年，东北大学再次内迁北平。1949年2月，东北大学在北平解体，其工学院、理学院（部分）返回沈阳，并在此基础上成立沈阳工学院。后来赫赫有名的东北工学院，

东北大学返沈复校时，
修复北陵校园

从这里开始了新的征程。

兜兜转转 18 年，岁月的雕琢，足以让襁褓中的幼婴成长为壮硕的健儿。而一所学校，从东大到东工，用这 18 年，用坚韧磨砺苦难，擦亮了学校的金字招牌。

# 《义勇军进行曲》中涌动的青春乐章

古语有言：秦松汉柏骨气，商彝夏鼎精神。在中国文化中，松柏象征着中国人的不屈气节历久弥坚。现今东北大学南湖校园松柏成林。在苍松翠柏间，屹立着东北大学学生——彭达烈士的半身雕像。

东北工学院初建时，学校仍在铁西校园办公。1952 年 6 月，学校合作社出纳员于黎娟由铁西银行携公款归来，被持枪匪徒尾随抢劫。于黎娟被尖刀刺中后，仍死死抱住钱袋子，急红眼的匪徒掏出枪向她射击。此时，刚好路过的建筑学系二年级学

彭达雕塑

生彭达闻声赶到，奋不顾身地与匪徒展开殊死搏斗。穷凶极恶的匪徒向彭达连开两枪，皆击中彭达胸膛，彭达壮烈牺牲。7 月，彭达被追授为烈士。"彭达烈士的牺牲，是党的光荣、祖国的光荣，是我们沈阳市的光荣，是我们每一个人学习的好榜样。"为了使后人铭记他的光荣事迹，东大人在新建的南湖校园里为他塑像纪念，这也是东北大学南湖校区的第一座纪念塑像。

每每站在彭达烈士塑像前，就仿佛看到年轻的东大学子与歹徒英勇搏斗的场面，令人热血沸腾。那一刻，你能真正感知人之生死有轻如鸿毛与重如泰山之分，敬佩之情油然而生。

彭达只是东北大学众多烈士中的一位。在东北大学的历史上，仅在抗日战争和解放战争中，为中华民族独立、自由、解放而捐躯的烈士不计其数，有据可查的就有近百人，如苗可秀、丛德滋、佟彦博等，他们在白山

黑水间战日寇、斗土匪，为新中国的诞生抛头颅、洒热血，用生命谱写了东大人爱校、爱乡、爱国、爱人类的赞歌。如今，他们的事迹已经铭刻在东北大学的校史中。

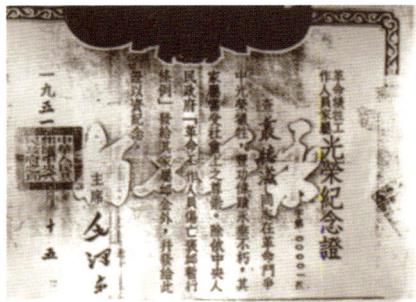

中华人民共和国中央人民政府颁发给丛德滋家属的 00001 号烈属证

每年 9 月，大一新生都会参观校史馆。每当走到"东大英烈"展区时，看着展板上一张张同样年轻的面孔，看着烈士的遗物，看着中央人民政府颁发的00001 号烈属证，参观队伍都会不约而同地安静下来，驻足倾听这些年轻面孔背后的故事……

丛德滋，1933 年毕业于东北大学史地专修科，曾任张学良机要秘书。在党的抗日民族统一战线政策的影响下，丛德滋积极参加抗日救亡活动，创办了《西北向导》《西京民报》，大力宣传抗战和我党的政策。西安事变后，丛德滋任抗日联军西北军事委员会宣传委员和《解放日报》总编辑，积极宣传"停止内战，一致抗日"的主张。1940 年，丛德滋打入国民党第八战区政治部，从事隐蔽战线的工作，为我党搜集了大量情报。1941 年 1 月，丛德滋被捕，敌人对他使用了各种手段，威逼利诱，严刑拷打，都没能使他屈服。1942 年 4 月，丛德滋在狱中壮烈牺牲，时年 32 岁。

32 岁，正值风华正茂的年龄，丛德滋却用生命书写了气壮山河的篇章。与丛德滋同样气壮山河的东大学子，还有常年驰骋在林海雪原的东北义勇军。

"山吟水啸，鸟语虫声，皆视为余歌余语，余泣余诉矣。凡国有可庆之事，弟当为文告我；国有可痛可耻之事，弟亦当为文告我……"这是年仅 29 岁的东北大学学生、辽东抗日义勇军英雄苗可秀在被日军杀害前写给友人信中的一句话，其对国家前途命运的关切之情让人动容。

苗可秀，辽宁本溪人，1926 年考入东北大学中文系预科读书，1928 年升入中文系本科。九一八事变后，苗可秀进入北京大学中文系借读。面对日军欺辱、家园沦丧之痛，他心绪难平，日夜为抗日救国事业奔走呼号。

九一八事变后不久，苗可秀就同张希尧、张金辉、宋黎、高鹏等东大学子在北平加入了"东北民众抗日救国会",并负责该会宣传部、军事部的工作。同年 11 月,救国会又把几十名东北大学学生组成"东北抗日学生救国军",苗可秀任学生军大队长。东北大学文法学院教授刘永济回忆道:"辽吉沦陷,东北诸生痛心国难,自组成军,来征军歌以作敌忾之气。"应学生之邀,他填写了《满江红》一首,作为东北抗日学生救国军的军歌,这首《满江红》也成为最早的义勇军军歌之一。

1932 年从东北大学毕业后,苗可秀立即回到辽东三角地带,参加邓铁梅部义勇军——东北民众自卫军,并被任命为总参谋。在苗可秀辅助下,邓铁梅带领东北民众自卫军打了许多胜仗。为了培养与训练义勇军骨干,苗可秀又提出成立军官学校,得到邓铁梅的首肯。东北民众自卫军军官学校成立后,苗可秀任教育长并主持学校工作。军官学校为义勇军培养了一大批人才,其中不少人成为东北民众自卫军的领导、骨干。

苗可秀

1934 年 2 月,在苗可秀的主持下,以大中小学生和青年教师为主体的少年铁血军成立,苗可秀亲任少年铁血军总司令,并亲自创作了铁血军四首歌的歌词,其中一首名为《团结义勇军军歌》。

努力呀!

大家要团结救中华,团结起来力量大。

兄弟们醒吧!你看,你看小小的日本,

三岛的国家,野心真真大,侵略我中华。

组成满洲伪国家,待我同胞如牛马。

兄弟们想吧!要知,要知哥哥弟弟,

抗日的责任,比什么都大,团结奋斗吧。

看正义旗帜高高挂,灿烂光华遍天涯。

兄弟们醒吧!要知,要知我们的生命,

我们的财产,都在铁蹄下,快去夺回它。

大家团结救中华,团结起来力量大。

少年铁血军改变了义勇军内部组织松散、目标过大的局面，大大提高了部队的战斗力。面对连战连胜的少年铁血军，日寇不得不派重兵围剿。1935 年 6 月，苗可秀不幸落入敌人魔掌，并于 7 月惨遭杀害，时年 29 岁。

苗可秀牺牲后，同为东大学子的赵同、赵伟等人于艰难之时力挽狂澜，再度掀起抗日高潮，使少年铁血军名声大振。1937 年 7 月，为了筹措经费，扩大实力，少年铁血军转战华北，于昌平县成立国民抗日军，打响了华北民众抗战第一枪。其后，少年铁血军召开全体会议，在铁狮子坟成立国民抗日军总部，赵同任司令，高鹏为政治部部长，汪之力为秘书长。国民抗日军队伍不断壮大，成立两个月后即发展到 1500 人，成为北平一带最大的一支游

流亡到北平的东北大学学生为抗日救亡纷纷投笔从戎，回到东北参加义勇军

击队，声威远扬，国内外媒体争相报道。1937 年 12 月，国民抗日军编为八路军晋察冀军区第五支队，迁往河北西部，人数扩大到万余人，多次胜利完成阻击任务，为平西根据地的抗日斗争立下赫赫战功。

当苗可秀、赵同等组织的义勇军驰骋在辽东、平西抗日战场时，宋黎、戴昊等东大学子在辽西一带也揭竿而起，举起了抗日的义旗。

1932 年 5 月，宋黎、戴昊等人经过艰苦努力，终于把辽西地区分散的抗日力量组织起来，成立了东北义勇军总指挥部，宋黎任总指挥，戴昊任军事负责人。1933 年，他们又组织了中华青年抗日铁血团（以下简称"铁血团"），一边深入伪军开展策反工作、组织城市人民开展反日斗争，一边到农村组织部队，与敌人硬碰硬地斗争。为了打击伪满洲国政府，制造政治影响，铁血团干了两件轰轰烈烈的大事：炸南满火车站（现沈阳站）和各国驻伪满洲国使馆。铁血团用行动向世界宣告：中国人民决不会任人凌辱，中国人民在战斗！

与东大师生并肩战斗的，还有此时尚未合并入东北大学的冯庸大学。

1931 年 11 月，冯庸大学抗日义勇军在北平成立。同月，抗日义勇军开赴抗日前线，先后参加东北抗日义勇军、一·二八淞沪抗战、热河抗战，活跃在抗日救国第一线。

今天，我们只能凭借文献或者想象来复原当时的枪林弹雨。但曾经与苗可秀共赴生死的东大学子高鹏却用更具体的行动，将义勇军的事迹宣扬开来。1933 年 2 月，作为东北民众抗日

一·二八淞沪抗战中，冯庸大学抗日义勇军在浏河前线

救国会军事部的联络副官，他陪同辽吉黑热后援会慰问团从上海出发到东北、热河慰问义勇军。经他介绍，慰问团成员之一的聂耳在听到"镇北军"创作的《义勇军誓词歌》后，创作出《义勇军进行曲》。

这些前赴后继的东大学子，以他们的青春、鲜血和生命浇铸成涌动在《义勇军进行曲》中的不朽音符，将爱国的种子种在东大人的心田。他们临危不惧、视死如归的勇气不仅长存于白山黑水间，更长存于抗日救亡的各条战线。

中国空军中，亦不乏东大学子的代表。空军英雄、东大学子佟彦博于 1938 年 5 月远赴日本进行"人道远征"空袭，投下 100 万多张反战传单，这是日本有史以来第一次被外国飞机"袭击"。周恩来代表中共中央向其赠送"德威并用　智勇双全"的锦旗。1944 年，佟彦博血洒长空，英勇牺牲。

高鹏

冯庸大学学生中，亦有 5 名飞行员在抗日战争中壮烈牺牲，平均年龄不到 25 岁。他们用青春和热血捍卫了中华民族的尊严。

2018 年，又一位翱翔于长空的东大学子邹存邈为国捐躯，被追认为革

命烈士。如今，厚厚的一本《飞行日志》在校史馆里展出，向我们展示着他们在和平年代肩承使命、负重而行的崇高精神。

邹存邈烈士留影

# 一二·九运动的主力和先锋

当人们步入东北大学一舍、二舍之间的一二·九花园时，总会情不自禁地被伫立在花园中央的一座古铜色的一二·九运动群雕所吸引：前赴后继的青年学子顶着寒风，高举校旗，手挽着手、肩并着肩，喊着抗日救国的口号，大踏步地走在游行队伍的最前列。刚毅的轮廓、坚定的眼神、激情的手势，一个个生动的人物形象呼之欲出。阅读镌刻在群雕上的文字，我们的思绪瞬间穿越时空，回到 1935 年。那时的中国动荡不安，那时的东北大学颠沛流离，而群雕上的故事要从那个不平凡的夜晚讲起……

一二·九运动群雕

1935 年 12 月 8 日晚，许多东北大学学生正经历着一个不眠之夜。他们刚刚接到来自北平学联的通知：12 月 9 日上午到中南海新华门向国民政府代表何应钦进行爱国请愿，反对华北自治，反对成立"冀察政务委员会"，要求一致抗日。每一名东大学子都深知这次活动的分量，日本帝国主义步步紧逼，国民政府节节退让，"华北之大，已经安放不得一张平静的书桌了"。不抗日，就亡国！

次日清晨早餐时间，东北大学全体学生大会在总校大餐厅召开，到会的300多名爱国学生群情激愤，一致表示：完全拥护学联的决定，坚决参加请愿游行。学生大会当场推举有实际斗争经验的宋黎为东北大学请愿队伍总指挥。

东北大学学生走在请愿游行队伍最前列

在清华大学、燕京大学等校学生被军警阻隔在城外的情况下，东北大学作为游行队伍西路纵队的唯一主力，高举大旗，冲出被军警包围的校门，走上西直门大街。西四牌楼、王府井大街，都留下了东大学子在数九寒冬里与军警搏斗的画面；水龙头、大刀、木棍也未能阻止年轻而又坚韧的步伐。这一天的游行，全北平市共30余名学生被捕，数百人受伤。著名的一二·九运动从这天拉开了序幕。

斯诺曾这样评价一二·九运动："这是我第一次看到中国知识青年所表现出来的政治勇气，情景振奋人心，无论对参加者还是旁观者来说，都是如此。"东北大学教师阎述诗亲历了这场血腥的搏杀，被学生们视死如归的凛然气概所感染，他将著名诗人光未然的《五月的鲜花》谱上激昂悠远的旋律，迅速在学生中传唱开来："五月的鲜花开遍了原野，鲜花掩盖着志士的鲜血。为了挽救这垂危的民族，他们曾顽强地抗战不歇。"这首最早在东北大学师生中唱响的歌曲，很快流传到全国，成为家喻户晓的抗日救亡歌曲。

阎述诗，1905年出生于沈阳市大东区小河沿。他的父亲阎宅仁是一位酷爱音乐的数学教师，在家里浓郁的音乐氛围熏陶下，在科学民主精神的洗礼和欧风美雨的吹拂下，他在青年时期就迎来了音乐创作的爆发期和音乐活动的活跃期，他的音乐风格表现为旋律优美、格调高雅、通俗易记。

在一二·九运动中，当时在东北大学法学院任教的阎述诗带领学生收容一批批被送至东北大学的伤员，又和学生一道将重伤者转送至协和医院抢救。他目睹了学生浑身鲜血但决不退缩的场景，听到学生高声朗诵鲁迅的诗句"我以我血荐轩辕"以振志气。慷慨激昂的朗诵声同情不自禁的哭泣声交织在一起，使在场的人无不动容，阎述诗深深地被学生这种为国担当的精神所感动。当他返回东大宿舍时，恰好东大文学院学生金肇野南下武汉归来，带回了光未然的新作——独幕剧《阿银姑娘》和该剧的序歌《五月的鲜花》。金肇野告诉他，《阿银姑娘》已被光未然领导的武汉拓荒剧团列入《国防三部曲》公演计划，只等序曲谱曲了。阎述诗慨然相许。

阎述诗（1905—1963），名绍璩，字述诗，辽宁沈阳人，毕业于燕京大学，1934年8月，担任东北大学学生新生活指导委员会导师兼授音乐。先后创作40多首歌曲，是一位具有强烈爱国热情的音乐家。

阎述诗是从东北流亡到北平的。他在顷刻之间，就对歌词中的"再也忍不住这满腔的怨恨，我们期待着这一声怒吼！"迸发出强烈的共鸣。随着感情的升华，他很快构思好音乐的主题，纵笔谱写完全曲。1936年5月，独幕剧《阿银姑娘》由拓荒剧团在武汉公演。《五月的鲜花》便作为救亡名曲，乘着歌声的翅膀飞荡于抗战救亡前哨。

新中国成立后一直在北京汇文中学任数学老师的阎述诗，在回忆这首曲子的创作时说："词和积结在我心里的悲愤起了共鸣，乃成此谱。如果说谱和词的情感还协调，这便是协调的原因……""潜伏"在阎述诗心中对日本侵略者的抗议，早已如一座待发的火山。一二·九运动和光未然的歌词，

使这座火山突然找到了喷发口。

## 五月的鲜花

1=C 4/4

光未然 词
阎述诗 曲

```
i 7.6 5 5 | 0 6 5 4 4 3 2 1 | 1 - 6 5 6 | i 7.7 2 i 7 6 |
```

五月的 鲜花 开遍了 原野， 鲜花 掩盖着志 士的
如今的 东北 已沦亡了 四 年， 我们 天天在痛 苦中
敌人的 铁蹄 已越过了 长 城， 中原 大地依然 歌舞
再也忍 不住 这满腔的 怨 恨， 我们 期待着这 一声

```
5 - 5 6 7 | i 7 6 i 7 6 | i - 3 4 3 | 2 - 6 5.6 |
```

鲜 血！为了 挽救这 垂危的 民族，他们 曾 顽 强地
熬 煎！失掉 自由更 失掉了 饭碗，屈辱 地 忍 受那
升 平！亲善 睦邻呵 卑污的 投降，忘掉 了 国 家更
怒 吼！吼声 惊起这 不幸的 一 群，被压 迫者， 一齐

```
i 3.3 2 - | i - - 0 :|| ( i 7 6 i 7 6 | i - 3 4 |
```

抗战 不 歇！
无情 的 皮鞭！
忘掉 了我 们！
挥动 拳头！           尾声

```
5 4 3 2 | i - - 0 ) | i i.i i i | 0 i i i i i |
```

震 天 的 吼声   惊起这不幸的

```
i - 7 - | 6 6 6 5 - | i 3 i 3 0 | 2 - i - |
```

一 群， 被压 迫者， 一起 挥动 拳 头。

按照北平学联的决定，从 12 月 10 日起，北平各校学生实行全市总罢课。在罢课宣言中，学生们提出：反对成立分割我国领土主权的傀儡组织；反对投降外交；动员全国抗日。然而，当局仍坚持在 16 日成立"冀察政务委员会"，北平学联决定 16 日再次发动游行大示威。示威游行的重担又一次落到东北大学的肩头：宋黎和邹鲁风公开负责这次游行的指挥；东北大学被定为第一路共 8 所学校的领队学校。16 日，北平大学工学院、镜湖中学、北平师范大学、民国学院等院校的同学在东北大学学生带领下，经过多次顽强战斗，按时汇集到天桥广场。在这里，汇聚的学生和市民召开了市民大会。市民大会通过了"不承认冀察政务委员会""收复东北失地"等八个决议案，并决定立即到外交大楼举行示威。然而，示威游行再次遭到反动军警的血腥镇压，学生被捕者数十人，受伤者 300 余人。慑于人民爱国运动的压力，国民党当局被迫宣布"冀察政务委员会"延期成立。

毛泽东同志在纪念一二·九运动四周年大会上指出，一二·九运动是"动员全民族抗战的运动，它准备了抗战的思想，准备了抗战的人心，准备了抗战的干部""极大地促进了中华民族的觉醒，标志着中国人民抗日救亡民主运动新高潮的到来"。一二·九运动，在中国现代史上写下了浓墨重彩的一笔。

一二·九运动也是东北大学流亡历史中最辉煌的一页，东大人用生命和鲜血将爱国热情演绎到了极致。《中国共产党历史》一书这样描述一二·九运动："……在姚依林、郭明秋、黄敬、宋黎等在学生中工作的共产党员的组织和指挥下，东北大学、清华大学、燕京大学、师范大学、中国大学、北京大学等高等院校和部分中学的学生涌上北平街头，举行声势浩大的抗日救亡游行"。东北大学师生成为一二·九运动的主力和先锋，不是瞬间的头脑发热，而是深植于东大血脉中的红色基因，在那一刻，生了根，发了芽，长出了枝叶。纵观东北大学历次重大爱国民主运动，东大的党组织和党员都起到了组织、领导的核心作用。

早在 20 世纪 20 年代，就有以唐宏经、戚铭三、孙绂生等为代表的教师、学生、工人党员在校内从事革命活动。学校的进步社团如雨后春笋，纷纷成立。就在 1929 年宋黎考入东北大学时，沈阳地区第一份左翼刊物《冰花》在东北大学附中创刊，并得到中共满洲省委书记刘少奇的重视。流亡北平后，东北大学内同时存在着隶属中共河北省委的东北特别党支部和隶属中共北平市委的东北大学支部两个基层组织。张希尧、邹鲁风、郑洪轩、宋黎等是其中的骨干成员。正是这两个中共支部，领导了东大师生参加以一二·九运动为代表的爱国民主运动。

一大批经历过一二·九运动洗礼的东大师生，响应中国共产党、共青团"到工人中去，到农民中去，到商民中去，到军队中去"的号召，组织、参与了"平津学生南下扩大宣传团"，到河北农村进行抗日宣传，开始踏上同工农相结合的道路，一大批东大学子成长为共产主义战士。

东北大学建校 80 周年校庆之际，机械工程与自动化学院冶金机械专业1976 届毕业生 40 人决定为学校捐建一二·九运动群雕，人们自然地将群雕选址在一二·九花园。

"我们这个学校的特殊性，不是一般的大学，而是为抗日造就干部，也可以说我们要办抗日大学。"这是东北大学老校长张学良在东北大学秘书主任、代理校长周鲸文赴任之时交代的办学目标。这种精神和理念来源于东北大学的历史使命，在这种精神和理念的营养里，迸发了一二·九运动的火花，也点燃了西安事变的导火索。

1936 年 12 月 9 日，为纪念一二·九运动一周年，西安市万余名青年学生走上街头，举行以"停止内战，团结抗日"为核心内容的请愿游行。东北大学西安分校学生由于有参加一二·九运动的经验，被安排在游行队伍的最前列。他们高呼"枪口对外，打倒日本帝国主义""停止内战，团结抗日"的口号，表现出"为实施救国主张，置生死于度外"的抗日决心。学生们先是向陕西省主席邵力子请愿，继而冲出军警戒严的中山门，向临潼出发，向驻在那里的蒋介石请愿。

1961 年周鲸文（右）在台北探望
张学良老校长时合影

顽固的蒋介石不但不愿意接见请愿的学生代表，反而下令军警准备新一轮的屠杀。这一行径让为了抗日向蒋介石哭谏数次的张学良彻底寒心。被学生们视死如归的勇气感动得流下热泪的张学良，为了保护学生不受伤害，以校长的身份向他的学生承诺："请大家相信我，在一个星期内，我用事实答复你们的要求！"仅仅 3 天后，震惊中外的西安事变爆发了，张学良以"兵谏"的实际行动，兑现了他对学生们许下的诺言。西安事变的和平解决，使十年内战基本结束，国内和平初步实现，中国的命运由此发生转折。

1936 年 12 月 9 日，东北大学西安分校
学生参加请愿游行

张学良在纪念九一八事变五周年大会上发表讲话："将率东北健儿披甲还乡，
报仇雪恨，收复东北。"

# 宁恩承：危难时刻的掌舵人

1931 年 9 月 19 日早晨，经过事变发生之夜的恐慌，东北大学理工大楼已挤满了惊慌失措的教授和学生，他们的目光都投向了当时东北大学的代校长、年仅 30 岁的宁恩承。面对东北大学这条处在风浪之中，孤立无援、不知前方如何危险的大"船"，这位年轻的"船长"选择勇敢地担负起自己的责任。当坚持把最后一批教授送上赴津京的列车后，宁恩承履行了自己"永守舵位"的诺言。

宁恩承的纪念铜像

如今，宁恩承的纪念铜像矗立在东北大学图书馆正门前广场通道的左侧。宁老手握书卷凝视远方，目光深邃，仿佛在回首百年的沧桑，讲述东北大学的历史，又似乎在期待今天的东大人奋起直追。

"士不可以不弘毅，任重而道远。"在中国历史上，知识分子担当着特殊的使命，他们总是为一种使命和责任前赴后继，不计功名，不计利害得失。作为接受了近代思想与中国传统思想共同熏陶的知识分子，宁恩承与东北大学千丝万缕的联系，正是对这种现象恰如其分的阐释。

1931 年初，时任边业银行总稽核的宁恩承临危受命，出任东北大学秘书长，代行校长职权。一个甲子后，宁恩承在《百年回首》中写道："我只是三十岁的人，入世未久，不合充任大学校长……（但）处世之道不是为自己而是为人承担责任，为人解决问题……人家（张学良）既然有了困难，咱应硬着头皮为人解决，不可顾虑自己。"

随着宁恩承秘书长走马上任，东北大学迎来了一位年轻的掌门人。从此，东北大学命运的转折点上再也少不了这位担当者的身影。

按照与南开大学校长张伯苓先生议定的方式，宁恩承秘书长短短半年之内就在东北大学推行了一系列"新政"。

宁氏新政第一步，整理校务。经张伯苓先生同意，宁恩承将南开大学"四大金刚"之一、梅贻琦的同学、事务处主任孟琴襄借到东北大学，协助他打点东大庶务。半年之内，东大校舍整齐清洁，一草一木有条有理，再也不像张学良以前所看见的"像打败仗似的"东北大学。

宁氏新政第二步，整顿校风。当时东北大学教育学院一位院长行为荒唐，居然在校内通宵达旦聚赌，甚至私吞教授薪水。宁恩承经张学良同意，劝说此人主动辞职。教育学院院长去职后，东北大学校风重振，只闻弦歌之音，再不闻麻将声响。

宁氏新政第三步，创设东北大学委员会。张学良接受宁恩承的建议，成立了大学委员会（校董会），开创了中国公立学校成立董事会的先河。委员会的成员既有政要，又有学贯中西、富有办学经验的名人，是一个名副其实的"知识与权力配合"的机构，是东北大学的灵魂和头

1931 年 4 月成立的东北大学委员会（前排左起：章士钊、张伯苓、张学良、汤尔和、罗文干，后排左起：宁恩承、金毓黻、臧式毅、王树翰、肖纯锦、王卓然）

脑。凡属东北大学重大兴革事宜，都必须经委员会认真讨论后实行。同时，委员会还制定了东北大学行政管理委员会章程，以利于加强领导，集思广益，避免个人独断，以防误事。这在今天看来，仍然是十分超前并值得我们深入思考和借鉴的大学办学理念。

宁氏新政第四步，制订《东北大学发展五年计划》。在这个计划中，东北大学将扩充农学院，在锦西、松江和辽阳三地设农业试验场；投资充实纺织学系毛纺实验室，争取将其办成中国第一家训练毛纺人才的场所；建设一个现代化的图书馆；扩充东北大学工厂……

此时的东北大学正处于蓬勃发展的最佳时期，已经跃居国内著名大学之列。东大人没有理由不相信东大会有一个美好的发展前景。然而，事变发生之夜的炮声，炸碎了无数东大学子求学的梦想，也炸断了东北大学的发展势头。

经历了事变发生之夜的恐慌，年仅30岁的宁恩承，不但要面对众多无所适从的师生，更要在孤立无援的情况下筹谋学校的生存。面对师生，曾在英国留学多年的宁恩承郑重地讲了一段话："英国人有一传统，一艘船将沉没的时候，船上的妇女小孩先下船，先上救生艇，其次是男的乘客，再次是船工水手，最后是船长。如果船沉得太快，船长来不及逃生，这船长就随船沉入海底。今天我是东北大学的'船长'，我们这条'船'处在风浪之中，不知要有什么危险。我向诸位保证，我一定遵守这一传统，筹划安全避险的办法。如果遇上危险，逃生的次序一定按我所说的次序实行：妇孺先离'船'，其次是教授、学生，再次是职工，我是永守舵位，尽力让大家先逃生。"

最让宁恩承放心不下的难题是如何保护好学校的200名女学生。他传谕女生部金主任，凡家在沈阳市或沈阳市内有亲友可投奔者任其自由回家或投靠亲友，没处投奔的女学生送入小河沿医院躲避一时。小河沿医院是19世纪70年代由苏格兰人创办的东北地区第一个现代化西医院，并附设有医科大学，是中立地带，日本人不干扰。躲藏地点虽已选好，但从校园到小河沿要通过日军防线，这又是一个大问题。此时宁恩承想到了一个合适的人选，东大体育教师、刘长春的教练德国人步起，他的黄头发是保护色、通行证，宁恩承让他马上骑自行车入城探清可走的路线。

9月19日清晨8点，大家开始行动，两三人为一组，分散入城。先是最大胆的3名女学生化装成乡下人，背包步行入城，步起教练骑车在后远远相随。两小时后宁恩承接到电话，学生平安到达。然后，继续分批分组，把无家可归的女学生全部送到小河沿医院。保证了女学生的安全，宁恩承悬着的心才最终放下。

24日，学生们已四方逃散，依然美丽的东大校园，早已没有了学子的琅琅书声。宁恩承向铁路局交涉，把最后一批教授送上了赴津京的列车。25日，9平方千米的校园人去楼空。送走了东大师生，安顿好学校各项事宜，终于履行了承诺的宁恩承满怀忧愤与不舍，一个人凄凉地离开了东大校园，离开了东北的家。行行复行行，屡屡回首望，何时返家乡……

每年的9月18日，沈阳上空都会警笛长鸣，它让每一个沈阳人特别是东大学子都永远警醒，铭记那段屈辱的历史。

九一八事变的炮火也让东大人见识了宁恩承的风骨与担当。1931年10月初，宁恩承辗转大连、天津到达北

日军占领东北大学后持枪站岗的情形

平。在张学良校长支持下，经过艰苦卓绝的努力，宁恩承终于使流亡到北平的东北大学得以复课。

1933年3月，宁恩承辞去东北大学秘书长、代校长职务，离开了东北大学。但他与东北大学的情缘并没有就此结束。60年之后，宁恩承老先生奔波于海峡两岸，多次面见张学良老校长，为东北大学复名作出了重大贡献。

塑像之于大学的意义，不仅是表彰人物生前的丰功伟绩，更多的是向千万学子展示他们身上体现的精神内涵。东大学子不会忘记宁老给予东北大学无私的奉献和关爱，也将永远铭记宁老临危不惧的大义凛然和勇于担当的精神品质。

# 单刀赴会：中国奥运第一人

　　漫步东北大学南湖校区，最具活力和动感气息的地方，当属刘长春体育馆。刘长春体育馆集乒乓球场、健身场、篮球场、排球场、羽毛球场于一体，形似雄鹰展翅，是东北大学的标志性建筑之一，也是第十二届全运会艺术体操比赛的主场地。

刘长春体育馆

　　东北大学以刘长春之名命名体育馆，自然是为了纪念这位在中国体育史上留下划时代意义壮举的杰出学子、中国奥运第一人——刘长春。

　　中国人的奥运情结可以追溯到 20 世纪初。1904 年，天津基督教青年会美国体育干事饶伯森滔滔不绝地向南开大学校长张伯苓介绍正在美国圣路易斯举办的第三届奥运会的盛况。不久，张伯苓建议中国筹建代表队，争取早日参加奥运会。1908年，天津基督教青年会会刊《天津青年》发表文章《竞技体育》，向国人发出了惊天动地的三问：

中国何时才能派出一位选手参加奥运会？

中国何时才能派出一支队伍参加奥运会？

中国何时才能举办奥运会？

这深入骨髓的奥运情结，一直萦绕在当时的仁人志士心间。张伯苓是其中一员，张学良也是其中一员。

张学良一向与张伯苓交好，并从心底认同他"强国必强种，强种必强身"的体育思想。兼任东北大学校长后，张学良以"健身强国、抵御外侮"为办学理念，在东北大学创建了体育专修科。当时，"东大有教授三百"，在体育专修科任教的不乏国内外体育名教，包括留美体育专家吴蕴瑞、宋君复，篮球国手孟玉昆，武术高手李剑华等。

刘长春（1909—1983），奉天金县（今辽宁大连市金州区）人，中国第一个参加奥运会的运动员；1932年、1936年代表中国参加第十届、第十一届奥运会。

刘长春就是东北大学体育专修科的首届学生。在入读东北大学之前，刘长春仅有初中一年级文化水平，是一名玻璃制品厂的学徒工。不过，刘长春在短跑方面确有天赋。14岁时，在"关东州"主办的州内外中日中小学田径对抗赛上，刘长春的100米成绩已达到11.8秒；400米成绩是59秒，超过了当时中学生的水平。升入中学后，刘长春由于家境贫寒而辍学，进入大连玻璃制品厂当学徒工。

千里马与伯乐的缘分总是如此奇妙。1928年12月，东北大学足球、篮球队由张学良校长的胞弟张学铭率领，到刘长春的家乡大连进行比赛。其间，东大学生自治会体育部部长、足球队成员孙庆博发现了刘长春的短跑潜质。此后东北大学破格录取了刘长春，并让他进入文科预科第一班学习。东北大学体育专修科成立后，张学良校长又以特事特办的方式，将刘长春由文科预科转入体育专修科。

罗马式马蹄铁形体育场效果图（刘长春就是在这里登上了远东短跑王的宝座）

为培养刘长春，张学良校长以每月500现洋的优厚待遇聘请第九届奥运会5000米金牌获得者步起（Becher）为东北大学田径教练兼体育教师。在精心培养下，刘长春取得了骄人的战绩。1929年，刘长春代表东北大学参加第十四届华北运动会，取得了100米、200米、400米三项第一，并创下了这三项的全国纪录。张学良校长得知喜讯后，勉励他说："不仅要与国人抗衡，还要敢和外国人争雄。"当年10月，刘长春参加中、日、德三国运动员田径邀请赛，虽然在100米、200米比赛中仅得第二，但他的100米成绩是10.8秒，与第一的德国运动员相差仅半步；他的200米成绩是21.7秒，是当时远东地区的最好成绩。这是中国人第一次登上远东短跑王的宝座。1930年，刘长春在第四届全国运动会上，再创100米10.7秒的全国纪录，并将这个纪录保持了25年之久。刘长春成为名副其实的体育新闻人物。

九一八事变后，日本武装侵占了东北全境，并成立了伪满洲国。为提高伪满洲国的知名度、取得世界舆论的"认同"、达到分化中国的目的，日本人打起了刘长春的主意，导演了一场"刘长春代表伪满洲国参加奥运会"的闹剧。

为达此目的，日寇两次到刘家，要刘家人写信给刘长春，以高官厚禄相引诱："只要刘长春回大连，伪满洲国给他教育部门和体育部门最大的官做。"甚至明确提出要刘长春代表伪满洲国参加将在洛杉矶举行的第十届奥运会。《泰东日报》等伪满洲国的报纸秉承主子的旨意，纷纷刊登刘长春等将代表伪满洲国出席奥运会的"消息"，如"世界运动会，新国家派选手参加，刘长春、于希渭赴美""奥林匹克大会复电承认伪满洲国的建议，且要求伪满洲国速交国旗与国歌"等，妄想以此逼刘长春就范。

流亡在北平的刘长春得知上述消息后，立即在天津《大公报》上发表声明："苟余良心尚在，热血尚流，又岂能忘掉祖国，而为傀儡伪国做马牛。"与此同时，刘长春与张学良校长联系，要求代表中国参加奥运会，得到张学良的坚决支持。

王正廷向刘长春授旗

张学良的支持不仅仅停留在名义上，1932 年 7 月 1 日，张学良校长在东北大学第四届毕业典礼暨体育专修科第一届毕业典礼上宣布："……粉碎日、伪阴谋，扬我民族之精神，本司令决定捐赠八千银元特派应届毕业生刘长春和于希渭为运动员，宋君复教授为教练，代表中国出席第十届奥运会。刘长春同学此次参加世界运动会为中国有史以来第一次，意义无穷。"后来，于希渭在东北被日军扣押而未能成行。

1932 年 7 月 8 日上午，中华体育协进会董事长王正廷走上黄浦江码头浮桥向刘长春授旗，并面谕刘长春："此去望努力为祖国争光。"刘长春响亮回答："深感使命重大，当尽本能，在大会中努力奋斗！"

奥运会赛场第一次出现了中国运动员的身影。刘长春成为中国奥运第一人，东北大学成为中国奥运第一校。由于刘长春在海上颠簸时间过长，赛前一个多月未得到训练，体能没有恢复，因此未能进入决赛，但他代表中国第一次参加奥运会意义深远。

第十届奥运会开幕式上中国代表队入场

刘长春后来曾深有感触地说："共产党领导下的新中国，使我获得了新生。而在我的运动生涯中，张学良将军却是我的再生父母，他对我国近代体育的贡献与日月同辉！"

2008 年，北京终于实现了中国举办奥运会的百年梦想！当奥运火炬在辽沈大地传递时，新落成的刘长春体育馆在东大学子的欢呼声中剪彩。

东北大学体育历史上的辉煌，曾在世人面前展示了中国人自立自强的精神；而今天，蕴含着这种精神的体育运动在东大校园内已得到广泛普及。"掌握一两项终身受益的体育项目"，已经成为东大师生的一种自觉行动，这种行动已不局限于场馆一隅，而是活跃在校园的每个角落。

在东北大学校园里，任何一个体育爱好者，都可以找到属于自己的位置。为了普及体育，学校将体育设施纳入"985 工程"部省市联合重点共建项目，这些设施不仅包括刘长春体育馆，还包括师生最为喜爱的游泳馆。浑南校区兴建时，学校将体育设施作为重要考虑因素之一，不但新建了 1.6 余万平方米的风雨操场，更有约 1.8 万平方米的篮球、网球、排球室外体育场。

游泳馆

浑南校区风雨操场

在体育普及的基础上，高水平运动员队伍和高水平裁判员队伍脱颖而出。

目前，学校拥有篮球、田径、冰雪和羽毛球四支高水平运动队，运动成绩在辽宁省乃至全国均名列前茅。东北大学男子篮球队在

滑冰课

中国大学生男子篮球超级联赛中，获得全国总冠军一次、亚军三次。滑冰课更是东北大学的特色，也最为学生们所喜爱。东北大学滑冰课于 2006 年被评为国家级精品课，2013 年被评为国家级精品资源共享课。冰雪代表队曾获全国大学生滑雪挑战赛冠军。

东大体育续写了奥运情缘。2008 年，东北大学有 6 名教师执裁北京奥运会和残奥会，是全国执裁人数最多的高校。2022 年，东北大学有 11 名教师执裁北京冬奥会和冬残奥会。并且，东北大学秦皇岛分校 60 名师生赴张家口赛区参加冬奥会和冬残奥会志愿服务，学校被授予"北京 2022 年冬奥会、冬残奥会河北省先进集体"称号。

2006 年，东北大学体育代表队夺得第二届联通新势力中国大学生男子篮球超级联赛总决赛冠军，创造了校体育史上新的第一

第三章

跨时空『交接』的建筑学馆

带着你的梦想，自由飞翔，寻找你落地开花的方向；带着你的希望，随风飘荡，实现你内心深处的愿望……

　　这是人们用来描绘蒲公英执着、顽强、向上精神的优美诗句。蒲公英之于诗人，正如建筑学科之于东大。如今，东北大学有了两座建筑学馆，一在南湖，一在浑南。走近她们，了解建筑学科的发展与演绎，常常会感受到她们身上有着蒲公英的精神和理念——虽几经周折、几经风雨，繁荣发展的信念历久弥坚；虽几度离合、几度起落，自强自立的信仰百折不断。

　　建筑学科恰如建筑学馆里一粒顽强的种子。1928年7月，梁思成先生创办东北大学建筑系；1931年，建筑系随东北大学南迁，后归并于中央大学建筑系；1950年，东北工学院复办建筑系；1956年，院系调整，建筑系"飘落"到西安扎根发芽；2000年，建筑系的"基因"在东北大学资源与土木工程学院城市规划专业再度萌生；2013年7月，东北大学江河建筑学院成立，随后，扎根坐落于浑南校区的建筑学馆……回首百年，东北大学开启了中国近代史上高等学校建筑教育的新纪元，培育了众多中国近现代卓有成就的建筑大师，百年沧桑，筚路蓝缕，发端于梁思成、林徽因的建筑魂已深深烙印于东北大学实干报国、创新卓越的文化根脉，传承不息。

　　建筑学科从南湖校区建筑学馆脱离的40多年间，理学院、控制科学与工程学科在这里发展壮大，让建筑学馆依旧散发出迷人的光彩。奋楫今朝，以复兴东北大学建筑学科为使命的江河建筑学院师生，正以浑南校区建筑学馆为根据地，继往开来，勇担复兴学科、建筑强国的时代使命，在建设特色鲜明、优势集成、立足东北、服务全国的国内一流建筑学科的道路上，开启新的征程。

# 赓续光焰万丈的建筑魂

在习惯以学科来命名教学场馆的东北大学，建筑学馆虽然曾暂失建筑学科之"实"，却有着声名远播的建筑学科之"源"和生生不息的建筑学科之"情"。

1927 年，梁思成和林徽因双双从宾夕法尼亚大学毕业。为了研究东方建筑，梁思成转入哈佛大学研究生院从事研究工作。1927 年 9 月，林徽因获美术学士学位，转入耶鲁大学戏剧学院，在贝克教授的工作室学习舞台美术半年，成为我国第一位在国外学习舞台美术的学生。1928 年 4 月，二人完婚后，借在欧洲度蜜月旅游之机，对西欧各国古建筑进行实地考察并准备回国。

此时，是东北大学刚刚创建的第五个年头。学校秉承"欲使东北富强，不受外人侵略"的创校宗旨，积极兴办多学科教育，培养各方面人才。1925年 9 月，北陵校区理工大楼、教授住宅、学生宿舍及相应的附属设施竣工。学校按照现代大学的格局设立了理、工、文、法、教育等较为齐全的学科，各学科之学会如雨后春笋般发展起来。短短 5 年，东北大学的办学规模堪称中国之最。建筑系就设在北陵校区的理工大楼里。

在梁思成夫妇旅欧期间，东北大学就邀请美国宾西法尼亚大学建筑系出色的毕业生杨廷宝（梁思成留美时的校友）担任建筑系主任。可是，他已经接受了上海一家建筑公司的聘请，不能北上赴任。于是，他便向校方推荐梁思成，认为梁思成是最为合适的人选，并就此事与梁思成之父梁启超商量。时任东北大学工学院院长高惜冰，是梁思成在清华大学读书时高几年级的同学，十分乐意梁思成担任系主任。6 月 19 日，梁思成夫妇正在旅游考察途中，东北大学先将聘书送到梁启超手中，梁思成夫妇首选东北大学任教，已成定局。

梁思成、林徽因夫妇

梁思成（1901—1972），1901年4月20日出生于日本东京，祖籍广东新会（今江门市新会区），梁启超长子。1912年11月6日，梁思成随父母从日本回国，先住在天津，后到北京，曾在北京汇文学校及崇德高小读书。由于受到书香世家的熏陶及其父的影响，梁思成学习特别刻苦认真，学业成绩一贯优秀，而且爱好体育，擅长音乐和美术。梁思成十分热爱祖国，时刻关心国家安危，1919年五四运动中，他是清华的学生领袖之一，被同学们称为"一个有政治头脑的艺术家"。

林徽因（1904—1955），女，1904年6月10日出生于杭州，祖籍福建闽县（今福州市闽侯县）。林徽因的父亲林长民是段祺瑞政府的司法总长，林徽因从小受到良好的家教，1912年随祖父从杭州迁居到上海，进入爱国小学读书。1920年3月，林徽因随父亲赴欧洲考察，游历了法国、瑞典、意大利、德国和比利时，9月到达英国伦敦，随即进入英国圣玛丽学院学习。在学院里，林徽因接受了更多的欧化教育，认识了许多社会名流，增长了不少见识。1921年10月14日，林徽因随父亲回国。

1928年8月，结束欧洲旅行考察后，梁思成如约来到东北大学。这时，建筑系的第一批学生已经招收完成。1929年3月，林徽因也来到东北大学任教。

历史一小步，人类一大步。驻足历史长河回望，正是梁思成、林徽因到东北大学任教，开启了中国近代史上建筑教育的新纪元。东北大学也因此与中国的建筑学科结下了不解之缘。曾有人评价：中国有漫长的建筑历史，却没有产生自己的建筑学和建筑教育；中国有高度发达的古代文明，却迟迟没有产生科学的知识体系……在漫长的发展历史中，建筑技术和艺术大多是通过师徒相授而传承，难以将经验总结为可世代相传的文字，束缚了建筑知识的传播和建筑教育的发展。难怪梁思成被称为"近代建筑教育事业的奠基者之一""中国现代建筑思想的启蒙者"。

梁思成 1928 年为东北大学建筑系写下了这样的办学思想："溯自欧化东渐，国人崇尚洋风，凡日用所需，莫不以西洋为标准。自军舰枪炮，以致衣饰食品，靡不步人后尘。而我国营造之术亦惨于此时，堕入无知识工匠手中，西式建筑因实用上之方便，极为国人所欢悦。然工匠之流，不知美丑，任意垒砌，将国人美之标准完全混乱，于是近数十年间，我国遂产生一种所谓'外国式'建筑，实则此种建筑作风。不唯在中国为外国式，恐在无论何国，亦为外国式也。本系有鉴于此，故其基本目标，在挽救此不幸现象，予求学青年以一种根本教育。"开创中国人自己的建筑教育道路，让学人真正了解中国自己的建筑文化，使中国建筑在世界现代建筑发展中发扬光大，就是东北大学创建建筑系的目的所在。

梁思成、林徽因到沈阳北陵公园
实地测绘

在东北大学，梁思成既当系主任，又当主力教师；既当学者，又当勤务员，系里的大小事情他都操心筹划。林徽因既当教师，又当丈夫的助手，还要操劳家务，什么事情都少不了她。由于梁思成和林徽因曾留学美国，所以在教学上完全采取英美的教学方式；在学派上以"美学与技术综合"为主；在方法上采用师带徒，座席不按年级划分；在学制上设计课不随年级走。整个建筑系开设的课程，基本上与宾夕法尼亚大学的建筑系课程相同，后来又增设了中国宫室史、营造则例、东洋美术史等课程，以期通过这些改革实现梁思成"东西营造方法并重"的理念，培养具有中国式建筑标准审美的建筑师。

校徽一

图为东北大学于 1926 年冬开始使用的第一枚校徽。东北大学于 1923 年 4 月 26 日成立后，便组织人员着手设计和制作校徽。到 1926 年冬季，景泰蓝校徽制作完毕，发给学生佩戴。校徽的形状为圆形，上面系一个铜链。校徽的正面中心是用黑白二色绘成的太极图形，艮卦边缘书有"东北大学"和"知行合一"八个字。校徽背面有英文字母 NEU，上缘编列号数，外绕以白黑线各一条。

图为东北大学于 1929 年开始使用的第二枚校徽。1928 年 8 月 16 日，张学良将军兼任东北大学校长。1929 年，张学良设奖征集东北大学新校徽图案。林徽因教授设计的"白山黑水"图案在众多设计作品中，以象征东北地理特色及其气魄的长白山和黑龙江而中选，并获奖金 400 元现洋。这枚校徽为圆形，其内有一个中心圆，里面书有"知行合一"四个字；在中心圆外的上半部是一个环形半圆，正中有八卦中艮卦符号，它的两边各有两字，组成"东北大学"校名；在中心圆外的下方是白山黑水图案，图案两侧绘有两个动物的图形，左侧是熊，右侧是狼，警示时局险恶，熊狼环伺。寓意东北大学要肩负起保卫、开发、建设祖国的东北和警惕帝国主义侵略的神圣使命。

梁思成倡导的是"民族形式"，期待用传统建筑的"语汇"来体现"民族风格"。他对学生要求十分严格。1930 年末，建筑系期末考试时，有一名学生私携夹带作弊。梁思成知道后，立即作出决定：凡建筑系学生不论月考、期考，如查有夹带或互相通融事情，立即开除学籍，永不得回建筑学系受课，严格施行，决不宽贷。从此，建筑学系学风特别严谨，学生刻苦认真，考试时，再未出现舞弊事件。

应梁思成和林徽因之邀，在美国宾夕法尼亚大学留学时的同学陈植、童寯和蔡方荫，也先后来到东北大学建筑系任教。老同学凑到一起，志同道合，把建筑系搞得生机勃勃。工作之余，几个年轻人还成立了梁陈童蔡营造事务所。今天位于吉林市的东北电力大学的校舍就是他们当年的作品。

然而，一个好端端的、蒸蒸日上的建筑系，仅仅在沈阳存在了 3 年。九一八事变后，建筑系师生便踏上了流亡的征程。但是这个时期的建筑系，培养了刘致平、刘鸿典、张溥、赵正之、陈绎勤等一批卓有成就的建筑学大师。

1946 年东北大学迁回沈阳，建筑系才得以恢复。至 1949 年，建筑系已有 3 个年级的学生。刘鸿典、张剑霄、林宣、黄民生、张秀兰等人也相继到校，建筑系师资齐全、力量雄厚，形成了完整的梯队。

1950 年 8 月，东北人民政府发布命令，成立东北工学院，由著名冶金专家靳树梁担任院长。从此，那响彻天下的名字——东工，被人们叫了 43 年。伴随着共和国长子的成长，东工始终是中国工业，尤其是冶金工业科技人才培养的一个摇篮。直到现在，许多人仍改不过口，尤其是沈阳的百姓，提及东工大院，无人不晓。这个大院，就坐落在当时选定的东北工学院新校址——长沼湖畔，也就是现在的沈阳南湖东南畔，面积有 181 万平方米。

建筑系负责新校址的总平面规划及各系的教学馆、教工住宅区、学生宿舍区及实验室、工厂等的全面设计任务，并成立了设计室。建筑学馆等几大校园建筑便是在那一时期设计落成的。

建设的过程是艰苦的。时任东北工学院院长的靳树梁曾写词描绘："风自吹襟，人争掩鼻，汩汩沟流半粪污，湖安在？指几行衰柳，一片黄泸。"经过一年多的施工建设，芦苇荡变成了美丽的校园，成为沈阳市当时的一个地标。

师生建校

简洁大方的校门，门里门外都有许多故事。

东北工学院（南湖校址）正门

　　建筑学馆由黄民生主持设计，由刘鸿典教授带领孔令文、张靖宇等几名同学完成施工图。刘鸿典 1932 年毕业于东北大学建筑系，师承梁思成、童寯、陈植等大家，被称为我国"建筑四杰"直系传人。建筑学馆采用不对称布局，体形错落有致，室内外空间渗透，造型优美，是在新建筑中运用中国传统建筑神韵与形式很成功的尝试，也是沈阳市第一座框架结构建筑。走近伫立在"深闺"的建筑学馆，便可领略建筑学科在东北大学的一时之盛。即便是现代建筑层出不穷的今天，建筑学馆仍然以出色的设计而在建筑设计领域具有独特的存在价值。

建筑学馆黑白图

　　1956 年 6 月 29 日，高教部决定以东北工学院建筑系 4 个专业（建筑学、工业民用建筑设计、工业民用建筑结构、供热供煤气及通风）为基础，组建西安建筑工程学院，即今天的西安建筑科技大学，现已发展为以建筑和土木工程专业为特色，以理工学科为主体，兼有文科、法学、管理、艺术等类别的多科性大学。建筑系的血脉在古城西安发扬光大。

　　从此，东北大学的建筑学馆里没有了建筑学科。这一"别"，就是 40 余年。

直到 2000 年，东北大学设立城市规划专业，东北大学建筑系的"种子"才再度萌发，建筑学科在建筑学馆里实现了跨越时空的交接。城市规划专业为本科学制四年制，本着"高起点，严要求，高效率"的办学思想，适应我国城市化进程中经济、社会和环境协调发展的需要，具备扎实的城市规划专业基础、宽阔的知识结构、广泛的适应能力和富有创新能力的城市规划人才。

走到建筑学馆的最顶层，就是城市规划专业的专用教室，一张张对知识充满渴求的面孔、一幅幅用线条勾勒的建筑蓝图，都让人仿佛梦回数十载之前蒸蒸日上的建筑系。

2007 年，东北大学新获批准的建筑学本科专业开始招生，建筑系成立，设有建筑学、城市规划两个本科专业，学制五年。2013 年，东北大学江河建筑学院正式成立。至此，建筑学科在东北大学终于再次落地生根。

浑南校区建筑学馆

今天的江河建筑学院，设在风景宜人的浑南校区建筑学馆，这座由建筑大师庄惟敏院士主持设计的建筑正中求变、开放自由，与建筑学科的办学理念交相呼应、相得益彰。曾经的东北大学建筑系对中国现代建筑教育的发展作出了不可磨灭的贡献。今天的建筑学院立志传承前辈精神，培养与时俱进、具有扎实建筑基础知识和基本技能，同时兼具开阔的国际行业视野和丰富人文艺术修养的创新型建筑人才。

学院下设建筑系、城乡规划系、实验中心 3 个基层学术组织，具有建筑学、城乡规划学两个一级学科硕士学位授予权及一流专业建设点（省级）。学院专注建筑设计及其理论、地域绿色建筑技术、韧性城市规划与设计、景观设计等四个特色学科方向。拥有辽宁省城市与建筑数字化技术重点实验室和辽宁省大学生建筑与城乡规划实验教学示范中心两个省级支撑平台。建有东亚城市与建筑研究中心、生态城镇与绿色建筑研究中心、城市更新研究中心等科研机构，设有图书资料室、建筑模型实验室、建筑物理实验室、专用教室等近 5000 平方米的专业教学、科研空间。学院大力加强协同创新型和应用卓越型人才培养，注重学生创新创业教育，施行"筑梦工程"学业攀岩计划，学生在国际国内各项大赛中屡获佳绩。

浑南校区建筑学馆

为缅怀梁思成先生为我国建筑界作出的巨大贡献，中华人民共和国建设部和中国建筑学会于 2000 年创立并设立梁思成建筑奖专项奖励基金，以表彰、奖励在建筑界作出重大成绩和卓越贡献的杰出建筑师、建筑理论家和建筑教育家，这是全国授予建筑师和建筑学者的最高荣誉。2018 年，首届梁思成建筑奖获奖者、2010 年上海世博会中国馆的设计师何镜堂先生来到东北大学梁思成纪念馆参加纪念梁思成创办中国现代建筑教育 90 周年的活动，这仿佛又是一个轮回。

# 理学研究的"无我之境"

　　荀子《劝学》篇有言："是故无冥冥之志者，无昭昭之明；无惛惛之事者，无赫赫之功。"意指没有刻苦钻研的心志，学习上就不会有显著成绩；没有埋头苦干的实践，事业上就不会有巨大成就。科研工作是一个认真严肃的事业，需要仔细地观察记载，逻辑严密地分析推理，不断地反复验证，有的科研项目涉及许多因子，需要很长时间才能有结果。因为科研工作的这种特殊性质，从事科研工作的人员必须具有专心致志的精神。世界上一些著名的科学家，如牛顿、爱迪生和爱因斯坦等，都是非常专心致志的人，他们对科研的执着几乎到了忘我的境界。

爱因斯坦雕塑

　　今天，理学院就设在建筑学馆里。"建设一流理科，支持一流工科"，理学院的师生把爱因斯坦的雕像放在这里，就是宣示着不仅要大力支持冶金、材料、机械、矿业等东北大学面向基础产业的特色优势学科，以及自动化、计算机、生物医学工程等面向战略性新兴产业的优势学科的发展，而且志存高远，将目光投向更多人类未知的领域。在没有了建筑学科的建筑学馆，几代理学院人安营扎寨、披荆斩棘，开拓出东北大学在理科的一片天地，支撑着东北大学飞得更高、飞得更远。

1923年4月，东北大学建立，设有理科。

1952年8月，根据中央教育部及东北人民政府关于东北地区高等学校进行院系调整的方案，东北工学院数学系、物理系、化工系分别被调整到东北人民大学

理学院

（现吉林大学）、东北师范大学、大连工学院等，部分留下教师组成数学、物理、化学等教研组（室）。

1958年6月，在数学、物理教研室的基础上，成立了数理系，沈洪涛教授任数理系主任。同年8月，数理系撤销，组建理学系，赵庆方教授任理学系主任。理学系设有数学、物理、普通化学、物理化学、分析化学、材料力学、理论力学7个教研室。

1962年1月，为加强基础课教学，成立基础部。理学系所属的普通化学、物理化学、分析化学、材料力学、理论力学教研室及新组建的基础数学和普通物理教研室划归基础部，赵庆方教授任基础部主任。理学系保留了专业数学、金属物理、冶金物理化学、力学4个教研室，赖祖涵教授任理学系主任。1970年，理学系撤销。

1980年6月至1984年8月，数学系、物理系、化学系、力学部相继组建。

1993年，东北大学复名。1994年9月26日，在数学系、物理系、化学系、力学部的基础上，成立理学院，设有数学系、物理系、化学系、材料物理系、力学部。

几经变迁，东北大学理学学科不断丰富完善，已经成为学校工科发展

的强大支撑。

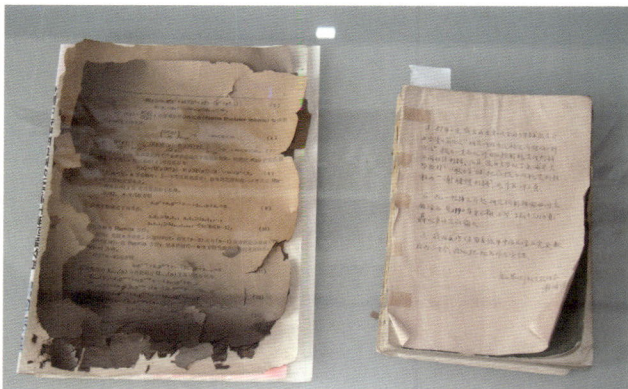

谢绪恺判据是自动控制领域第一个，也是到目前为止唯一一个以中国人名字命名的成果

继承东北大学早期兴办理工科的传统，一批东大人推动着理科专业的发展。曾任东北大学理学院院长的谢绪恺，1947年毕业于中央大学电机系，历任大连工学院（现大连理工大学）讲师、东北工学院副教授、东北工学院教授。他多年从事现代控制理论的教学和研究工作，撰写了现代控制理论方面的第一本中文教材《现代控制理论基础》。1957年9月，在第一届全国力学学术会议上，32岁的他宣读了论文《研究线性系统稳定性的新方法》，提出了多项式稳定的必要条件和充分条件，得到了钱学森等学术巨擘的认可。这一成果被复旦大学数学系当月编著出版的《一般力学》引用，并被命名为"谢绪恺判据"。

谢绪恺教授（左三）主持杨振宁先生（左二）东北大学学术报告会

"用平生所学回报社会、回报东大、回报学生是我最大的幸福。"谢绪恺说。这也正是理学院老师们弦歌不辍、潜心治学的初心使命和育人情怀。退休后，这位曾惊艳了国际控制学界的科学家，并没有"隐逸江湖"，却是退而不休，笔耕不辍，坚持为学生编著通俗易懂的高数学习辅导教材。92岁，他创作了让学生"一看就懂"的高等数学辅导书《高

数笔谈》，成为"网红"教授，事迹被《人民日报》《光明日报》报道，入选"感动沈阳人物"；94 岁，他撰写的"高数三部曲"第二部——《工数笔谈》出版，化繁就简、接地气的内容，像"拉家常"一样把深奥晦涩的定理娓娓道来，打消了学生对数学的畏难情绪；97 岁，他撰写的"高数三部曲"之三——《线代笔谈》出版，他把这本书作为献给东北大学建校 100 周年的礼物。

分析化学家、中国科学院院士方肇伦是中国流动注射分析领域的领军人和微流控分析奠基人。1977 年，他看到丹麦学者发表的首篇关于流动注射的论文，从而预见到这一技术在分析化学发展中的革命性意义及发展前景。于是，他着手利用有限的实验条件，从最基本的仪器部件入手，开展实验工作。由于最初的论证工作做得正确，初次实验就取得了成功。以此为起点，他在我国首先开展了流动注射分析的系统研究工作及仪器研制工作，20 多年始终坚持这个方向，并取得了一系列具有国际领先水平的成果，在试样前处理的自动化和微型

方肇伦（1934 年 8 月 16 日—2007 年 11 月 12 日），分析化学家，中国科学院院士，生于天津市。1957 年 10 月毕业于北京大学化学系。历任中国科学院沈阳应用生态研究所实习研究员、助理研究员、副所长、研究员，东北大学理学院分析科学研究中心主任、教授、博士生导师，中国仪器仪表学会分析仪器分会理事，流动注射分析专业委员会主任，国际分析化学期刊 *J.Analytical Atomic, Spectrometry, Talanta, Analytica Chemica Acta, Spectrochimica Acta Part B, J.Environmental Analytical Chemistry* 和 *Fresenius Journal of Analytical Chemistry*，以及国内《分析化学》等 10 余种期刊的编委或顾问编委。自 1977 年以来，方肇伦为流动注射分析在我国的发展做了大量的开拓性工作。1984 年以来，曾有 5 个研究项目获得国家自然科学基金的资助，在理论和实验技术上取得多项重要成就。研究领域包括流动分析、原子光谱分析及微芯片上的微流控分析及其联用技术、主要研究方向有顺序注射—原子吸收及原子荧光光谱分析、流动注射毛细管电泳分析、智能化流动光度分析系统、微流控分析芯片及流动分析在生物过程分析中的应用。1997 年，他当选中国科学院院士。

化方面具有明显的优势。1995 年以后，以他为首的研究集体在微流控芯片的研制方面进行了大量的开拓性工作，并在该领域首次获得国家自然科学基金委重点基金的资助。方肇伦以全球领先的研究工作，开创了我国微流控分析研究新领域，成为国际流动分析与联用技术研究的一面旗帜。

学科建设是高校工作永恒的主题，处于学校工作的龙头地位。在东北大学这样一所以工科为主的高校中如何加强理科建设，探索理科与工科之间的关系，对于学科的可持续发展至关重要。早在 1930 年，著名物理学家、麻省理工学院校长康普顿教授提出："没有第一流的理学院，就没有第一流的工学院。"理科的发展是工科发展的基础。邓小平同志早在 1977 年就指出："科学院和大学可以多搞一些基础科学。"①以往的经验和现实都告诉我们，要办好一所重点工科大学，必须把基础学科研究放在重要地位，把基础学科作为学科建设的根基。

在东北大学这样一所以工科为主的多科性大学中，理科的发展为整个学校的学科建设，尤其是工科的学科建设提供了强有力的支撑，为打造特色工科奠定了坚实的基础，孵育出一批杰出的成果，让世界听到了东北大学的声音。

对于理科来说，做理论研究需要加倍的耐心与定力。正如东北大学教授张鑫所言："真正想成功，就得全身心地投入。做基础科学研究不像其他应用学科可以取得直接的经济效益，基础科学的研究没有任何功利性，靠的完全是科学家对科学本身的热爱。"正是这种朴素的、单纯的执着，让张鑫带领他的团队在暗能量与暗物质、暴胀宇宙学、中微子物理、量子引力理论等方面取得了一系列突破，为东北大学理学原始创新开辟了一片绿意葱茏的新天地。

凭借对科学的热爱、对理想的仰望，张鑫每天阅读文献、编程、计算、推导，日复一日、年复一年，经常为了检查一个计算程序的错误，从早到晚泡在办公室，挨个仔细检查程序代码，直至找到问题所在，熬到深夜是家常便饭。2011 年，东北大学理学院张鑫的"全息暗能量研究"项目在国际上首次提出全息标量场暗能量模型，对暗能量和宇宙加速膨胀的研究作出了实质性贡献，被国际学术界公认和广泛引用，推动了暗能量领域研究

① 邓小平：《邓小平文选》第 2 卷，人民出版社，1994，第 54 页。

的发展。

2022 年，张鑫教授团队发表于国际著名期刊《宇宙学与天体粒子物理学学报》(*JCAP*) 讨论哈勃常数危机的研究论文入选英国 IOP 出版社公布的 2022 年度"中国高被引论文奖"(2022 China Top Cited Paper Award) 获奖名单。获奖论文为 2019—2021 年三年间在 IOP 出版社旗下期刊及合作期刊发表的论文中引用排名前 1% 的文章。此外，团队在 *JCAP*（影响因子 6.497）、*Physical Review D*（影响因子 4.964）、*Physics Letters B*（影响因子 5.255）等本领域最有影响的国际一流物理学学术期刊发表了全息暗能量方面的数十篇研究论文，被高频次引用，引起国际同行广泛关注。

张鑫教授团队主持的项目"中性氢巡天和宇宙学模拟"获批科技部"国家重点研发计划平方公里阵列射电望远镜（SKA）专项"2022 年度项目立项，东北大学为项目牵头承担单

张鑫教授在"讲述·东大人的故事"典型推介会现场

位。SKA 是科技部代表中国政府参加的一项重要国际大科学工程，是由全球多国合资建造和运行的世界最大规模综合孔径射电望远镜，其接收面积达 1 平方千米，为人类认知宇宙提供重大机遇，被英国广播公司称为"21 世纪最伟大的科学项目之一"，也被称为"世界巨眼"。其研究目标包括第一代天体如何形成、星系形成与演化、暗能量性质、宇宙磁场、引力本质、生命分子与地外文明等，其中任何一个问题的突破，都将是自然科学的重大变革。

随着张鑫等一批优秀青年人才的快速成长，如今的理学院已经由以基础课教学为主，逐步发展成教学科研并重的学院，一批优秀成果在这里涌现，物理、化学等优势学科已经在国内外具有了一定的影响力。

东北大学南湖校区航拍图

# 可可托海与东大"深地人"

　　建筑学馆、采矿学馆、机电学馆和冶金学馆被称为东北工学院"四大学馆"，都是东北大学南湖校区初建时的第一批建筑。采矿学馆建成于 1956 年，是"四大学馆"中最后落成的。在地理位置上，采矿学馆在学校南北向中轴线的东侧，建筑学馆在西侧，东西方向处于同一条水平线上。在外表形态上，采矿学馆与建筑学馆也有几分相似。采矿学馆由刘鸿典领衔设计，侯继尧具体负责。侯继尧带领建筑系 6 名 1955 级毕业生"真题真做"，将采矿学馆作为毕业设计选题，完成了全部施工图设计。从准备到设计完成，前后用了 7 个月时间，手工画的施工图纸有几尺厚。

采矿学馆

由于采矿学馆与建筑学馆的特殊地理位置关系，所以在设计上，侯继尧也将采矿学馆设计成 L 形，折角处同样设计为入口和塔楼，并将南北轴的短翼与主体等高（四层），与建筑学馆对称布置。在外观造型上，侯继尧采用西式体形，用中式细部处理。塔楼顶部四翘角运用中式大层顶正脊的"正吻"的变体；入口门廊的壁柱采用"依柱"，用中式穿插枋冲天柱式，柱头用麦穗雕饰，取得了体形完整、比例适度、精微优美的艺术效果。

侯继尧曾介绍说："中式建筑讲究穿插式，横梁与柱子之间的契合，是木式的；而希腊式建筑，横梁都是石柱直接顶上去的。采矿学馆的设计没有完全因袭北京大屋顶式的中国风格，而且大门的柱子也不完全是洋式建筑法，是一个中西合璧的建筑产物。"

侯继尧，1927 年生，辽宁新民人。水彩画家，建筑学资深教授，一级注册建筑师，中国建筑学会生土建筑分会副会长。1951 年毕业于东北工学院。西安建筑科技大学教授、陕西省美术家协会资深会员、西安水彩画学会会员、中国国际文艺家协会名誉理事、世界书画协会加拿大总会常务理事。

梁思成在 1958 年讨论国庆工程的会上正式提出：建筑应分成"中而古""西而古""中而新""西而新"四大类。认为只有"中而新"的建筑才是中国建筑的最高审美标准。这一思想影响深远，南京中山陵、广州中山纪念堂、人民大会堂、民族文化宫、人民英雄纪念碑等都是"中而新"类型的建筑。采矿学馆与建筑学馆的建筑风格都符合梁思成"中而新"的建筑设计思想，不仅是东北大学建筑学科延续传承的最佳代言者，也是新中国建筑历史上的一次大胆尝试。

梁思成先生为东北大学留下的宝贵财富——最早的建筑系办学思想、培养的人才、设计的学馆，都让东北大学对建筑学科魂牵梦萦，难以割舍。

建筑学馆与采矿学馆也许就是因此而更加情谊深厚。

东北大学资源与土木工程学院于 1995 年 9 月由采矿工程系和矿物工程

系组建而成。

　　资源与土木工程学院现有采矿工程、矿物工程、工程力学、安全工程、地质工程、岩土工程、结构工程、环境工程、地质资源与环境等9个研究所和城市规划、测绘工程2个教学系及1个实验中心，是东北大学面向基础产业的特色优势学科重要依托之一。强大的发展平台，让学院的每一个新建学科获得了更高的起点；"特色鲜明，优势集成，国内一流的研究型学院"的办学思想，为学科之间的交叉、融合与互助提供了广阔的空间。

　　1952年，全国范围进行高校院系调整。根据国家建设需要，大连工学院电机系，哈尔滨工业大学采矿系、冶金系，山东大学采矿系均并入东北工学院。教师们高昂的工作热情也深深地感染着学生，学生中勤奋好学蔚然成风。其中最具代表性的就是采矿系1954届采煤甲、乙两班。1954年4月，东北工学院发布《关于介绍五四煤甲、乙两班学习经验的通令》，决定授予两班"学习模范班"称号，"五四煤"的经验开始在学生中推广。如今，在东北大学，"五四煤"已经成为刻苦学习、诚心报国的代名词。

即将毕业的"五四煤"同学邀请
优秀毕业生介绍工作经验

1954年，采矿系采煤专业毕业生合影

　　"五四煤"是一股强大的精神力量，激励着资土人不断开创新的篇章。

　　到边疆去，到厂矿去，到艰苦的地方去，到祖国最需要的地方去！1968年12月，东北工学院选矿、机械系共29名毕业生被分配到遥远而神秘的可可托海，最大的27岁，最小的还不足23岁。

　　可可托海，在哈萨克语中指"绿色的丛林"，它位于新疆阿勒泰地区，是一座因矿而生的小镇。这里的矿脉，蕴藏着研制"两弹一星"的重要战略物资——稀有金属。这里曾经被列为"国家机密"，几十年在中国地图上找不到它的名字。这里记录着东大人用青春铸盾坚固国防的燃情岁月。

20 世纪中叶，关乎新中国国际地位、国家安全与民族尊严的国防事业，比任何时候都更为迫切地需要稀有金属。"我们那地方是国家国防工业生产原料的非常重要的一级保密单位。从铍精矿、锂精矿和钽铌，作为国防工业、尖端工业的原材料，新疆可可托海，60 年代、70 年代基本就那一家。"中国工程院院士、东北大学 1968 届毕业生孙传尧回忆道。

到可可托海的前 6 年，大家有的被分到大雪封山后只能乘坐马拉爬犁的阿尔泰山腹地，有的被分到野外流动采矿，有的被分到偏远、零散的矿点，还有的被分到机械厂当工人、修理汽车。打草工、采煤工、磨矿工、磁选工……任务在哪里，东大人就在哪里。虽然交通不便、食物匮乏，但是东大人在这里安下了心、扎下了根。同学们被先后从工人岗位调出来从事技术工作。

东大人在可可托海工作

1974 年，年仅 30 岁的孙传尧，在 8859 选矿厂改进流程，调整药剂，大大提高了低品位锂资源的利用率。当时，品位如此低的原矿能得到这么好的精矿指标，在国内外绝无仅有。1975 年，8766 选矿厂竣工后，因种种问题无法投产。作为技术总负责人和副厂长的孙传尧和同事们一起，完成了上百项技术改造，终于使选矿厂顺利投产。1977 年，孙传尧与广州有色金属研究院合作，负责选矿厂 1 号系统优先选铍、铍锂分离的实验和生产调试，获得成功后，系统立刻转入生产，开创了中国工业浮选生产绿柱石精矿的先河。随后，余仁焕等与新疆冶金研究所合作完成了 2 号系统铍锂分离的工业实验，两项成果共同获得全国科学大会奖励。一个个生产技术难题被攻破，稀有金属矿石从可可托海源源不断地送往祖国各地，变成原子弹蘑菇云的红、氢弹火球的橙……绘遍了中国尖端工业的红橙黄绿蓝靛紫。

怀赤子心胸，为家国负重，扎根边疆，钻研技术，淡泊名利，甘于奉献，把最好的青春年华都贡献给了祖国的选矿事业。可可托海的东大人，在大西北戈壁书写出无悔的人生。他们为中国稀有金属工业创造了一个又一个奇迹，为祖国"两弹一星"事业立下了不朽的功勋，为捍卫国家主权和民族尊严作出了巨大的贡献。当年东大拓荒勇士们用青春、智慧、鲜血和生命塑造的"吃苦耐劳、艰苦奋斗、无私奉献、为国争光"的可可托海精神，早已凝聚成绚丽的光芒，照亮了中华民族永不受人欺辱的强国梦想！可可托海的东大人支撑新中国发出的那一声声震惊世界的呐喊，完美诠释了"与祖国同呼吸共命运"的东大精神风骨，将永远镌刻在共和国的史册中！

"五四煤""可可托海东大人"的精神被不断地丰富与拓展。今天，资源与土木工程学院将其发展为"资土精神"。在专业建设中，坚持传统专业、重点专业、新兴专业协调发展是专业发展的成功之路，尤其是在行业发展处于低谷时期，资土人能够克服困难，坚根固本，在保留传统优势的基础上，用高新技术改造传统专业，使老专业焕发新光彩，实现学院学科的不断完善发展；在文化积淀过程中，培育优良师德师风，造就基础理论扎实、工作作风严谨、综合素质高的人才是学院发展的精神脊梁和文化精髓；厚德博学，是全院师生不懈努力，培育精英人才之标准、造名师之度量；在顶层设计和管理体制改革中，锐意进取的工作态度、求真务实的工作作风是学院发展完善的精神动力和保障。

在"资土精神"感召下，资源与土木工程学院在队伍建设、学科建设、本科教学、研究生培养、科学研究等方面取得了可圈可点的成绩，既为我国培养了一大批优秀的科技人才和管理人才，也为国家经济建设作出了重要贡献，在我国矿业领域占有重要地位。中国工程院院士冯夏庭教授，国务院学位委员会学科评议组成员巩恩普教授、任凤玉教授，国家杰出青年科学基金获得者吴立新教授，国家杰出青年科学基金获得者、新世纪百千万人才工程国家级人选朱万成教授……一批知名学者在业界享有盛誉。

2010 年，面向国际学科前沿、国家重大工程、国民经济主战场的深部金属矿山安全开采教育部重点实验室获批成立，吹响了东北大学向地球深部进军的号角。实验室负责人冯夏庭教授表示，该实验室建立了深部工程硬岩力学新研究体系，研发的岩爆智能监测预警技术预警准确率高于 85%，成为深部工程建设、矿山安全开采的"守护者"。近年来，实验室采矿人深入矿山一线，深耕科研，通过原始创新，研发出深部岩石力学真三轴试验机及系列具有自主知识产权的采矿新技术和安全监控设备，为矿山安全、高效开采提供了重要理论和技术支撑。实验室立足自主创新，形成了良好的可持续发展态势，该技术已经被成功地应用于众多深部岩体工程，取得了巨大的经济效益和社会效益。

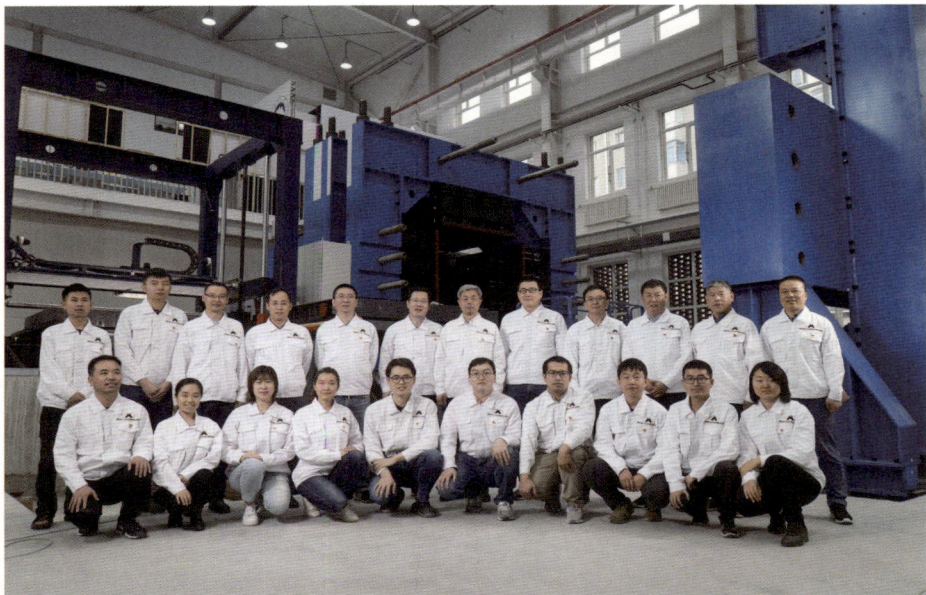

深部金属矿山安全开采教育部重点实验室党支部成员合影

冯夏庭教授团队"向地球深部进军"，致力于解决我国深部地下工程建造及地下资源开发利用的科学问题和技术难题，取得了一批重大原创性成果，打造了具有国际影响力的创新高地。2022 年 8 月 5 日，重大科技基础设施"超大型深部工程灾害物理模拟设施"项目论证会在东北大学召开。该项目由中国工程院院士、东北大学校长冯夏庭担任首席科学家领衔建设，面向深部工程建设、深部资源开采、深部能源开发、国家安全保障和环境保护等国家重大需求，将深部工程灾害国际前沿基础研究和实际应用相结合，致力于解决复杂多变地质条件、极端赋存环境、多种工程活动等因素引起的深部工程灾害重大科学问题与核心技术难题，实现机械制造、新材料、信息智能等深度融合。

冯夏庭，1964年9月生，安徽潜山人，教授，博士生导师，岩石力学专家，国际岩石力学与岩石工程学会会士。1992年获东北工学院矿山建设工程专业博士学位。国家杰出青年基金获得者，国家自然科学基金委创新研究群体负责人，国家百千万工程领军人才，中国科学院"百人计划"入选者。兼任国际地质工程联合会主席、国际岩石力学与工程学会岩石工程设计方法委员会主席、中国岩石力学与工程学会理事长、《岩石力学与工程学报》主编。2019年当选为中国工程院院士。

冯夏庭教授主要从事深部工程岩体力学与安全研究工作，主持国家"973"项目、"863"项目，以及国家自然科学基金国际合作重大、重点和部级等科研项目20余项，发表SCI收录论文180余篇，出版中英文专著5部，获发明专利授权70余项，获国家科技进步奖二等奖4项（其中3项排名第1）。荣获国际岩土力学计算机方法和进展学会杰出贡献奖、首届"全国创新争先奖状"等。

该项目也得到了教育部和省、市政府的大力支持，先后被纳入教育部等七部门教育服务东北振兴重点项目、辽宁省"十四五"规划、沈阳建设国家中心城市行动纲要。沈阳市将该项目作为首个支持建设的重大科技基础设施项目。东北大学集全校之力深入推进项目建设，汇聚人才、技术、资金等创新要素，着力打造功能完备、技术领先、运行高效、创新有力、成果产出显著的重大科技基础设施，为服务国家重大战略和辽沈区域振兴作出了新的更大的贡献。

目前，实验室在冯夏庭院士带领下，通过顶层设计、多学科交叉，着力打造一支国际化科研团队，领衔建设超大型深部工程灾害物理模拟设施，全力投入电爆破、微波破岩和智能开采的开创性研发工作，努力用机械化、自动化、信息化和智能化新技术更新、升级传统的采矿工艺，推动和引领中国采矿业向深地进军，努力成为世界上深部资源开发的领跑者！

# 第四章

## 两栋信息学馆的传承

它是沈阳曾经的第一高楼，在南湖之畔巍然屹立几十年；它是沈阳自动控制学科的发源地，一批大师级人物在这里默默耕耘、无私奉献；它是自动化领域产学研融合的实验场，一项项重大科研成果从这里走向企业、走向世界：它就是东北大学南湖校区信息学馆。

　　与南湖校区信息学馆遥相呼应，位于浑南校区的另一座信息学馆，经过近十年的发展建设，已经成为计算机科学与工程学院、软件学院、机器人科学与工程学院、未来技术学院师生创新筑梦的新家园。他们在崭新的空间里，传承东北大学信息学科的文化基因，放飞自我，逐梦远行，续写着东北大学信息学科的新华章。

# 沈阳自动控制学科的发源地

　　走进东北大学南湖校区北门，首先映入眼帘的是一座俄式风格建筑，它像一位饱经风霜的老者。宽阔而挺拔的轮廓像一个巨大的屏风，展示着东北大学的威严，也隐藏起东北大学的一切，让人们对大楼里的一切和大楼后面的校园充满遐想。这就是位于东北大学南北向中轴线上的信息学馆。

南湖校区信息学馆

信息学馆是东北大学南湖校区早期建成的楼馆，是东北大学最具代表性的建筑，也是当时沈阳市十大标志性建筑之一，东大人称之为主楼。直到 2007 年，东北大学综合科技楼落成，老主楼成为信息科学与工程学院师生的教学和办公场所，才更名为信息学馆。信息学馆主体部分共五层，中间又高出两层，形成突出的塔楼形状，两侧楼体向南延伸的副楼各四层。楼馆整体色调为灰色，显示着它的庄严与厚重。

信息学馆作为东北大学主楼的时代，一批中国自动化领域的顶尖学者聚集在这里，创办了全国首批工业电气自动化专业，成为沈阳自动控制学科的发源地。

东北大学控制科学与工程学科的历史可以追溯到 1949 年，是在沈阳工学院电机系的基础上发展起来的。新中国成立初期，学校师资力量严重不足，特别是专业课教师更加缺乏。为此，当时的学校领导多次到北京、上海和重庆等地广招名师。郎世俊、周崇经、恩毓田、李华天等一批教授、专家就是这时来到学校，充实学校教师队伍，为学校自动控制学科的发展奠定了坚实基础。

郎世俊，1914 年 8 月 31 日生于贵州省贵阳市。父亲郎伯舆，早年曾任贵州省织金县与安顺县县长，感于西南边陲交通闭塞、经济文化落后，鼓励朗世俊外出读书。1930 年，郎世俊由贵阳一中初中毕业后，只身一人经重庆至上海，辗转万里赴北平（今北京市）念书，后因病辍学。1935 年考入清华大学电机工程系。1937 年七七事变后，北平沦陷，他随清华大学迁至昆明，1939 年毕业于西南联大。1950 年 9 月，任东北工学院教授。作为自动化专家、我国工业自动化教育的开拓者之一、中国自动化学会的创建人之一，他长期从事自动化科学理论与技术的研究与教学工作，取得了一系列既有理论意义又有工程应用价值的研究成果，培养了一大批工业自动化的专门人才。为在我国钢铁工业推广应用生产过程自动化技术，他长期深入生产第一线，研究解决生产中的问题，为我国工业自动化科学与技术的发展作出了突出贡献。

1953 年，在郎世俊教授主持下，东北工学院首批创办了工业电气自动化专业，师资水平和实验设备在国内均属一流。郎世俊主持制订了该专业的教学计划，并亲自为学生讲授自动调节原理、自动电力拖动和生产电力装备等课程。

李华天教授在哈佛大学获得硕士学位后，放弃美国的优越科研环境，毅然举家回国，来到东北工学院任教，担任电气自动化专业教研室副主任，主要讲授电工原理、电子技术等课程。

在教学和实验过程中，教师们普遍感到，为了分析控制系统的过渡过程和品质因素，急需研制一种能够计算和分析的实验装置。当时，美国、苏联等国家已研制出模拟式电子计算机，但我国还没有。"既然外国人能搞出来，难道我们就搞不成吗？"李华天等教师经过讨论和分析，认为我们既要坚持科学精神，又要破除迷信，应当研究和制造出自己的计算机，为新中国争光。

李华天

当时，模拟计算机刚刚问世，相关的技术资料非常少。李华天作为课题负责人，跑遍了沈阳的书店和图书馆，只收集了有限的书刊资料。听说清华大学从苏联进口了一台计算机，李华天和恩毓田连忙赶到北京清华园，一边不停地参观，一边不断地询问。

没有现成的图纸，没有定型的线路，一切都要从零开始做起。李华天面对一堆技术资料，夜以继日地探求着、思索着。经过一段时间的苦心钻研，他终于"破译"出模拟机的原理、结构和具体线路，开始了紧张的方案设计。进口元器件是不可能的，设计方案必须建立在国内的基础上。经过反复修改，他在较短的时间内拿出了总体设计方案。

建模拟机，急需一批电子管，并且对管子的质量要求很高。当时，抗美援朝战争胜利不久，从朝鲜战场上运回一批战利品，其中就有一些电子管。这一消息使课题组大喜过望，恩毓田和徐文廷与有关方面联系后，立即赶到滑翔机场，从废旧的飞机上拆下一部分电子管，搬回实验室后，又一个个检查、一个个测试，总算解了燃眉之急。

经过几个月的艰苦努力，由东北工学院教师和实验人员自己设计、自己试验、自己制造的我国第一台模拟电子计算机终于研制成功！整台计算机由运算主机、操作台和电源等几部分组成。其中，主机又由十多个单元盒体组成，这些单元盒体可以根据需要自由连接。经过正式试验和测试，学校研制的模拟计算机运行速度快、计算精度高，整机性能也比较稳定。

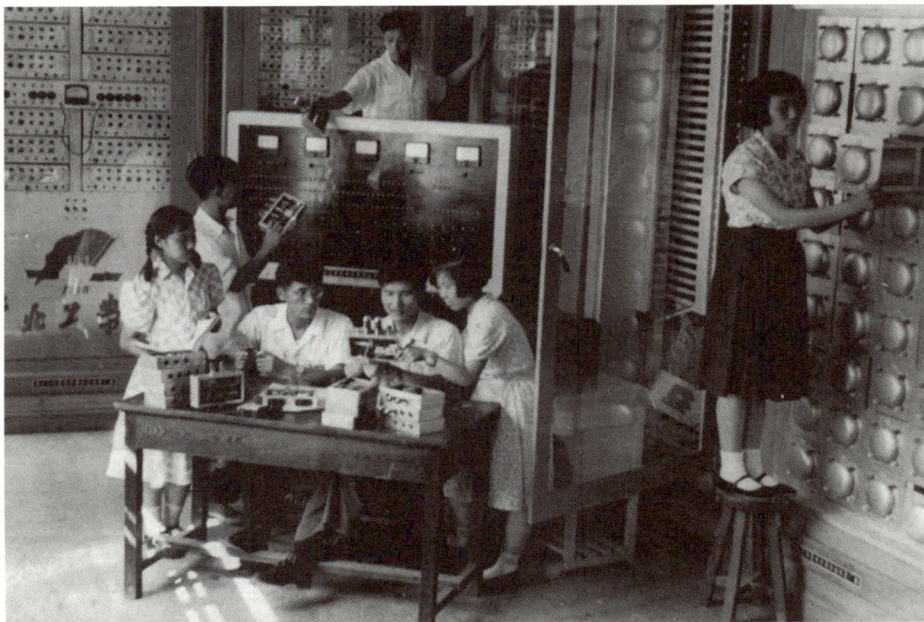

第一台模拟电子计算机

通过模拟和数字计算机的开发研制，学校普及了计算机科学知识，培养和锻炼了一批人才，为专业的发展奠定了基础。1959 年，学校建立了国内最早的计算机专业，并将工企电气化专业部分学生转到计算机专业学习。1961 年，学校培养出国内第一批计算机专业毕业生。

在 1978 年第一届全国科技大会上，党中央提出了"科技是第一生产力"的口号，掀起了中国科技振兴的新浪潮。学校获得了多项表彰：先进集体炼铁教研室、先进科技工作者张嗣瀛、优秀科技成果 22 项。这成为东北大学发展史上一个光辉的篇章，也是东北大学控制学科承前启后的关键节点。

受到表彰的张嗣瀛，是国内外知名的控制专家，曾在自动控制理论的稳定性理论、复杂控制系统理论等方面发表论文 200 余篇，以"微分对策及定性极值原理的研究"等为题的研究成果，引领着一个时代控制技术的发展。

20 世纪 70 年代中期，美国、苏联两个大国展开军备竞赛，争霸世界，使国际局势动荡不安。为了保卫国家的建设与安全，我国也着力加强军事科学研究的力量。在这种形势下，启动了"红箭-73"反坦克导弹研制工作。然而，我国最初研制的反坦克导弹，由于飞行情况与控制指令不符，导弹无一中靶。

1974—1976 年，在控制理论方面已经取得诸多重要研究成果的知名学者张嗣瀛教授，接手了控制系统的研制工作。经过多次试验分析，张嗣瀛认为控制系统的"俯仰"与"偏航"两通道间存在交叉耦合，并提出了有效的解决方法。改装后的导弹第一次打靶就取得了三发两中的好成绩。在国家靶场 3000 米实际活动坦克正式打靶中，又取得了十发九中的优异成绩。"红箭-73"反坦克导弹投入批量生产并装备部队，极大地推动了我国国防现代化建设，大大增强了我国的国防力量。

张嗣瀛，1925 年出生于山东章丘，1948 年毕业于武汉大学机械系，1949 年在金华英士大学任教，1950 年到东北工学院任教至今。1978 年晋升为教授，1983 年被评为博士生导师，1997 年当选中国科学院院士。1978 年以来，先后被评为部、省、市劳动模范或特等劳动模范，1990 年被评为国家教委、国家科委"全国高校先进科技工作者"。1998 年获全国五一劳动奖章。

张嗣瀛教授早期从事运动稳定性及最优控制的研究。曾参加反坦克导弹的研制工作，解决了控制系统的关键问题，取得突出实效。在微分对策的研究中，提出并论证了定性微分对策的极值性质，给出了定性极大值原理，使定量、定性两类问题都统一在极值原理的基础上，形成新体系，并给出一系列应用。在主从对策的研究中，提出惩罚量等新概念及定量计算以及提出复杂控制系统对称性及相似性结构研究的新方向。对非线性系统、组合大系统进行广泛研究，得到系统的规律，即这类结构可使系统降维、分解、化简，并得到简化的控制规律。

20 世纪 80 年代，在一批优秀大师的辛勤耕耘下，自动控制学科和计算机学科在信息学馆内不断发展壮大，信息学科取得了全面发展。

姚天顺教授和王宝库教授创建了东北大学自然语言处理实验室，开创了计算语言学（自然语言处理）研究方向，成为国内最早开展相关研究工作的研究团队之一。

徐心和教授在国内率先开展微型足球机器人的研究与开发，并组建东大"牛牛"队。在 1999 年 8 月巴西举行的第四届机器人足球世界杯赛上，东大"牛牛"队获得微型机器人足球赛第五名、标准动作比赛冠军，实现了中国机器人足球在世界杯赛场上金牌"零"的突破。

1980 年，郎世俊作为全国首批博士生导师，创办了工业自动化博士点。他对学生悉心指导，把严谨求实的优良学风和长期积累的知识经验都传给了学生。他的学生大多成为科研、教学与生产的骨干。在他和学生们的共同努力下，该博士点在自适应控制领域取得了突出的成就。柴天佑、刘晓平、汪定伟、王福利、张化光等一大批博士和博士后脱颖而出，在教学和科研工作中作出了突出的成绩，成为新的学术带头人，挺起了中国自动控制学科的脊梁。

东北大学科学园

1988 年，学校发挥信息学科优势，以前所未有的胆识和气魄，采取一系列改革措施，成立经济技术开发总公司，开始创办高新技术产业工作，走在全国高校的前列。1990 年 1 月，学校成立东工科学园建设委员会，建设东工科学园。

东北大学科学园（后更名为科技园）直接带动了沈阳市三好街高科技商业一条街的蓬勃发展，成为 20 世纪 90 年代我国最有影响力的 IT 产业发展聚集区之一。2001 年 5 月，东北大学科学园被科技部、教育部联合认定为"东北大学国家大学科技园"，是世界大学科技园协会中的首家中国成员。

1996 年，为了加快信息学科发展，学校将自动控制系和计算机科学与工程系合并，成立信息科学与工程学院。两个专业的师生在信息学馆一起学习、一起从事科研工作。这是东北大学信息学院发展最快的阶段，一大批优秀的专家学者在这里深耕科研，取得了一批顶天立地的科研成果，夯实了东北大学信息学科的根基，撑起了信息学科的一片天空。

2015年，计算机科学与技术、信息与通信工程两个一级学科从信息科学与工程学院分离出来，与计算中心合并，成立计算机科学与工程学院，搬往浑南校区。南湖校区信息学馆才成为信息科学与工程学院独有的空间，成为真正意义上的信息学馆。

信息学馆三楼东侧的电气自动化所，是"全国高校黄大年式教师团队"张化光教授团队的科研和工作场所。

在清河电厂项目中崭露头角的青年教师张化光，1996年牵头组建了信息学院电气自动化研究所。为打开科研之路，张化光四处出击，寻找科研课题，很快便收到了沈阳电业局"马路湾集控站开发"项目的竞标邀请。

张化光

面对与清华大学、东北电力研究所等知名高校和科研院所的竞争，信息学院电气自动化研究所的年轻人感到压力很大。但张化光志在必得，他带领大家精心准备，大胆创新，制订了系统的设计方案，最终一举中标。张化光教授团队用削峰填谷的方式，解决了刚性供电不足和柔性电力需求过剩之间矛盾的重大难题，顺利地完成了"马路湾集控站开发"项目。2010年，该项目获得国家科技进步奖二等奖。

2000年以来，张化光教授及其科研团队，采用自适应压－输动态模型和混沌分析实现了管道泄漏诊断核心技术，形成了全工况、全负荷流体泄漏的高灵敏度检测和高精度定位的完整创新体系；提出了小泄漏量和缓变泄漏实时诊断理论，借助混沌理论进行管道泄漏流体传输的建模，创造性地提出了基于模糊双曲线正切模型和混沌分析的管道输送系统在线工况模式识别方法，实现了管道泄漏混沌检测的原理突破；首次应用管道自适应

压—输动态模型实现了管道泄漏高精度定位。

"输油管线流体泄漏故障诊断与定位系统"能够为即时侦破盗油案件和输油管线安全运行提供有力保障，及时报警，准确定位，被形象地称为"石油管线的千里眼"。2007年，张化光教授团队"流体输送管网的实时数据采集分析方法和高精度泄漏检测定位技术"获得国家技术发明奖二等奖。

如今，这项成果已规模化应用于中石油和中石化公司的56个输油子站和11个省份的86家集控子站和电厂，对企业自动化水平和生产效率的提高以及相关技术的科技进步产生了积极深远的影响，提升了我国在故障诊断、容错和监测控制领域的技术水平和国际地位。

"科研工作者没有节假日"，这是张化光的座右铭，激励着他每天不知疲倦地工作。

2021年11月3日，2020年度国家科学技术奖励大会在北京人民大会堂隆重举行，张化光教授第三次登上了领奖台。他作为第一完成人、东北大学作为唯一单位完成的"分布式动态系统的自学习优化协同控制理论与方法"项目填补了国际国内能源输配领域的空白，获得国家自然科学奖二等奖。至此，张化光教授集齐了国家技术发明奖、国家科技进步奖、国家自然科学奖三大国家级奖项，成为国内外自动控制领域的知名专家，多次入选全球"高被引科学家"名单。

过程控制与检测技术研究室主任谢植教授经过20多年的潜心研究，研发出"黑体空腔钢水连续测温方法与传感器"，于2005年获得国家技术发明奖二等奖。目前，全国排名前50位的钢铁公司中，有47家在使用他的成果，该成果每年为学校创造2000万元的科研收入。美国、巴西、意大利等世界上排名前几位的传感器供应商都在代理这一具有划时代意义的产品。中国制造不仅提高了实验室在国际上的影响力，而且占领了世界市场。

科技成果不断涌现，人才培养也成果丰硕。2010年，杨光红教授凭借敏锐的捕捉能力和丰富的经验，指导博士生叶丹完成的毕业论文入选全国百篇优秀博士论文。这是自动化领域当年唯一的一篇优秀博士论文。毕业后，叶丹留校任教，被破格提拔为教授，2011年入选教育部新世纪优秀人才支持计划。

丰硕的科研成果、一流的创新人才，确保了东北大学自动控制学科在国内的领先地位。在 2002 年教育部学位与研究生教育发展中心首次开展的全国一级学科整体水平评估中，东北大学控制科学与工程学科排名第一，在 2006 年、2012 年开展的评估中，两次排名第二，2017 年评估结果为 A，2022 年评估结果为 A+。东北大学控制科学与工程学科凭借强大的科研实力支撑，连续入选国家"双一流"建设学科。

# 中国智造的超强大脑

沿着建筑学馆东侧的台阶拾级而上，便来到流程工业综合自动化国家重点实验室。这里，浓缩着东北大学控制学科的发展历程，无时无刻不向业界和学界自信地展现着东北大学控制学科的实力和水平。

流程工业综合自动化国家重点实验室

流程工业综合自动化国家重点实验室最初只有 5 人，固定资产不足 10 万元，是一个名不见经传的小小研究室。短短 20 年的时间，研究室敢为人先，勇闯自动控制领域无人区，取得一个又一个突破式的创新成果，实现了跨越式发展，于 2011 年成为国家重点实验室。2017 年，在国内相关领域国家重点实验室评估中排名第一，成为东北大学学科发展史上的一个传奇。书写这个传奇的主要功臣，就是实验室主任柴天佑院士。

1980 年，意气风发的柴天佑考入东北工学院自控系，师从郎世俊教授攻读硕士学位。两年之后，他以优异的成绩提前一年毕业，在郎世俊教授门下攻读博士学位。"多变量自适应控制"是他选择的研究方向。"多变量自适应控制"是世界上公认的研究难题之一。1986 年美国自动控制高峰会议确定了 7 个挑战性课题,其中之首就是"多变量自适应控制"。为了突破这一科学难题,柴天佑不仅在必修课方面取得了优异成绩,而且选修和自学了多门相关课程,并参阅了国内外数百篇有关文献,对多种控制方法进行了理论论证,做了大量计算机仿真实验,从中寻找规律。他几乎放弃了所有节假日,成为人们公认的最勤奋的人。

柴天佑,IEEE Fellow,IFAC Fellow。1985 年于东北工学院获工学博士学位,并留校任教。1988 年晋升为教授,1990 年成为博士生导师。东北大学自动化研究中心主任。国家重点基础研究发展计划("973"计划)项目首席科学家。曾任国际自动控制联合会(IFAC)技术局成员及 IFAC 制造与仪表技术协调委员会主席(1996—1999 年)。2003 年当选为中国工程院院士。

柴天佑教授长期以来从事智能解耦控制、自适应控制、过程工业综合自动化等领域的应用基础和工程技术的研究,先后主持与完成国家"973"计划、国家自然科学重点基金、"863"计划、国家攻关计划、国家高技术产业化专项以及企业重大自动化工程等 30 多项科研项目,取得多项系统性创新成果。提出了多变量自适应解耦控制理论与方法,与智能控制、计算机集散控制技术相结合,主持研制出智能解耦控制技术及系统;提出了以综合生产指标为目标的全流程混合智能优化控制方法,主持研制了混合智能优化控制技术及综合自动化系统,并成功应用于钢铁、选矿、有色、电力等行业,取得了显著的社会经济效益。获国家科技进步奖二等奖 3 项,省部级特等奖、一等奖 10 项;2007 年获 IEEE 系统控制协会颁发的控制研究杰出工业成就奖,2002 年获何梁何利基金科学与技术进步奖,2003 年获辽宁省科技功勋奖。发表论文被 SCI 收录 80 余篇,EI 收录 200 余篇,ISTP 收录 80 余篇。出版专著 2 部。应邀在 IFAC、IEEE 的国际会议上作大会特邀报告 20 余次。创建了东北大学自动化研究中心,并使之成为国家工程技术研究中心。培养建设了一支年轻的研究队伍,共有 10 余名博士后出站,70 余名博士生获得博士学位,200 余名硕士生获得硕士学位。获得全国五一劳动奖章及全国先进工作者荣誉称号。

柴天佑教授长期以来从事智能解耦控制、自适应控制、过程工业综合自动化等领域的应用基础和工程技术研究，先后主持与完成"973 计划"、国家自然科学基金重点项目、"863 计划"、国家攻关计划、国家高技术产业化专项以及企业重大自动化工程等 30 多项科研项目，取得多项系统性创新成果。提出了多变量自适应解耦控制理论与方法，与智能控制、计算机集散控制技术相结合，主持研制出智能解耦控制技术及系统；提出了以综合生产指标为目标的全流程混合智能优化控制方法，主持研制了混合智能优化控制技术及综合自动化系统，并成功应用于钢铁、选矿、有色、电力等行业，取得了显著的社会效益和经济效益。

一分耕耘，一分收获。经过几年不懈的努力，柴天佑提出了多变量自适应控制的新算法，建立了算法的统一格式，给出了算法的稳定性和收敛性分析。他的博士学位论文《多变量自校正控制器的研究》得到答辩委员会的高度评价，被认为是一篇极优秀的博士论文。1985 年，灯火通明的辽宁体育馆，柴天佑在庆祝东北工学院建院 35 周年的万人大会上，无比激动地从校长手中接过博士学位证书，全场掌声雷动。

柴天佑博士毕业后留校任教。培养一流的人才，要有一流的科研环境，打造科研环境必须要有大量的资金投入等。单靠国家拨款，要在短时间内赶上和超过国外大学的水平是不可能的；只有创造条件，探索一种适合中国特点的科研机制，走出一条自我发展的道路，才能适应市场经济的要求，掌握竞争的主动权。

东北大学自动化研究中心

经过深思熟虑，柴天佑决心带领研究室的科研人员创建东北大学自动化研究中心，在学校与社会之间架设一道桥梁，将基础研究成果与应用研究实际结合起来，走高技术研究道路，为国家的现代化建设作出直接的贡献。同时，将所获得的经济效益用于科研环境的提升，使研究中心的发展形成良性循环。

1992年5月，当柴天佑把东北工学院自动化研究中心的牌匾挂在高大的建筑学馆前时，无疑是写就了一篇新的更加雄浑的创业宣言，它向人们宣告：这个藏在高楼深院无人识的小小研究室，就要成为国家经济建设赛场上的重要一员了。

该中心成立不久，东北最大的火力发电厂——清河发电厂的"1~4号10万千瓦发电机组弱电控制系统"技术改造项目向社会招标。消息传来，柴天佑感到机会来了。

在由15名专家参与评审的招标答辩会上，柴天佑创造性地提出利用集散控制方法，采用光缆通信并结合智能控制技术，以解决过去采用弱电进行控制容易出现故障、造成停电的技术难题，并进行了有理有据的论证，终于依靠自身的实力，战胜了各路竞争对手，一举中标。

1993年5月14日，清河发电厂1~4号机组计算机集散控制系统一次并网发电成功，正式投入使用。望着我国第一台自行设计安装的大型计算机集散控制系统，许多人眼里噙着激动的泪花。有关权威人士评价："这项工程填补了我国采用计算机集散控制技术控制大型火力发电机组的空白。"

2004年，东北大学与酒泉钢铁（集团）有限责任公司签署合同，为酒钢选矿厂进行自动化工程改造。大漠戈壁，环境艰苦，项目难度更大，没有任何经验可以借鉴。在柴天佑的带领下，丁进良等一批科研人员咬紧牙关，经过3年的不懈努力，使选矿厂实现了对生产各个环节的优化控制，操作人员减少50%，消耗减少20%，全厂节电725.40万千瓦·时/年，成为我国选矿行业自动化水平最高的企业，产生上亿元的经济效益，对我国流程工业实现绿色化与自动化起到了重要推动作用。信息、有色与选矿等相关领域的李伯虎、孙传尧等六位院士一致认为，此项目"整体技术水平国际先进。该系统是采用综合自动化技术改造与提升传统产业，用信息化带动工业化、走新型工业化道路的成功范例，具有广阔的推广应用前景"。

2005年，柴天佑院士结合竖炉、磨机等企业常用耗能设备的特点，围绕运行反馈控制结构，在国际上首次提出了运行反馈控制、控制器驱动模型和虚拟未建模动态的新概念，并组织丁进良、吴永建、岳恒等骨干力量进行深入研究。2007 年，柴天佑院士凭借在控制领域取得的突破性成果，在新加坡召开的 IEEE Multi-conference on Systems and Control 国际会议上获得首届国际控制研究杰出工业成就奖，并应邀作大会报告。

理论成果只有应用于生产实践才能转化为生产力。柴天佑院士将科研人员分成不同的小组，分头开始针对电熔镁炉、磨机、竖炉、回转窑等耗能设备展开研究。2005 年，研究中心科研人员进驻大石桥辽宁群益集团营联镁质耐火材料有限公司，开始在电熔镁生产线上进行实验研究。2006 年，在试验炉上取得成功后，节能效果明显。尝到甜头的电熔镁企业领导又在 5 台炉子上安装了运行反馈控制系统，5 台炉子很快投产，节能增效的效果更加显著。

柴天佑团队在零失误的情况下，完成了电熔镁炉智能运行反馈控制技术的研究与实践工作，发明了针对电熔镁炉单独运行的特点的嵌入式控制系统，研制了电熔镁炉智能运行反馈控制软件，为企业打造出一个超强大脑，实现了生产线的全流程控制，在自动控制领域树起了东北大学的品牌。

"耗能设备智能运行反馈控制技术"在电熔镁炉行业成功应用，极大地鼓舞了实验室的士气。实验室人员发挥专啃硬骨头的精神，紧密配合，协同合作，很快就在选矿竖炉和磨机、氧化铝磨机和回转窑、水泥回转窑和其他有色金属行业取得突破性进展，一时间，实验室捷报频传，人心大振。

2011 年 12 月 5 日，流程工业综合自动化国家重点实验室正式揭牌，昭示着一个新航程的开启。实验室面向国家流程工业发展的重大需求，解决实现流程工业绿色化与综合自动化的关键科学与技术问题，形成具有自主知识产权的核心技术成果，为我国流程工业实现绿色化与综合自动化，为我国由

流程工业综合自动化国家重点实验室揭牌

制造大国变为制造强国提供科学技术支撑。

站在新的起点，实验室针对流程工业绿色化与自动化的重大需求和控制技术的前沿问题，开始向更高的目标阔步前行。

郑州铝厂 70 万吨拜耳法氧化铝生产线综合自动化系统、排山楼金矿综合自动化系统、山西铝厂熟料窑控制系统、长春污水处理厂综合自动化系统、20 万千瓦国产机组钢球磨中储式制粉系统、元宝山发电厂进口 30 万千瓦发电机组、抚顺钢厂的炼钢－精炼－连铸－连轧四位一体合金钢棒材新流程生产线……实验室在柴天佑院士的带领下不断挑战新项目，取得新成果，在冶金、电力、环保等行业建立了一批用高新技术改造传统产业的成功范例。

2015 年，IEEE 控制系统协会主席 Maria Elena Valcher 教授来访时评价：实验室在研究成果和科技获奖方面取得的成绩令人赞叹，柴天佑取得的成就在国际自动化领域不可比拟。2018 年，该协会主席 Francesco Bullo 教授来访时同样给予高度评价：流程工业综合自动化国家重点实验室是一个真正独一无二且令人敬佩的研究中心。

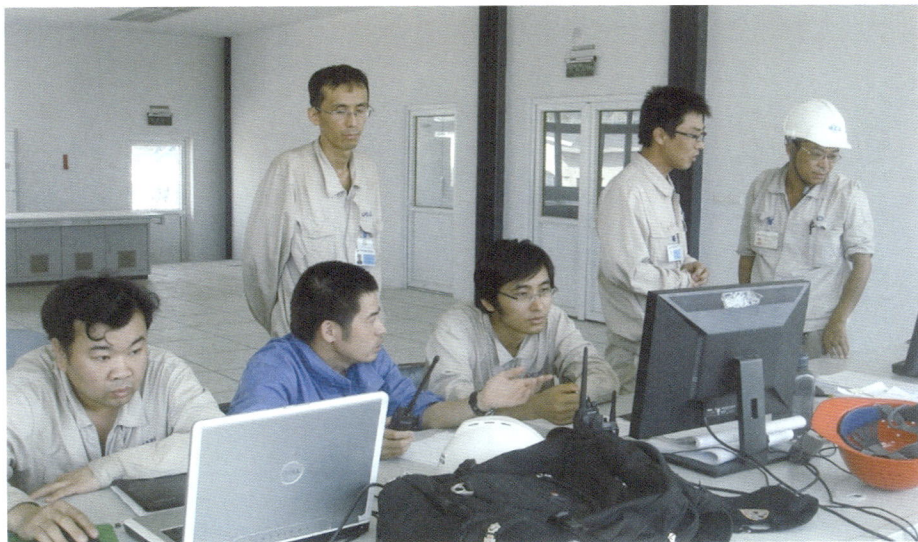

巴布亚新几内亚项目

"艺高人胆大"。开拓国内市场的同时，实验室凭借在流程工业领域的良好声誉，又将项目做到了国外。在高质量完成越南氧化铝生产过程自动化系统 3080 万元的项目后，实验室又中标巴布亚新几内亚的开发施工项目。

巴布亚新几内亚是南太平洋的一个岛国，1975 年才实现独立，资源丰富，经济落后，相当一部分人民迄今仍过着原始部落自给自足的生活，近 40% 的人口生活在国际贫困线以下。2002 年，中国冶金科工集团投资 14 亿美元，在该国马当省开发瑞木镍钴红土矿项目，这是当时中国企业在海外开发的最大的有色矿业投资项目。实验室凭借在工业流程领域的绝对优势中标该项目中规模最大的冶炼厂区的全流程自动化工程。该项目工艺新、工序多、流程长、规模大，既有包含矿浆处理区、高压酸浸区、CCD 逆流洗涤及中和除铁铝、氢氧化沉淀在内的主体湿法冶炼工程，又有石灰石加工、硫磺制酸、水厂、电站和油罐区等辅助工程。实验室组成了以综合自动化理论与技术研究室主任岳恒为核心成员的项目组，开始了在异国他乡的艰苦历程……这是一种对科学脚踏实地的执着毅力，对国家利益至高无上的责任心，对人类生存问题追根溯源的使命感。

柴天佑团队

多年来，东北大学流程工业综合自动化国家重点实验室在中国工程院院士柴天佑的带领下，面向国家流程工业高效化与绿色化的重大需求，开展基础研究与前沿高技术研究，在大型全流程生产线成功建立节能降耗效果显著的综合自动化示范系统，为工业化和信息化深度融合树立了典型示范，为我国由"制造大国"向"制造强国"发展提供了科技支撑。

2019 年，"生产全流程多目标动态优化决策与控制一体化理论及应用"项目荣获国家自然科学奖二等奖。项目主要完成人柴天佑、唐立新、刘腾飞、杨光红、王良勇均来自东北大学流程工业综合自动化国家重点实验室，这一奖项就成为实验室独家专属的科学大奖。

在长期的科研实践中，中国工程院院士唐立新院士逐渐明确了工业智能与系统优化理论方法、系统优化技术、工业智能技术、工程应用等主要研究方向。他带领团队成员围绕区域经济和老工业基地发展开展科研工作。在改造升级"老字号"方面，针对传统工业的智能化转型升级，以物联网实现的企业信息—物理融合系统为载体，利用传感器通过网络收集现场感知的数据，根据获得的数据信息，利用数据解析技术对生产、能源、物流过程进行准确理解、计量、诊断和预报，在此基础上进行生产计划、调度优化决策和操作执行（精准控制），实现工厂的智慧能力。在深度开发"原字号"方面，面向制造循环工业系统，将具有供需关系的制造企业之间，通过资源、能源、物流和信息等载体要素转换与传递，构成具有立体网状结构特征的制造业集群，实现系统优化，促进制造业高质高效循环。在培育壮大"新字号"方面，面向新兴战略工业，研究以人工智能、大数据、物联网、工业互联网等为代表的新一代信息技术，构建基于"5G+ 工业互联网"的大数据平台，开发高效可视仿真技术，为数字工业化提供技术支撑，赋能传统工业结构调整与数字化经济转型。

唐立新，1966年8月出生于黑龙江省兰西县，中国工程院院士、IEEE Fellow，现为东北大学副校长（科技规划、国际合作），第十四届全国人大代表，辽宁省第十四届人大常委。东北大学控制科学与工程（自动化）国家一级重点学科负责人、控制科学与工程国家"双一流"学科建设领导小组组长，智能工业数据解析与优化教育部重点实验室主任、工业智能与系统优化国家级前沿科学中心主任和首席科学家、计算机软件国家工程研究中心工业软件首席设计师。兼任国务院学位委员会第八届控制科学与工程学科评议组成员、教育部科技委人工智能专委会副主任、中国运筹学会副理事长兼智能工业数据解析与优化专业委员会主任、清华大学自动化系咨询委员会委员、北京大学大数据分析与应用技术国家工程实验室技术委员会委员。2017年获全国五一劳动奖章。

主要研究方向为工业智能与系统优化理论方法，包括工业大数据科学、数据解析与机器学习、深度学习与进化学习、加强学习与动态优化、凸优化与稀疏优化、整数与组合最优化、计算智能优化等理论方法，智能工业全流程生产与库存计划、生产与物流批调度、生产过程操作优化与最优控制等系统优化技术，过程监测、设备诊断、产品质知等质量解析技术，图像理解、语音识别、可视仿真等工业智能技术，以及在钢铁制造、装备和芯片制造、能源工业、物流系统、信息工业中的工程应用。

现为7个国际工业智能与系统优化领域重要SCI期刊的Associate Editor或编委，包括 *IISE Transactions, IEEE Transactions on Evolutionary Computation, IEEE Transactions on Cybernetics, Journal of Scheduling, International Journal of Production Research* 等期刊Associate Editor，国际期刊 *Annals of Operations Research* 编委，国际期刊 *Asia-Pacific Journal of Operational Research* 区域主编（Area Editor）。

2022年，东北大学工业智能与系统优化国家级前沿科学中心挂牌成立，成为学校经教育部批准建设的国家级一类科技平台，唐立新院士担任中心主任和首席科学家。前沿科学中心按照国家战略科技力量的建设要求，依托控制科学与工程学科，开展前瞻性、战略性、前沿性基础研究，并带动计算机、软件、冶金、材料、机械等相关学科发展，促进学科深度交叉融合，打造新型国家级科技创新基地。该中心立足于智能工业应用实际，面向国家重大需求，瞄准国际学科前沿，努力建设一支长期稳定从事工业智能与系统优化前沿基础和应用基础研究的国家战略科技力量，通过合作和交叉研究的机制创新，打造优势特色工业的引领技术，开拓新兴战略工业的前沿技术。

"前沿科学中心将以建设国家战略科技力量为目标，面向国际学科前沿基础研究和国家'卡脖子'关键技术需求，主攻系统优化与数据解析融合核心理论、制造循环工业的多目标决策优化方法、多尺度产品质量科学与动态优化技术、工业智能的共性系统技术及工业软件等方向，努力建成核心基础理论、关键系统技术、工业软件平台、工业应用转化、学科系统优化五位一体的高水平研究机构。"唐立新表示。

"建设一流学科，创办一流高校，始终是东北大学几代自控人的梦想，也是我们多年来奋斗的目标。"柴天佑表示。为了培养更多优秀学生，柴天佑提议成立以著名自动化专家、中国工业自动化教育开拓者之一郎世俊教授的名字命名的实验班——郎世俊自动化实验班。实验班于 2013 年计划实施，2014 年 8 月正式启动，采用项目驱动、能力导向的教学方法。根据"面向国际、加强实践、提升素质、强化锻炼"的指导思想，以培养学生的国际化视野和创新能力为目标，以专业基础、设计能力、国际交流为培养主线，改革教学内容、课程体系和实践环节，通过通识课程、专业基础课程、专业核心课程、英语授课、专题设计、综合设计、创新实验、科研训练、工程实践等环节，激发学生的探求欲望，挖掘学生的创新潜质，培养具有国际化视野和创新实践能力的高素质拔尖创新人才。

经过 4 年学习，首届实验班自动化 1308 班全班 30 人中有 28 人深造读研，其中 21 人保研，2 人成功考研，5 人被美国哥伦比亚大学、香港中文大学等知名高校录取，升研率达 93.33%。他们即将开启的院校大门包括清华大学、浙江大学、中国科学院大学、香港中文大学、美国哥伦比亚大学等，被人们称为东北大学的"学神"班。

如今，流程工业综合自动化国家重点实验室培养的学生已经广泛分布于全国众多知名科技企业，成为全国自动控制领域的骨干和中坚力量。

# "1+1 ＞ 2" 的逐梦空间

　　20 世纪 80 年代，东北工学院信息学科刚刚起步，在信息学馆一间空荡荡的教室里，3 个人靠 3 台电脑和 3 万元经费创建了计算机软件与网络工程研究室，创造了一个东北工学院的神话、一个中国软件业的神话。

　　1988 年 1 月，计算机系计算机软件与网络工程研究室在信息学馆宣告

刘积仁（左）在信息学馆工作

成立。虽说成立了一个研究室，但工作环境相当窘迫。研究室的正式成员只有 3 人，工作场所是一间空荡荡的连张桌子都没有的教室，设备是 3 台计算机。研究室的牵头者是留美回国的博士刘积仁，另外两位成员是赵宏和刘晓铭。

　　有米才好下锅炊。研究室成立的第一件事就是融资。刘积仁忙着申报基金项目。尽管没有深厚的资历，但幸运的是，项目报上去竟获批了，然而划拨下来的经费加在一起只有不到 3 万元。为了筹到更多资金，刘积仁拿着博士论文跑 "863" 项目，结果又跑来 3 万元。这样，刘积仁就有了两个项目。只是，这两个项目都是分期付款，一次付 1 万元。当时他手里只有这宝贵的 2 万元。

　　另外 1 万元的获得，实在有些偶然。一天，刘积仁正坐在他们那间又大又空的研究室里想心事，突然听到了敲门声。来者是个年轻人，自称在

抚顺铝厂工作，说他们单位要做一个网络系统，希望找一家有能力的单位来帮助实施。当时刘积仁正为缺钱发愁呢，听说来活儿了，心里真是无比兴奋。不过他给年轻人卖了个关子，说，做这个嘛，一定要找技术实力强的单位。谁知，年轻人却说："我们已经去过清华，领导让我再到你们这里看看有没有人能做。"刘积仁一听，心里揣着激动问："你们与清华定了没有？"年轻人回答："没有。"说到这，刘积仁意识到，机会真的来了，便让年轻人去问清华的出价。

刘积仁要摸清华的底。说真的，他自己也不知道给抚顺铝厂搞这个网络系统应该收多少钱。年轻人在和清华联系了一通后又来见刘积仁，说："清华开了3万元的价。"刘积仁想也没想就说："我也收3万元。"不难看出，刘积仁对自己信心十足。年轻人顿时愣住了："你……你也不比别人便宜啊。"刘积仁笑了笑说："我的解决方案不比他们的差，更重要的是，沈阳离抚顺近，我们的服务肯定比他们好。"

事情就这样定下来了，但在商定合同条款时，刘积仁提出要抚顺方面先付1万元作为项目启动资金，供他们在实验室做项目使用，研发成功后到抚顺实施，而且抚顺方面还要把他们的设备搬到实验室，同时派人过来与刘积仁等一同开发项目，理由是能顺便为抚顺方面培养人才。

刘积仁讲得合情合理，操作方案切实可行，抚顺方面很爽快地在合同上签了字。刘积仁凭实力和机智又获得了一笔宝贵的资金。

由此起步，凭借3个人、3万元、3台计算机，刘积仁和他的同事们在艰难中开始了创业之旅。

调度微机网络管理软件编制完成后，需要进行现场调试，刘积仁一班人马开进抚顺铝厂。以后的几个月，他们没日没夜地干，一直忙到那年的小年夜。当刘积仁、赵宏、刘晓铭、柳玉辉等人工作结束，想找一个地方吃顿饭时才发现，所有的饭馆都打烊了。最后，几个饥肠辘辘的年轻人终于敲开了一家小饭店的门。大家都饿急了，要了很多饺子。实在吃不动了，他们就互相猜拳，谁输了就吃一个。就这样，这一年的小年夜饭，成了他们艰辛创业历程的一个无比温馨的回忆。而我们看到的，是一种自信，是一个年轻团队善于抓住市场，巧妙掌握信息，科学应对挑战的果敢与坚毅。

20世纪90年代，东北大学创办IT产业，曾遭到激烈反对。在巨大的压力面前，学校领导班子经过严肃认真讨论，统一了思想：第一，把企业放到开发区，建立科技园，让他们独立发展；第二，放飞，就是上市；第三，明确大学与产业的关系是"培育"，不是"办"，培育好了就要把它推向社会。

基于这样的共识，东北大学毅然决定，放飞东软，容许东软到浑南高新区东大软件园更广阔的空间发展，造就一个世界一流的软件企业。

1995 年，中国第一个大学软件园——东大软件园在浑南区正式奠基并投入建设，成为东北大学第一个跨过浑河的科研机构，在浑南的土地上率先刻下了东大人的足迹。

当时的中国还不能自主研制 CT 机，需要大量从国外购买二手货。1985 年，天津外贸总公司从美国英特瑞德公司引进 3 台 CT 机，其中一台置于唐山钢厂医院，但这台 CT 机很快出了毛病。于是，唐山钢厂医院采取招标的办法解决这台 CT 机的修复难题。

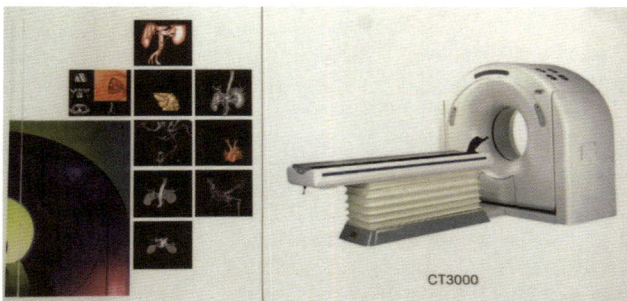

第一台中国 CT 机

1988 年 12 月 2 日，东北工学院教师郑全录、李甲递的修复方案一举中标。他们接手后，不仅修好了机器，还开始自己动手研制全身 CT 机。十年磨一剑，1997 年 7 月，调试初步成功，第一台带着闪亮的"中国制造"标志、全部自主知识产权的 CT 机诞生了。而随着 8 层 CT 关键技术于 2003 年初取得突破，我国的 CT 机研制生产达到国际先进水平。2009 年 5 月，由东软医疗系统有限公司自主研发的中国第一台自主知识产权的 PET 研制成功，再次让"中国制造"享誉世界。

研发首台国产 CT 机、成立首个大学科技园、成为第一家上市软件企业，东软集团创造了东北大学多个全国第一，形成了东北大学敢为人先、追求卓越的强大创新创业基因。

立于东软集团入口草坪上的巨型 NEUSOFT 雕塑，作为浑南区早期的最主要标志，随着党和国家领导人的一次次到访，成为众多媒体的新闻背景，点燃了东大人心中的骄傲，成就了东大人的文化自信。

如今，传承了东北大学"实干、报国、创新、卓越"文化品格的东软人凭借满腔的激情与智慧，不断开疆拓土。东软集团现已成为拥有员工 2 万余名，在中国建立 6 个软件研发基地、8 个区域总部，

东软集团

在 40 多个城市建立营销与服务网络，建立 3 所东软信息学院，在美国、日本、欧洲、中东设有子公司的世界知名企业，是中国最大的 IT 解决方案与服务供应商。

跨越浑河，向南发展。2012 年，东北大学开始向浑南区更南的地方进军，89 万平方米的校区破土动工。隆隆的机器轰鸣声，为这片安静的土地注入了生机与活力。

2014 年，东北大学浑南校区一期工程建设完成，一座座现代化建筑拔地而起，成为浑南区的新地标。计算机科学与工程学院、软件学院等 8 个学院首批入驻浑南校区，浑南校区信息学馆应时而生，成为东北大学信息相关学科新的教学科研大本营。第二次跨越浑河的东大人逐梦浑南，开始在新的天地里大展身手，施展才华。

浑南校区信息学馆

2022 年北京冬奥会是一场举世瞩目的体育盛事，需要用多种语言为全世界提供优质服务。东北大学朱靖波教授团队承担了"科技冬奥"专项中多语种机器翻译关键技术研究课题。

"我们团队成功完成机器翻译内核技术的研发，研究成果应用到冬奥会智能办公系统、机器同传系统、赛事转播系统，以及语音智能设备和多语言智能问答设备当中，为北京冬奥会的精彩呈现贡献了东大力量。"朱靖波说。

朱靖波 1992 年师从姚天顺教授和王宝库教授，开始接触机器翻译研究，1999 年博士毕业留校，继续领导实验室从事机器翻译研究工作。

2009 年，实验室第一次使用统计机器翻译技术参加国内规模最大、历史最长的机器翻译比赛——CWMT 评测，取得了汉英新闻翻译系统第二名的成绩，仅以微弱的差距落后于微软亚洲研究院的参赛系统。在这次评测大会上，朱靖波注意到，绝大多数参赛单位都在使用英国爱丁堡大学的 Moses 开源统计机器翻译系统做优化，但是该系统并没有针对以中文为核心的翻译任务进行调优，造成许多参赛单位的比赛结果并不理想。朱靖波在会上郑重地宣布，要开发自己的开源机器翻译系统，让全世界的科研人员都可以在东北大学的机器翻译开源平台上开展研究。

为了鼓舞士气，朱靖波给这个系统起了一个很有内涵的名字——NiuTrans。朱靖波说："Niu 蕴含着东北大学（NEU）、新（New）和老黄牛精神（牛）三重含义，Trans 是 translation 的缩写，两个部分合起来，表达了团队要发扬老黄牛的精神，勇于创新，积极进取，努力打造出最牛的机器翻译系统。"

2011 年 7 月，团队正式发布 NiuTrans 的第一个开源版本，得到了非常多的关注。又经过一年的努力，团队把包括短语、层次短语、树到串、串到树、树到树的五个模型都集成到 NiuTrans 系统中，形成了一个属于中国人自己的、完整的统计机器翻译系统，这也是世界上能够支持五个主流模型的两套翻译系统之一。在随后的国际大赛中，NiuTrans 连获佳绩，在日本东京举办的国际汉英专利翻译评测中，该系统取得第二名，在国内 CWMT 评测中多次共获得 8 项冠军，在国际最知名的 WMT 评测中共获得 13 项世界冠军。

小牛翻译工作室

东北大学开源机器翻译系统 NiuTrans 曾被 ACL2012 选为参会的演示系统，引起国际学术界的关注。2016 年，小牛翻译荣获国内自然语言处理领域最高科学技术奖——钱伟长中文信息处理科学技术奖一等奖，成为国内首个获得该奖的机器翻译研发团队。

从姚天顺教授和王宝库教授创办自然语言处理实验室，到小牛翻译发

展成为国内规模最大的机器翻译产学研团队，东大人经历了 40 余年的时光，完成了从南湖校区信息学馆到浑南校区信息学馆的空间转换，始终不变的是坚持自主创新的科技传承，是在机器翻译前沿技术攻关和科研优秀团队培养上狠下功夫，最终使科技成果转化应用进入快车道。

目前，小牛翻译是世界上支持语种最多的机器翻译系统，能够支持中文与 304 种语言互译，包括英、日、韩、俄、法、西等主流语种、"一带一路"沿线所有国家的官方语言和联合国所有成员国官方语言翻译。

人才培养是大学的第一要务。远离都市的校区成为学子们学习的天然乐土。软件学院自 2002 年建院以来，始终以"开放、包容、求是、创新"为办学理念，以"培养实用性、复合型、国际化拔尖创新创业型精英人才"为人才培养目标，形成了实用性高级软件人才培养体系，为社会培养了大批优秀软件人才。很多毕业生入职华为、京东、阿里巴巴、腾讯、百度等知名企业，成为业内的中坚力量。北京快手科技有限公司联合创始人兼首席产品官程一笑，就是众多优秀学子的代表。

程一笑是"全国先进班集体标兵"软件工程 031 班的一员，大学四年他一直刻苦学习，追求卓越。从小酷爱漫画和科幻的他，随着电脑和互联网在中国刚刚兴起，又迷上电脑，入学伊始就展现出计算机能力的优势，在轻松完成专业课任务的同时，还能为班级同学辅导专业课程，分享学习方法与技巧。出于对专业技术的痴迷，程一笑每天的生活都很简单，除了上课就是编程。也正是他的爱好和对前沿技术的钻研，成就了今天的快手。

2011 年，程一笑开始做一款名为 GIF 快手的个人软件，这是一款移动端的动图制作软件。他常常在出租屋中拍下自己的大头照，制作成动图，再发到自己没"加 V"认证的微博。这个在微博流行开来的小软件很快引起了天使投资人张斐的兴趣。张斐在微博上找到程一笑，带来了 200 万元人民币的天使投资。

2021 年 2 月 5 日，随着 6 位快手用户在北京快手总部敲响开市锣，中国短视频第一股快手正式于香港联交所主板上市，发行价 115 港元 / 股，股票代码 1024.HK。2 月 4 日晚间暗盘交易，快手一度涨超 260%，最终报收 336.6 港元 / 股，总市值达 1.38 万亿港元，成为国内第五大互联网上市企业。

程一笑创业成功后，出于对学校和学院的热爱、对学院人才培养的认同、对同学和校友的感情，他召集了一批东北大学软件学院优秀毕业生，一起谋划 GIF 快手，最后成就了今天的快手。截至目前，东北大学为快手输送了 167 名优秀毕业生，分布在研发线、商业化业务部、主战产品部等部门，大部分都成为核心骨干。

东北大学与北京快手科技有限公司签署校企合作协议

2020 年 12 月 11 日，东北大学与北京快手科技有限公司签署战略合作协议。双方将在信息、软件、计算机等学科领域深入合作，共同开展重点实验室申报、科学研究与人才培养等，共同探索"互联网＋"时代校企合作新模式。

2015 年 9 月，东北大学联合沈阳新松机器人自动化股份有限公司和中国科学院沈阳自动化研究所，合作建立国内"985"高校首个机器人学院——机器人科学与工程学院（以下简称"机器人学院"）。合作三方充分发挥各自优势，瞄准科技前沿，共同探索机器人及其相关领域拔尖创新人才选拔培养的新途径，推进机器人领域科技创新。

不知是学院人工智能、智能机器人、模式识别、图像处理与计算机视觉、虚拟现实技术等研究方向具有广阔的发展前景，还是人们潜意识里对机器人充满幻想和敬意，总之机器人学院刚成立就对考生产生了强大的吸引力。建院以来，机器人学院每年都是东北大学入学分数最高的学院，成

为东北大学最优秀学生的聚集地，假以时日，必将人才辈出，风光无限。

2020 年，东北大学成功获批成立首批未来技术学院，成为全国仅有的 12 所高校之一。东北大学未来技术学院以一流信息学科为依托，以立德树人为根本，以新工科建设为内涵，聚焦未来工业智能领域，围绕基础理论原始创新和关键技术突破，改革创新形成高质量工业智能人才培养模式，着力培养能够引领未来工业智能技术发展方向的科技创新领军人才。

做好未来科技创新领军人才的前瞻性和战略性培养，抢占未来科技发展先机。两个新学院的相继建立，拓展了东北大学信息学科的专业版图，稳固了东北大学信息学科在全国的地位和优势，更为浑南校区增添了无限的创新创造活力。优势互补、相互学习的良好氛围已经在信息学科各个学院间悄然形成，你追我赶、良性竞争的发展态势必将加快各学院的跃升发展。

位于浑河两岸的两个信息学馆，虽然在空间上将东北大学信息学子分成了两个部分，但他们骨子里始终流淌着东大信息人的血液，传承着东大信息人的强大基因，是永远分不开的一个强大集体。成倍拓展的教学科研空间，为他们提供了更加宽广的舞台。两个信息学馆的心心相融，已经产生了"1+1 > 2"的效果，一项项优秀成果在两个校区如雨后春笋般层出不穷，产生了巨大的社会效益和经济效益；一批批优秀学生在这里快速成长，成为我国信息领域的中坚力量。

东北大学信息人凭借控制科学与工程、计算机科学与技术、软件工程、机器人科学与工程等一流学科的交叉融合，发挥引智基地的优势，必将培养出更多具有国际视野的优秀人才，取得更多突破性的创新成果，创造更多属于东北大学的神话，书写更多属于东北大学的传奇，为东北大学一流大学建设赋能助力。

# 第五章

## 图书馆与图书馆的『携手』

图书馆是人类文明中知识、信息、文化的记忆装置、扩散装置。早在公元前 3000 年时，巴比伦的神庙中就收藏有刻在胶泥板上的各类记载。我国的图书馆也历史悠久，只是起初并不称作"图书馆"，而是称为"府""阁""观""台""殿""院""堂""斋""楼"，如西周的盟府，两汉的石渠阁、东观和兰台，隋唐的观文殿，宋代的崇文院，明代的澹生堂，清代的四库七阁，等等。关于图书馆，人们历来赋予文化的需求、精神的寄托、美好的映象。1955 年，双眼近乎失明的阿根廷诗人、小说家、散文家兼翻译家、国立图书馆馆长博尔赫斯写下：如果世界上真有天堂的话，那么一定是图书馆的模样。这成为人们广为认同并传诵的词句，成为图书馆最好的诠释。

　　图书馆收藏着丰富的文献信息资源，承载着厚重的文化和历史底蕴，不仅是一所学校的文化标志，更是一个国家的文化符号。作为东北大学的一部分，近百年来东北大学图书馆不论是在名家荟萃、盛极一时的初创时期，还是在九一八事变后流亡他乡时，不论是在东北工学院时期，还是在 1993 年东北大学复名，2003 年 80 周年校庆改造完成命名为"宁恩承图书馆"，2017 年浑南校区新建设的图书馆正式启用时，都始终紧紧依偎在东北大学温暖的怀抱中，发出自己的光和热，就像那喷涌着智慧之泉的知识源头，源源不断地滋养着东大万千学子。东北大学代校长宁恩承老先生曾说："我梦想的图书馆要有一个高耸云霄的高塔，三十里外远远地就能够看到。"宁老心中的高塔，不仅是希望东北大学图书馆成为一座文化地标，更是希望其成为一座城市的文化高地、一个民族的文化磁场。

　　回望东北大学近百年的漫漫旅程，无论何时何地，无论是著名建筑设计大师杨廷宝设计的北陵校区图书馆，还是现在的"沈阳最美图书馆"、教育部中国大学生在线"最美图书馆"、"中华传统文化经典·推广图书馆"，图书馆之美不仅是环境之美，更是文化育人与专业化服务之美。校园里的琅琅书声和图书馆里座无虚席、秉烛夜读、笔耕不辍的勤学身影，共同构成了东大人最恒久唯美的气质群像。

# 从图书馆到宁恩承图书馆

宁恩承塑像

张捷迁塑像

　　沿着汉卿北路走到学校中轴线的位置，就能看到宁恩承和张捷迁的纪念铜像矗立在东北大学图书馆正门前广场通道的两侧。回顾东北大学图书馆近百年的发展历程，其发展变迁经历了五个阶段：

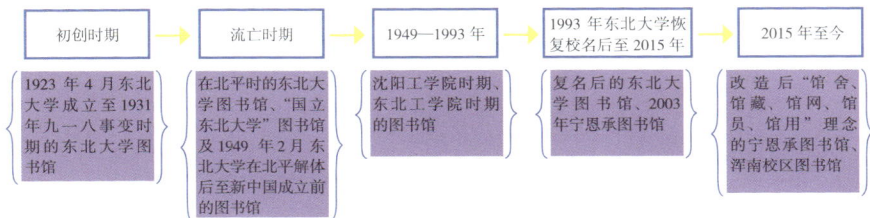

东北大学图书馆历史沿革图

　　东北大学图书馆的历史要追溯到 20 世纪初期。1923 年，东北大学建校之初即设有图书馆。图书馆位于东北大学大南关校园内的南楼。1926 年，东北大学北陵校区启用，在理工大楼一层开设工科、理科图书馆。至 1926 年时，东北大学有两处图书馆：文科、法科图书馆设在南校南楼的第二层；理科、工科图书馆设在北校理工大楼的第一层。

东北大学大南关校园内的图书馆

1928 年 8 月，张学良兼任东北大学校长后，捐资 50 万元现洋修建图书馆、化学馆和实验馆。图书馆大楼由中国著名建筑设计大师杨廷宝先生设计。这座中西建筑风格的图书馆大楼在中国建筑史上也是杰作之一。1931 年，《东北大学校刊》在报道本校新图书馆落成时曾写道："国内各大学之图书馆当以本校为巨擘。"不仅如此，张学良还高薪聘请当时国内图书馆学名家担任图书馆馆长。李小缘、桂质柏两位中国图书馆学界泰斗应张学良之聘先后担任东北大学图书馆馆长。他们曾为东北大学图书馆的发展精心擘画，倾力打造，建立了科学的大学图书馆管理体制。

1931 年九一八事变后，东北大学图书馆在刚刚迁入新馆数日后被迫随学校一起流亡。刚到北平时，没有图书资料和阅读空间，只有两名同学不辞辛苦，找来教室，拾来废弃黑板，作为阅览书桌，在初具规模后，虽然简陋破旧，但勉强为用，草创了阅览室。当时邮局转来沈阳本校图书及教员学生所订的杂志，无人领取，于是阅览室又和学校商议，全部收集过来，重新加以整理典藏，专供同学阅览，这就是流亡北平时草创时期的图书馆。直到 1933 年 1 月，经教务会议决议每月拨给图书馆费 30 元，图书馆才开始有自己的经费，这就是流亡北平时阅览社时期的图书馆。随着图书日益增多，阅览室已具备一定的规模，于是将阅览社改为图书馆。图书馆的图书经费由原来的每月 30 元增至 300 元，并且对编目、整理、典藏等方面进行改进，图书馆中的一切开始逐渐与现代图书馆制度相适应。

李小缘（1897—1959），原名李国栋，南京人。1929—1930年任东北大学图书馆馆长，是中国现代图书馆事业奠基人之一。他是我国最早向西方学习图书馆学的先驱之一，1921年留学于美国纽约州立图书馆学校，1923年获图书馆学学士学位，次年入哥伦比亚大学学习，1925年获教育社会学硕士学位后归国。

1928年底，张学良将军主持东北，兼任东北大学校长。李小缘出于要为自己国家办的大学作出贡献的想法，于1929年5月离开金陵大学赴沈阳，就任东北大学图书馆馆长。12月，在纪念东北大学成立六周年时，李小缘先生在《东北大学周刊（增刊）》撰写了纪念文章《本校图书馆建设之使命及发展计划》。文章中，李小缘为即将新建的东北大学图书馆欣喜："关内大学如中央大学、中山大学、清华大学等亦莫不有宏伟之建筑，精富之收藏，及夫专门人才之司理。"他认为，新图书馆建成后，从馆舍、馆藏等方面，都将超过当时国内其他著名的大学图书馆，新图书馆将"由本校之中心，进而无形为东北文化之中心，使继往开来，胥源于是"，担负起发展东北三省图书馆事业的重任。

李小缘先生在近40年的学术生涯中，全力投入中国图书馆事业的建设，进行图书馆学、目录学、历史学的研究和教学，中外文化的交流，以及历史文物的搜集、整理和保护等。

桂质柏（1900—1979），湖北江夏（今武昌）人，图书馆学家。1931—1932年任东北大学图书馆馆长。桂质柏1926年赴美留学，1928年获美国哥伦比亚大学图书馆学硕士学位，1931年3月获美国芝加哥大学图书馆学博士学位，是中国历史上第一个图书馆学博士。

桂质柏在芝加哥大学获博士学位后，收到了时任东北大学校长张学良的急电：诚邀桂质柏先生担任东北大学图书馆主任及兼外国文学系教授。实际上，桂质柏一直希望能学成报效祖国，便愉快地回电接受了邀请。1931年6月，桂质柏回国后来到东北大学，聘书证号438#。

震惊中外的九一八事变爆发后，桂质柏先生参加了由李四光率领的东三省五人代表团，先后到北平、上海、南京、武汉等地高校发表《日军如何侵占沈阳的详情报告》来控诉日军暴行。

1932年8月，桂质柏离开东北大学后，先后在中央大学、四川大学、武汉大学等学校担任图书馆主任兼教授。新中国成立后，历任武汉大学图书馆馆长兼教授、中国科学院武汉分院图书馆馆长等职务。桂质柏先生是海内外知名的图书馆事业家、图书馆学家和文献分类学家，他一生致力于图书馆工作、图书馆学教育和研究工作，治学严谨，注重实践。

在北平的东北大学共有三处校园，至 1933 年 7 月，图书馆随校迁至西直门内，并且在第一分校（彰仪门内）、第二分校（城南兵马司内）内各设分校图书馆。1936 年 2 月，由于华北局势紧张，在北平的东北大学将工学院和补习班迁到位于西安的陕西省立农林职业专科学校，成立东北大学西安分校。至此，图书馆分为总校图书馆、第一分校图书馆、第二分校图书馆及西安分校图书馆。

1937 年 2 月，东北大学迁至河南省，鉴于当时并无图书等，只能向河南大学借阅，阅书时间和数量均受限制。1937 年 5 月，南京政府教育部令：东北大学改称"国立东北大学"。1937 年，卢沟桥事变爆发，日寇意图侵犯西北，东北大学决定南迁至四川三台。图书仪器也由西安用火车运到宝鸡，再由宝鸡用汽车运到三台。至此，图书馆又随学校流亡到四川三台。东北大学根据其组织大纲，设立图书馆，隶属于教务处。在三台时期的东北大学图书馆有自己的图书馆委员会。至 1945 年，东北大学图书馆在三台校区的藏书达 10 余万册。

东北大学北平校址总馆书库及阅览室　　东北大学北平校址第一分校图书馆

东北大学北平校址第二分校阅览室　　在三台时期的东北大学图书馆阅览室

1945 年，抗战胜利后，东北大学师生陆续返回沈阳市的东北大学北陵校址。图书馆藏书于 1946 年运回，图书馆仍在东北大学北陵校区的原建筑楼内。1948 年，沈阳解放。1949 年，东北人民政府代表会议会场就设在东北大学北陵校区的图书馆门前。这一时刻，东北大学北陵校区的图书馆大楼伴随着这件重大的历史事件而载入沈阳乃至东北的历史史册。

流亡岁月中，艰难的生活没有磨灭东大学生求学的热情。无论是在古都北平、西安、开封，还是在三台小城，东大学生在图书馆、阅览室秉烛夜读、晨诵暮省的身影都是一道动人的文化风景。

新中国成立后，东北人民政府在东北大学工学院的基础上成立沈阳工学院，以位于沈阳市铁西地区的伪奉天工业大学和沈阳市第二工科学校的旧址为校舍。同年 9 月，沈阳工学院图书馆正式开馆。1950 年，东北人民政府决定将沈阳工学院、抚顺矿专、鞍山工专合组为东北工学院。同年 9 月，沈阳工学院图书馆改名为东北工学院沈阳总院图书馆。1953 年 2 月，改为科级建制，归教务处领导。1953 年秋，图书馆开始由铁西迁入南湖新校址的冶金馆，铁西校址改为分馆。从东北工学院迁至南湖校区至 1985 年前，图书馆没有独立馆舍，分设在建筑学馆、冶金学馆、采矿学馆和机电学馆四个教学馆内，总面积 6054 平方米。1980 年，学校在百业待兴的情况下，决定优先建设图书馆。

东北工学院冶金学馆内借书处　　　　东北工学院建筑学馆内外文图书阅览室

1985 年，一座面积 1.6 万平方米、在当时国内高校图书馆中可谓先进的、东北工学院图书馆建馆以来第一座独立的图书馆馆舍落成并交付使用。图书馆共有四层楼，加上书库夹层及各教学专馆中的学生阅览室，馆舍总

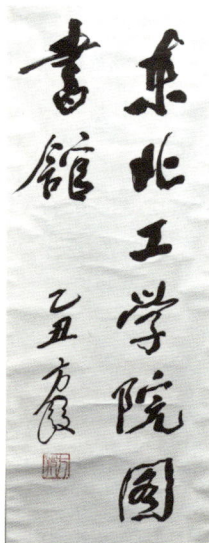

时任国务院副总理
方毅为图书馆题写
的馆名

面积已近 2 万平方米，为建馆初期的 33 倍。新馆舍设有 12 个大型阅览室（全馆阅览座位总计 2000 个）、10 个小型研究室、可容纳 140 万册藏书的书库、各种业务办公用房和会议室，以及有 200 个座位的学术报告厅。图书馆建筑总费用为 600 万元，其中设备费 40 万元。新馆建成后，可容纳 20 年内的藏书，解决了全院师生近万人的阅览问题，深受广大师生的欢迎。时任国家领导人李鹏、李长春等曾先后来馆视察，时任国务院副总理方毅为图书馆题写了"东北工学院图书馆"馆牌，成为当时高等学校图书馆的佳话。

1993 年 3 月，国家教委下发文件批准东北工学院恢复东北大学校名。同年 4 月 22 日，东北工学院正式恢复校名"东北大学"，东北工学院图书馆也随之恢复成东北大学图书馆。从此，东北大学图书馆进入了一个新的发展时期。

1985 年东北工学院图书馆新馆
建成后的全景图

1985 年东北工学院图书馆
外文期刊阅览室

宁恩承先生曾在建校之初学校危难时刻临危受命，出任东北大学秘书长，代行校长职权。20 世纪 90 年代，他为东北大学复名作出了重大贡献。宁恩承先生百年之后，东北大学 80 周年校庆前夕，他的妻女将宁老遗留的 60 万美元，慷慨捐献给东北大学，帮助东北大学修缮图书馆。2002 年暑假至 2003 年春节这一段时间，学校对图书馆馆舍进行了大规模的装修，对图书馆外形进行了重新设计，根据新造型重新粘贴瓷砖，并更换了全部门窗，内部墙面重新粉刷，更换了书架和阅览桌椅等，图书馆面貌焕然一新。为了永远铭记这位东北大学危难时刻的掌门人，学校在 80 周年校庆之际，将图书馆命名为"宁恩承图书馆"。

2003 年宁恩承图书馆竣工剪彩仪式

2003 年 80 周年校庆时的图书馆

图书馆于 2004 年新建了集门禁、流通、监控于一体的管理系统，实现了开架书库的借、阅、藏一体化和真正意义上的开放式。从 2004 年 12 月起，读者持证进入图书馆后，可携带自己的物品不受限制地进入每个书库和阅览室阅览与学习，如同进入自己的书房或工作室一样，随意浏览或阅读任何书刊。这对设计于 20 世纪 80 年代初期的单元空间相对狭小、布局封闭的以藏为主的图书馆如何开展开放式服务作出了有益的探索。2009 年起，图书馆全面实现了流通部借阅大厅周一至周日开放，并于 2011 年在东北地区高校较早推出自助借还系统，实现了图书馆每天 24 小时还书，每周 7×14 小时借阅服务。

现在，图书馆还增加了阅听学习设备、智能光影阅读设备、人文数字书画设备、图书馆咨询机器人、场景式 VR 体验设备、电子书阅读器等，不断向智慧化图书馆建设转型。

无论是初创时期的东北大学图书馆，还是流亡时期

2003 年改造后的图书馆借阅大厅

的"国立东北大学"图书馆，抑或是新中国成立后的沈阳工学院图书馆、东北工学院图书馆、复名后的东北大学图书馆，在每个发展时期，东北大学图书馆人都坚持以不断进取的精神，在国家和学校大政方针的指引下，优化馆舍及硬件设备、执行科学合理的文献资源建设策略、坚持管理创新的理念、开展与时俱进的创新服务，并与东北大学一起经历了风风雨雨，共同缔造了万千辉煌。

宁恩承图书馆坐北朝南，东西方向颇具张力，呈现出海纳百川的宏伟气势。经过30多年的使用，宁恩承图书馆内部基础设施已达使用年限；同时，随着师生需求的不断变化，对图书馆的馆舍空间布局和功能设置也提出了新的要求，图书馆许多新型的功能急需在空间上作出调整。为了更好地服务师生，2017年7月，宁恩承图书馆全面改造升级。同年12月18日，南湖校区图书馆临时分馆在主楼一楼大厅正式启用，基本满足了师生的借阅需求。历时近两年，经过一期、二期改造，宁恩承图书馆于2019年5月28日正式开馆。本着"馆舍、馆藏、馆网、馆员、馆用"的理念，图书馆实现了基础设施的全面更新、服务空间的多样多元、服务理念的全面升级。

宁恩成图书馆改造设计图

习近平总书记在谈到教育问题时曾强调，要注重文化浸润、感染、熏陶，既要重视显性教育，也要重视潜移默化的隐性教育，实现入芝兰之室久而自芳的效果。作为大学里的标志性建筑、精神地标，高校图书馆的空间使用效果更要突显和融合文化要素与文化内涵，使其成为文化、教育的重要阵地，为大学生的成长成才营造文化氛围，源源不断地提供文化滋养与熏陶。

改造后的宁恩承图书馆阅览室等安静学习空间较原来增加40%，让更多空间可以被师生利用，并一改过去封闭独立的格局，将阅览室空间全部打开，浑然开阔。在新增的公共空间充分利用天井的采光，让整座建筑变得明亮。师生看书累了可以到这个地方来坐坐，白天阳光洒下来，让人心生温暖；夜晚抬起头，能看见点点星光。馆内还设置了研修区、茶水间、咖啡书吧、阅读体验馆等全新的研讨与休闲空间，最大限度地满足师生多元化、个性化的需求。学生利用图书馆的特色空间开展阅读马拉松、志愿者服务、研讨、朗读等自主活动；教师利用研修区等空间开展课题讨论、毕业答辩、会议研讨等学术科研活动；馆员则利用空间组织开展馆员沙龙、毕业生阅读之星评选、真人图书馆、文献知识培训讲座等丰富多彩的阅读推广活动和信息素养教育活动，为学校的人才培养、科学研究服务。

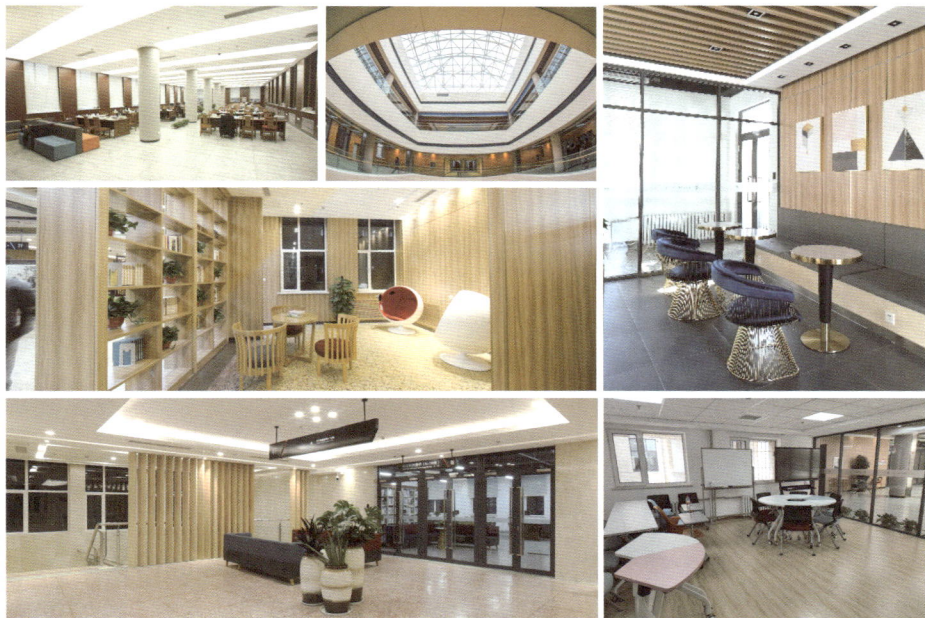

宁恩承图书馆内景

为了充分展示学校的学科优势和高水平科研成果的突出特色，改造后的图书馆建设了特藏空间、展示空间，增设了东大文库、民国及地方文献馆，对馆藏线装书、民国集萃、地方文献以及东大文库等珍贵文献进行集中展示和利用，全面、立体、鲜活地呈现学科文化，也为学校学术文化积淀、展示、传承和师生开展各类活动提供多样化支持。同时，除了在图书馆外安放宁恩承老先生塑像，在馆内还设置了宁恩承展馆，通过照片、手稿等各种珍贵历史资料展示宁恩承先生生平事迹，彰显其为学校的初创、复校、快速发展所作出的重要贡献。

东大文库

宁恩承、张捷迁展馆

国学馆

国学馆书法体验活动
之撰写东北大学书签

　　图书馆在三楼按照中式风格再造了国学馆。作为全国《中华再造善本》百家收藏单位之一，国学馆收藏了文津阁《四库全书》等大型文化典籍；安放展示台展示各类主题的国学典藏；建设了中式屏风分割室内空间；配茶台、书法台，拓展学生阅读推

国学馆《四库全书》展示

广活动的多样性；建设了入室影壁墙，选取我国最早的图书馆馆长、周代的"守藏室之史"老子的《道德经》片段，由本校教师书法书写并拓写在墙面上。图书馆建筑总体为"田"字形，国学馆位于中间位置，影壁墙拓写内容选取"上善若水……"这一段，寓意传统文化作为智慧之源、精神之根、发展之基，源源不断地滋养师生的成长，让师生浸润在浓郁的人文环境之中并获得成长。在国学馆成功举办的"读书有暇，兴来弄笔——读书月之国学文化体验活动"受到了同学们的一致好评，活动现场，师生们共同梳理书法历史，体味博大精深的书法文化，或临摹字帖，或自由发挥，精心书写作品，静心降躁，体验书法之趣。

　　走进二楼借阅大厅，我国著名冶炼专家、东北工学院首任院长靳树梁老先生的塑像屹立于最显著的位置，一方面突显东大冶金传统学科的优势特色，另一方面围绕塑像摆放绿植景观、流水盆景、藤椅街灯，使之成为来往读者休闲小憩、静思品读的文化景观。与此同时，与其遥相呼应的大块留白与展示空间，成为各类展览的理想之所。

宁恩承图书馆门厅

靳树梁塑像

全"研"寝室同学们在校训墙前合影

　　馆舍的扩充、布局的变化、环境的改善，都为图书馆的发展提供了充足的硬件条件，今天的图书馆已成为学校重要的文献信息资源中心和文化建设阵地，在学校人才培养、科学研究、社会服务和文化传承创新中发挥着重要的作用。每当夜幕降临，宁恩承图书馆灯火通明，书香氤氲，俨然镶嵌在校园中的知识的宝石、智慧的殿堂。

# 从临时馆到浑南校区"新地标"

在东北大学近百年的历史中，有三次较大规模的图书馆新馆舍建设，即 1929—1931 年东北大学北陵校址图书馆建设、1980—1985 年东北工学院图书馆建设和 2012—2017 年东北大学浑南校区图书馆建设。这三次图书馆建设有一个共同特点：图书馆都在当时校区规划中轴线的核心处，足见图书馆对于大学的重要意义。

东北大学浑南校区图书馆由中国建筑设计研究院崔愷院士团队承担设计，2012 年 11 月动工兴建，2014 年 9 月，东北大学浑南校区启用，但由于当时图书馆还没有建完，就在建筑学馆（当时称为文科 2 号楼）B 座的一楼和三楼设立了临时图书馆。临时图书馆的书刊资源和阅读空间比较有限，但对于当时迫切渴望使用图书馆的浑南校区的广大学生来说也基本满足了需求。

2017 年，一座外观设计既古朴庄重又不失朝气活力的红色地标性建筑在万千期盼中终于正式揭开了面纱。这所集文献资源中心、信息共享空间、学习研究场所、文化交流平台四大功能于一体的现代化图

东北大学浑南校区图书馆正式启用

书馆一经建成，即受到了万众瞩目与期待。当年 11 月 11 日，第十九次全国工科高校图书馆馆长年会暨东北大学浑南校区图书馆正式启用仪式隆重举行。来自清华大学、北京航空航天大学、上海交通大学、天津大学、西北工业大学等全国知名工科院校的近 30 位图书馆馆长共同见证了这一重要时刻。

图书馆位于东北大学浑南校区两条主要空间轴线的中心交点，是整个校区的中心建筑。馆舍建筑体型方正，外观厚重，设计以杨廷宝先生的东北大学原北陵校区图书馆为文脉之源，设计比例、用材和门窗细节与老馆舍相呼应，体现出对东北大学悠久历史人文精神的传承。该图书馆建筑面积 43700 平方米，地下 1 层，地上 5 层，各类阅览座席 3000 余个，藏书总量可达到 200 万册。建筑设计充分体现"以人为本，读者至上"的服务思想，平面布局遵循"大开间、全开放"的服务理念，对全部图书实行开架借阅，实施"藏、借、阅、检、学、研"一体化的开放式服务模式。馆内还有校区沙盘、校史竹简铜塑、中国奥运第一人刘长春壁画等，多角度展现学校爱国主义光荣传统。

浑南校区图书馆外景

高举架大厅宽敞明亮，古堡式的中庭高大气派，温馨恬静的灯光设计，良好的室内采光，开放式的图书阅览区，近 200 万册纸质藏书，全实木桌椅，纯铜铸制台灯，惬意的书吧和电子阅读空间共同构筑了安静、和谐的图书阅览环境。公共空间处还设置了软体沙发，能让夜深困顿的同学小憩，打起精神再度奋战。无论是考试前的最后冲刺，还是平日里研读专业书籍，图书馆都是同学们的最佳选择，在图书馆总是能找到安静舒适的地方。在这里，可以查阅文献，为写论文、做科研项目提供无限的思路与素材；可以轻松找到自己喜爱的书，在书的世界里同先哲们对话，同故事的主人公一起经历风雨，世界上恐怕没有比这更幸福的事情了。

浑南校区图书馆内景

浑南校区图书馆借阅区

浑南校区图书馆阅览区

浑南校区图书馆咖啡书吧

浑南校区图书馆休闲区

浑南校区图书馆自习区

位于五楼的古籍阅览室是古典文学爱好者们常常光顾的心灵"圣地"。每周三下午，古籍阅览室老师专门为同学们讲解古典文学相关知识及古籍阅览时需要注意的事项，每每来到古籍阅览室，翻阅古册，溯源典籍，了解字画背后的更多故事，不由得口角噙香，飘飘然而审美飙升，大概只有两个字可以形容：美哉！

浑南校区图书馆古籍阅览室

学生在古籍阅览室聆听
老师讲解古籍

多媒体创客空间、信息共享空间、光影播放室、多功能报告厅、研修室、培训教室、咖啡书吧等多样化空间和服务，成为除教室、宿舍之外深受浑南校区师生喜爱和依赖的校园第三空间，也成为了名副其实的浑南校区"新地标"。

光影播放室刚刚开通使用即受到了同学们的欢迎，每天预约观影的同学络绎不绝，已经成为浑南校区图书馆最受欢迎的打卡地之一。播放室采用高清晰设备，师生在观看视频、电影等资源时，可以感受到超清画质、栩栩如生的画面，享受逼真的视觉体验。好多同学都说，图书馆有了光影播放室，他们就可以不用去校外的电影院了。

浑南校区图书馆信息共享空间

浑南校区图书馆光影播放室

作为东北大学浑南校区图书馆核心项目，图书馆多功能报告厅也成为服务学校人才培养和校园文化建设的又一"阵地"。整个报告厅的扩声系统、舞台灯光系统、舞台机械系统、专业视频系统、音乐反声罩系统以及大幕系统六大系统的集成与控制装备均采用国际一流品牌，功能和设计在同类场馆中都居于领先地位。高端精良的舞台系统使得报告厅的艺术效果美轮美奂，不仅具备举办大型报告和会议的基本功能，还能够满足中小型音乐演唱会、歌舞晚会、颁奖典礼和电影放映等多功能需求。

浑南校区图书馆多功能报告厅

# 书香氤氲与知识服务

　　图书馆是大学校园内重要的文化传播和交流中心。无论从担负的文化信息资源保障，还是从优秀文化传承任务与活动上看，图书馆都有条件履行文化育人职能，承担文化育人的光荣使命，应与学校育人格局同频共振、相得益彰。同时，利用丰富的文献信息资源，开展专业化知识服务，更好地让资源为教师教学、科研，为学生学习提供服务。

　　为落实立德树人根本任务，东北大学图书馆以书香浸润心灵，切实发挥图书馆服务育人、读书育人、文化育人的作用，支撑学生全面发展。

　　围绕读书月、开学季、毕业季、各类主题活动等开展的主题书展、传统文化策划、特色展览、书评大赛、毕业留言寄语、阅读之星评选等阅读推广活动，形成多个育人品牌，在学生中广为流传，为师生营造了浓厚的图书馆文化生态环境，每年的参与读者都达万余人。图书馆先后获得了"中华传统文化经典·推广图书馆"、第十七届文津图书奖联合评审单位、2022年度"悦读青春"全国百场百所百名读书特色推选展示活动"最美图书馆"等荣誉称号。以各类特色活动为依托形成的阅读推广与读者服务活动的相关案例多次获得全国高校、冶金行业高校、辽宁省高校图书馆学会、图书馆工作委员会的各级奖项。

　　一年365天，天天都是读书日；春夏秋冬四季，季季都是读书时。在东北大学校园里，从新生入学时的"播种春芽"到大四毕业时的"收获果实"，如同"春耕、夏耘、秋收、冬藏"四季的变换，每个年级都有各自的学习计划和阅读需求。图书馆根据学生的身心及知识结构发展规律，为各年级学生群体"定制"了一系列阅读计划和阅读活动，力求让阅读延伸到学生的生活中，实现全方位、系统化、个性化的阅读目标。

"阳春布德泽，万物生光辉。"大一新生就像春天的小嫩芽，刚经历过高考的洗礼，懵懂地步入校园，对图书馆不了解，对此，图书馆为每名新生派发了《读者服务手册》等使用指南，开设专门的入馆教育培训，包括实地参观与全景

新生入馆教育

式概览介绍、教授使用检索终端查找书刊并独立操作自助借还系统、新生专题书架、新生入馆指南网站专栏和入学季迎新微站、撰写心愿书单、图书馆新生入学季主题活动等，在学生心中播下热爱图书馆、热爱阅读的种子。掌握图书馆丰富的数字信息资源，是学生们走进科研领域的第一步。

大二学生就像夏季明媚的阳光。学生已经在大学一年级对图书馆有了了解和认识。图书馆为大二学生开设了文献检索课，教授信息检索基础知识；再配以"数字信息资源漫谈"折页，图文并茂地向学生们介绍数字资源概况和使用方法，循序渐进地为学生传道、授业、解惑；每月提供知名数据库在线学习课程；定期邀请数据库专家来图书馆举办讲座，讲解数据库的使用规则、方法与技巧，使学生在大二期间逐步掌握和使用图书馆提供的数字资源。

在收获的秋天，熟透的果实呈现出前所未有的胀满，大三学生就像秋天的果实，经过大学一、二年级对图书馆的了解和一些必备文献技能的掌握，加之年龄和阅历的增长，阅读实践也如同果实般逐渐丰满起来。"读书如树木，不可求骤长。"图书馆为大三年级学生"定制"了覆盖全年的图书推荐活动与主题书展，以"月月有主题、项项有精彩"的方式，通过图书馆官方微信、网站主页、展板等多渠道向学生推荐，形成全年书目"瀑布式"的覆盖，真正使学生养成热爱阅读的好习惯。有分系列主题阅读活动：

如世界读书日开展的"读书好，好读书，读好书"系列活动，文津、百部经典等书展，名家读书交流会；有分月主题书目推荐活动：包括1月各地风土人情民俗介绍，3、9月开学季的到馆新书推荐，5月母亲节，6月父亲节，7月党的生日，8月假期旅游攻略，10月国庆节，11月考研用书，12月期末考试复习用书等荐书活动等，以此激发学生的读书热情，扩大认知视角，丰富个人视野，培育浓厚的阅读学习氛围。

冬季，残叶落尽不是生命的枯萎，而是卸去了包袱，期获生命的升华。大学四年级学生就像冬季包裹在土壤里的种子，经过三年的勤学苦读，学有所成，专业技能和综合素质不断增强，等待着来年的破土而出、厚积薄发。图书馆为大四毕业生定制了一系列毕业季活动，以期同学们能够不忘在校时每天孜孜不倦学习的情景，毕业后能够"袋"走图书馆，以书为伴。包括"等你来拍！"图书馆毕业留影活动，"典藏记忆"——毕业生阅读记忆珍藏与"阅读之星"评选活动，"袋"走图书馆环保袋赠送活动，以及"毕业时，我想对你说"——毕业生留言墙寄语等一系列丰富多彩的毕业季活动，为即将毕业的同学们留下珍贵的阅读记忆，同学们"袋"走了图书馆，"袋"走了荣誉与回忆，也"袋"走了钟爱阅读的好习惯！

毕业班师生在浑南校区图书馆内合影

在每年的本科毕业生中，都有这样一群爱读书的学生。四年前，他们静静地来；四年后，又要"悄悄"地走。不过，是金子总会发光，母校的图书馆怎能让他们就这样默默离去？作为东北大学图书馆特色品牌活动之一的"阅读之星"评选活动一直受到学生们的广泛好评。每到 6 月，图书馆都会从即将毕业的本科生中筛选出四年中借书量排前十名的学生，授予"阅读之星"的荣誉称号，为他们颁发获奖证书与珍藏纪念卷轴，留下最珍贵的大学记忆，送上最美好的毕业祝福。同时，图书馆还会邀请获奖学生为学弟学妹们推荐图书，并与大家分享读书感悟。每年的活动现场都热闹非凡，同学们畅谈感想、探讨初衷，激扬而丰盈，浓烈而纯净，是读书之旅的心灵盛宴。

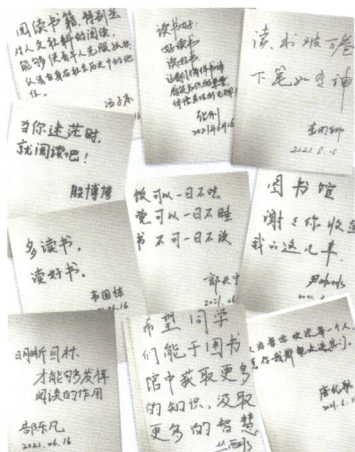

阅读之星感悟

"阅读之星"获奖证书与珍藏纪念卷轴

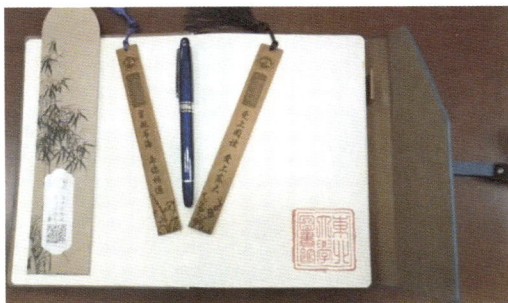

给读者专门定制的文创产品

2021 届"阅读之星"代表、资源与土木工程学院郭长宁同学从小到大一直喜爱阅读，本科四年一共阅读了 402 本书，持续的阅读和思考让他最终跨专业考研成功，被中国人民大学农业经济学专业录取。他常常告诫自己：饭可以一日不吃，觉可以一日不睡，书不可以一日不读。他想告诉学弟学妹们："阅读让我增长见识和智慧，变得更加成熟，而且找到了自己喜欢并想为之努力一生的研究方向。"

2022届软件学院的陈奕坤同学回首四年大学生活，图书馆是他最为留恋的地方。刚踏入大学校园，他就被图书馆深深吸引，优雅的读书环境、宽大的实木桌椅、考究的仿古台灯、浩如烟海的图书，弥漫着浓厚的阅读氛围。此后四年，他几乎每天都会去图书馆，坚持阅读4小时以上。图书馆丰富的学习资源滋养着他，丰富着他。他想对学弟学妹们说："读书不仅能增长见识，还能愉悦心情。每当我心情沮丧时，去图书馆拿起一本书，沉浸在书的世界里，总能忘却烦恼。"

世界读书日期间，东北大学图书馆馆长曾应邀撰写《阅读应跨越学科界限》一文，结合自己的学习科研体会来说明跨学科的阅读习惯对于知识创新的重要影响，在人民网教育频道发表。

文津图书奖设立于2004年，是国家图书馆主办并联合全国图书馆界共同参与的公益性图书奖项。

宁恩承图书馆文津图书奖主题书展

东北大学图书馆从2017年开始，每年举办文津图书奖主题书展，在获奖书单中为广大师生精选出一批能够传播知识、陶冶情操、提高公众的人文素养和科学素养的普及类图书，受到广大师生的好评，

书展前驻足观看的师生络绎不绝。通过文津图书奖主题书展，师生们了解了文津图书奖，阅读了好书，增长了见识。鉴于东北大学图书馆为文津图书奖的传播和推广所作出的贡献，2021年开始，东北大学图书馆也有幸参与到了文津图书奖的评审活动中。经过最终评选，东北大学图书馆获得第十七届文津图书奖联合评审单位，这是一项莫大的荣誉，全国只有37所高

校图书馆获此殊荣。

　　为进一步贯彻落实习近平总书记关于传承和弘扬中华优秀传统文化的系列重要讲话精神，落实中共中央办公厅、国务院办公厅印发的《关于实施中华优秀传统文化传承发展工程的意见》的部署，提升大学生群体对中华传统文化的理解和认知，更好地继承和弘扬优秀传统文化，国家图书馆、中国图书馆学会在全国范围内组织开展"让经典走向大

宁恩承图书馆经典展览

众——《中华传统文化百部经典》推介全国行"活动。东北大学图书馆积极参与承办，推出典籍推介图文展、经典图书主题书展、公益宣传片展播、赠书仪式、经典诵读分享会、阅读打卡、"经典有声"原著诵读展示、"共享悦读"微书评荐书推广、"百部经典·百题大闯关"传统文化知识竞赛等活动，在全校范围内掀起了学习和颂扬中华传统文化的热潮，活动的影响和效果空前。图书馆还采购了百部经典图书《周易》《尚书》《诗经》《论语》《孟子》《老子》《庄子》《管子》《孙子兵法》《史记》等，一经上架，便被同学们一借而空，很多优秀传统文化书籍的架位经常是空的，可见学经典、爱文化的态度已经在以理工科为主的同学们心中"生根发芽"。东北大学图书馆获得了"中华传统文化经典·推广图书馆"称号，是全国获此殊荣的19座图书馆之一，也是全国获此殊荣的十所大学图书馆之一。

　　图书馆积极探索挖掘媒体支撑阅读推广，在《东北大学报》开辟专栏，刊发书评作品并配二维码，联合学校官方新媒体平台等开展新闻宣传、书单导读、年度数据发布，借助报、网、微、声、视、屏，扩大读书活动的影响力和覆盖面。

　　结合自身工作和大学生健康成长的需要，图书馆历来非常重视培养大学生志愿者队伍，并在图书馆管理服务工作中切实发挥他们的作用，一批

又一批志愿者在图书馆老师们的指导帮助和承担具体工作任务的锻炼中健康成长，志愿者队伍已成为图书馆管理力量不可或缺的有益补充，形成了"志愿·服务·育人"的育人模式。图书馆倾力打造的案例《"1+1+X伙伴计划打造"圕最美"志愿服务》，被评为2016年度辽宁省图书馆文化志愿服务优秀案例、中国图书馆学会高等学校图书馆分会案例三等奖。

作为教育部首批批准的有资质的29个部级查新工作站之一，东北大学图书馆一直是辽沈地区科技查新领域的"排头兵"。图书馆充分发挥数字化信息资源优势，以教育部科技查新工作站为依托，以优质高效的服务为保证，服务用户不断扩大，为地区社会、经济、文化的发展起到了积极的促进作用。加强学科服务工作，围绕用户的个性化需求，提供研究领域最新进展、前沿信息，面向全校师生开展"前沿论文、最新研究成果个性化推送"等多项信息咨询服务。

官方微信平台（neu_lib）与读者全方位沟通和互动，建设"好书时间""好书共读""微刊阅读""'有声书'人文社科学术名家著作系列荐读""古书时光""大学校长推荐书目""微圕学堂"等专栏，定期发布相关系列内容，年均推送微信百余期，阅读量超20万人次。《微圕相伴，知识随行——基于图书馆官方微信平台的掌上信息素养微课堂》获得全国冶金院校图书馆服务创新案例大赛一等奖。

集合信息素养教育教学优秀教师编著的《信息素养读本》获辽宁省优秀自然科学著作评审全额资助。

围绕着信息咨询服务而开展的文献检索课教学、培训知识讲座等也充分发挥了图书馆的知识服务功能。2016年至今承办的高校信息检索大赛，吸引了学生们的广泛参与。在历时近两个月的比赛中，选手们经过赛前培训、网上初赛答题、决赛现场PK等多个环节的比拼，最终收获了知识和荣誉。这种以实战模式精进对数字资源的应用能力的方式，让学生们能全面掌握检索技能，受用一生。

2017年，图书馆获批全国120家专利文献服务网点之一，成为国家知识产权局首批核准的全国专利文献服务网点，为社会公众、创新主体提供专利文献支持、专利信息咨询等服务。

为了不断拓展知识服务领域，学校于2018年9月3日成立东北大学知识产权信息服务中心，挂靠在图书馆。中心成立后，立足学校，面向社会，积极开展知识产权信息服务。2019 年，加入高校知识产权信息服务中心联盟。2021 年 9 月 30 日，学校成功入选高校国家知识产权信息服务中心，将知识产权服务推向了更高、更广的"新舞台"，服务更加专业化。

中心依托图书馆，积极开展知识产权信息素养培训、知识产权信息咨询、专利检索、专利查新、专利竞争力分析等工作，面向学者及重大科研项目团队开展专利分析、专利导航分析等服务，为学校科技成果申报、立项、鉴定、高价值专利培育等提供信息情报支撑，支持学校学科建设和科研创新及知识产权转移转化。中心成立后，面向学者及重大科研项目团队开展专利分析、专利导航分析等服务。近年来，先后完成东北大学专利分析报告、东北大学特殊冶金团队专利分析报告、拜耳法赤泥技术分析报告、钛及钛合金冶金材料一体化制备技术、新型阴极铝电解槽技术、院士专利技术分析等分析报告；大宗工业固废资源化利用专利导航、难加工材料高速切削刀具专利导航等多个专利分析项目。此外，积极开展知识产权信息素养培训，提供更多面向师生不同需求的专利服务。邀请校内外的专家定期召开系列培训活动，增强全校师生的知识产权保护意识，提高知识产权创造及运用的能力。

先后获批教育部人文社会科学研究规划基金项目"面向科研团队的高价值专利培育过程中的知识产权信息服务研究"、国家知识产权局专利专项研究项目"高档数控机床专利分析研究"，在该领域迅速取得重要突破性进展，为研究能力和服务水平提升奠定坚实基础。专利专项研究项目聚焦高端装备制造领域中的高档数控机床"卡脖子"问题，在相关领域的技术研发和产业发展中起到重要的支撑作用……

陆钟武院士在 1988 年 4 月的《东北工学院校报》上发表了一篇关于大学生利用图书馆的文章。

作为学校重要文献信息资源中心，东北大学图书馆历经近百年的沧桑变幻，从最初的基础性服务，到如今在学科服务、阅读推广、资源建设、读者服务、知识服务等各方面的全面发展，华丽转身的背后是学校领导的把关决策、历届图书馆人的默默付出与兢兢业业，"爱校、爱乡、爱国、爱人类"的服务奉献精神代代传承，至今仍历久弥新、熠熠生辉。如今的东北大学，南北两座图书馆遥相呼应，馆藏丰厚，书香氤氲，承载着在这里读书的每一个东大学子心中的求知梦，成才梦，强国梦。

（本章参考《延阁飞香——东北大学图书馆建馆九十周年纪念集》《文化视角下高校图书馆空间再造的组织与实践探索》《中国教育，把答卷写在人民的心上（砥砺奋进的五年）——党的十八大以来我国教育事业改革发展成就综述》《高校图书馆阅读推广实践研究——以东北大学图书馆"定制"阅读推广服务为例》等图书和文章）

# 新校区图书馆的左邻右舍

围绕浑南校区图书馆四周的是四组"品"字形教学楼馆。其中，在浑南校区图书馆南面两侧，是生命学馆和文管学馆，入驻的都是学校相对"年轻"的学院。站在图书馆五楼阅览区域的落地窗前侧目远眺，生命学馆与文管学馆就在眼前。生命科学与健康学院成立于 2013 年 6 月，位于浑南校区生命学馆 A 座；医学与生物信息工程学院位于生命学馆 B 座。文管学馆入驻有文法学院、工商管理学院以及 2014 年成立的马克思主义学院。

浑南校区鸟瞰图

图书馆东侧的生命学馆建筑面积 3 万余平方米，由北京市建筑设计研究院有限公司设计。生命学馆设计中充分考虑区域位置及周边环境，行政用房、公共服务用房、教师办公和研究所用房及实验室用房布置于规划用地南侧及东侧，专业教室用房、公共课教室用房及部分实验室用房布置在其西侧，三部分以内庭院相互贯通，既彼此独立，又联系紧密。医学与生物信息工程学院、生命科学与健康学院入驻这栋大楼。

生命学馆外观

从生命学馆 B 座入口向里走，会看到左侧知行书吧，这里光影斑驳，书香缭绕，同学们三三两两在这里沉浸阅读，低声交流，休闲小憩。这是学校一站式学生社区综合管理模式建设成果之一。2019 年，东北大学入选了教育部首批 10 所"一站式"学生社区综合管理模式建设试点高校。

右手边一处挑空大厅有一个楼梯能够直接上到二楼，拾级而上，楼梯旁布置成为优秀学生的照片墙。从这里能够通往医学与生物信息工程学院的办公场所。

医学与生物信息工程学院面向未来生物医学工程和新兴智能医学发展，以搭建产学研医协同创新平台、建设具有国际领先水平的师资队伍、培养国际化复合型专业人才、产出高水平科研成果为办学目标。生物医学工程本科专业设立于 1996 年，2009 年被教育部评为国家级特色专业；智能医学工程本科专业设立于 2019 年，该专业瞄准"健康中国 2030"发展战略对人才的迫切需要，也是第二批获得教育部批复允许设立该专业的院校之一。学院建设成长发展指导类的精品工程——"幸福就业"工程，倡导"个人理想与国家需要同向同行、国际化视野开拓与专业化能力提

知行书吧

升齐抓共促"。近五年，在国内外知名学府继续深造的学生平均占比达 56%。出国出境继续深造的学生在世界大学排名前 200 名就读的比例为 78.3%，就读学校如英国帝国理工学院、伦敦大学学院、新加坡国立大学、美国哥伦比亚大学等。国内继续深造的学生就读双一流学校的比例为 92%。

生命学馆一楼公共空间

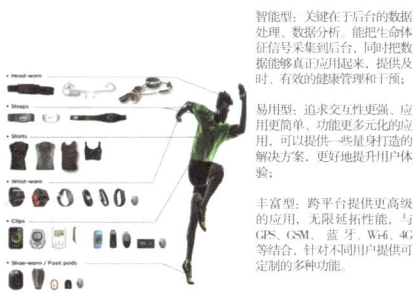

智能型：关键在于后台的数据处理、数据分析，能把生命体征信号采集到后台，同时把数据能够真正应用起来，提供及时、有效的健康管理和干预。

易用型：追求交互性更强、应用更简单、功能更多元化的应用，可以提供一些量身打造的解决方案，更好地提升用户体验。

丰富型：跨平台提供更高级的应用，无限延拓性能，与 GPS、GSM、蓝牙、Wi-Fi、4G 等结合，针对不同用户提供可定制的多种功能。

医工学院生物医学电子学系研究方向之一：智能可穿戴健康电子技术

　　围绕"生命科学的基本问题"和"医学中的重大问题"，东北大学自 2012 年 6 月筹建生命科学与健康学院，这是东北地区首家生命科学与健康学院。学院成立之初以创建信息科学、材料科学与生命科学跨学科交叉技术平台，建成既围绕生命科学与健康主流方向又蕴含信息科学和材料科学特色的国内一流并具有国际影响力的学院为目标。生命科学与健康学院位于浑南校区生命学馆 A 座。2016 年，为鸣谢校友，东北大学校董会副主席、

绿谷集团董事长吕松涛向学校慷慨捐助的善举，学校将该楼馆命名为"绿谷生命科学楼"。

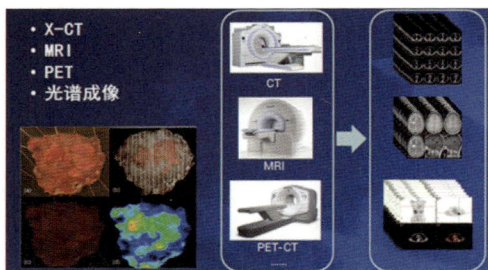

生物医学影像学系在学生培养和科学研究方面侧重于生物医学成像的原理、方法、核心技术以及生物医学影像的智能处理与分析，以辅助医生的临床诊断

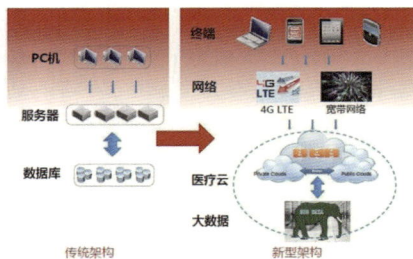

生物医学信息学系主要研究内容：面向云计算的医疗健康大数据分析架构

学院成立以来多次发表高水平研究成果，展现出朝气和活力。2019 年 9 月 2 日，刘丽君教授联合美国哈佛大学医学院 /Dana Farber 肿瘤研究所 Piotr Sicinski 教授在 *Nature Cell Biology* 杂志发表了一篇题为 *The Cell Cycle in Stem Cell Proliferation, Pluripotency and Differentiatio* 的综述，详细讨论总结了细胞周期运行机制在胚胎干细胞、诱导性多能干细胞或胚胎神经干 / 祖细胞中，如何参与并调控细胞增殖、多能性和细胞命运决定等过程。2022 年 9 月 15 日，东北大学生命科学与健康学院丁辰教授课题组隐球菌致病机制领域的研究成果 *Cryptococcal Hsf3 controls intramitochondrial ROS homeostasis by regulating the respiratory process* 在线发表于国际期刊 *Nature Communications*，2015 级直博生高鑫迪为本文的第一作者，丁辰教授为论文通讯作者。

在生命学馆还入驻有中国东北振兴研究院。这是 2015 年由东北大学与中国（海南）改革发展研究院联合成立的机构，旨在围绕为国家建言献策、人才培养、学术创新等建立一个官、产、学、研、商互动互融的开放的研究合作平台，共同为东北振兴出实招、献实计、出实效，力争成为党和国家及东北地区省市各级党委政府信得过、用得上的新型高端智库，成为真正为国家战略服务、把脉东北振兴的服务器和献力东北振兴的助推器。近年来，中国东北振兴研究院被聘为沈阳市人大常委会咨询机构、与辽宁省国资委签署了《战略合作协议》，入选辽宁科技创新发展智库研究基地，举办东北振兴论坛，不断为东北振兴建言献策。围绕党和政府决策需求，东北振兴研究院积极提交咨政建议，得到辽宁省委、省政府主要领导批示；《关于进一步推进教育服务东北振兴的建议》得到教育部社会科学司采纳；《关于健全和完善我省区域协调发展机制的建议》《中部城市发展经验对沈阳振兴发展的启示》分别得到辽宁省委、辽宁省政府、辽宁省政协和沈阳市委主要领导批示……

图书馆西侧的文管学馆于 2013 年 12 月 12 日竣工。建筑总共 5 层，局部 4 层。文法学院、工商管理学院、马克思主义学院都入驻在这座大楼里。3 个学院分布在大楼不同区域，相对独立、互不干扰，通过空中连廊和底层裙房相连接。在首层和二层的内院一侧，加入了报告厅、多功能厅、大型会议厅等大房间，并通过边线的扭转塑造出富于变化的室外空间，形成立体绿化，为师生提供多层次的室内外交往空间。在门厅和景观楼梯等处，采用大窗，打通室内外的视线联系，形成内中有外、外中有内、内外互动的庭院情景。这座大楼由全国工程勘察设计大师，2016 年梁思成建筑奖获得者，天津华汇工程建筑设计有限公司总建筑师，天津大学建筑学院教授、博士生导师周恺带领团队设计，获得了中国建筑设计最高荣誉——2017—2018 年度建筑设计奖（建筑创作优秀奖）。

文法学院、工商管理学院、马克思主义学院在历史沿革上也有一些内在的联系。

文管学馆外观

1923 年 4 月 26 日，东北大学刚成立就设立文法学科，9 月开始招生。1929 年 1 月，文科成立文学院，法科成立法学院。1929 年 12 月 25 日，文法两院合并成立文法学院。1931 年九一八事变后，文法学院师生随同东北大学被迫走上了流亡之路。

1949 年 3 月，在流亡回归沈阳的东北大学工学院和理学院（部分）的基础上成立了沈阳工学院。1950 年 8 月，更名为东北工学院。在东北工学院时期的政治理论教研组基础上先后改组更名的马列主义教研室、社会科学部和社会科学系成为文法学院恢复建立的学科基础。

文法学院文化墙

1993 年 3 月，东北大学复名，12 月 24 日，文法学院恢复建立。

2014 年 7 月，文法学院政治经济学学科划入工商管理学院。2014 年 9 月，文法学院哲学一级学科博士点、马克思主义基本原理二级学科博士点、哲学一级学科硕士点、马克思主义理论一级学科硕士点、科学技术史一级学科硕士点以及哲学、思想政治教育本科专业划入新成立的马克思主义学院。

在文管学馆 A 座入口，文法学院设计装饰了文化墙，全面回顾展示学院的发展历史、教学科研、人才培养成果。

著名古典文学家刘永济、教育家章士钊、著名语言文字学家黄侃、著名史学家金毓黻、著名文学家姚雪垠、著名语言学家高亨、著名国学家梁漱溟等都曾在学院任教。

文法学院设有公共管理博士后科研流动站、公共管理一级学科博士和硕士学位授权点、法学一级学科硕士学位授权点、公共管理硕士（MPA）专业学位授权点，是全国理工科大学中最早获得文科博士学位授予权的单位之一。

学院设有民政部研究基地东北大学城乡社区建设研究院、中共中央组织部全国党员教育培训示范基地辽宁社区工作者学院、科技部国家科技政策东北研究中心、教育部科技政策研究战略培育基地、教育部民族地区社区教育与终身学习型社会建设重点研究基地、中国行为法学会国家与地方治理委员会学术研究基地东北大学国家治理研究院、长三角社会治理实践研究基地、辽宁经济社会发展研究重点基地辽宁省公共文化研究基地、辽宁民政事业发展研究院等高水平学术研究机构。成立辽宁社区干部学院（2022年更名为辽宁社区工作者学院）、东北大学城乡社区建设研究院等是学校加强高端智库建设的重要举措之一，

文管学馆内部公共空间及文化墙

在文法学院和工商管理学院的连接处，有一个玻璃大厅，在冬季将成为阳光暖房

参与了中共中央《关于加强和完善城乡社区治理的意见》，中共中央办公厅、国务院办公厅《关于加强乡镇政府服务能力建设的意见》等多个文件起草和政策咨询工作。2020年5月，张雷教授首次发文总结论述新时代社区治理"两邻理论"，成为指导沈阳市基层治理的核心理念，并写入沈阳市地方立法。

文管学馆之美还在于角落里的点滴温情，学馆 B 座东南角的阳光梦工场为同学们提供了一个大胆创新、实现创意的场地。它蕴含着丰富的想象力，给了同学们发现自己、展现自己的机会，同时也增进了同学们之间的交流和互动。同学们每天在这里讨论策划、组织实施、选送参评，阳光梦工场每个月都见证着这群青年人的思维飞扬与创意无限。

浑南校区文管学馆 B 座入驻有东北大学工商管理学院。该学院成立于 1994 年，是在原东北大学法学院工商管理系（1939 年）、东北工学院冶金企

内部庭院

业经济组织与计划教研室（1954 年）、管理工程教研室（1978 年）和管理工程系（1980 年）的基础上发展起来的。

学院现设有 11 个学系。在管理科学与工程、工商管理、应用经济学 3 个一级学科提供学士、硕士、博士课程。学院与国内外 50 多个企业进行联合办学或科研合作。与美国卡内基梅隆大学、日本青山学院大学合作开设的 Management Game 课程开国内先河，是学院 MBA 教育的一大特色。学院以"在管理和经济学领域，成为国内一流、国际知名的高水平研究型学院"为愿景，确立了建设"国内一流，国际知名"高水平研究型学院的发展目标。近年来，学院多位教师团队成果提交的资政建议获得批示，彰显科研服务国民经济主战场的责任与担当。如贾建锋教授及其指导的博士研究生孙柏鹏等共同执笔完成的资政建议《关于推进沈阳市建设人才成长型城市的对策建议》获得辽宁省委常委、沈阳市委书记批示。王世权教授及其指导的研究生吴佳莹、刘晓伩的研究成果《关于加快我省国企数字化转型的对策建议》发表在中共辽宁省委、辽宁省人民政府决策咨询委员会、中共

辽宁省委政策研究室主办的《咨询文摘》2021 年第 15 期上，并获得省委书记、省人大常委会主任、党组书记批示。该报告基于辽宁省国企数字化转型现状，立足辽宁省国企数字化转型过程中的困境和需求，提出了切实可行的对策和建议。

为了关爱学生，工商管理学院 2014 年成立了选择工作室并入选 2014 年高校辅导员工作精品项目建设计划。工作室集结专业咨询团队为面临学业规划、职场选择、人际交往、情感纠结困惑的同学提供个性化解决方案，帮助同学们打开心灵"之窗"。

1982 年 10 月 1 日，东北大学陈昌曙在《光明日报》发表了第一篇严格意义上的技术哲学论文——《科学与技术的统一和差异》，成为中国较为系统地进行技术哲学研究的标志。随后，陈昌曙又陆续发表了《技术是哲学的研究对象》《试谈对"人工自然"的研究》《科学技术的发展要求我们做些什么——谈自然辩证法工作中的几个关系》等论文，中国技术哲学学科的创建就此拉开序幕。同年，东北大学成立了全国第一个以技术哲学为研究方向的研究所——技术与社会研究所，这标志着中国技术哲学研究开始走向建制化，它是我国技术哲学研究的重要基地，也是陈昌曙传播其技术哲学思想、实现其研究纲领的学术田园，为中国技术哲学的发展培养了大批人才。陈昌曙以这个研究所为基地，团结东北三省的高校，特别是哈尔滨工业大学、大连理工大学的学者，共同培植技术哲学的幼苗，收获技术哲学的果实，逐渐形成了中国技术哲学研究的"东北学派"。

陈昌曙（1932 年 7 月生，2011 年 3 月 20 日于辽宁省沈阳市逝世），著名技术哲学家。湖南省常德市人，东北大学文法学院院长、教授，国务院学位委员会第二、三、四届学科评议组（哲学组）成员，中国自然辩证法研究会副理事长。1954 年从东北大学采矿系毕业，1956 年从中国人民大学哲学研究生班毕业。主要著作有：《自然科学的发展与认识论》（人民出版社 1983 年出版，获辽宁哲学科学专著一等奖）、《技术哲学引论》（科学出版社 1999 年出版）、《可持续发展的反思》（中国社会科学出版社 1999 年出版）。

2014 年，东北大学成立马克思主义学院，文法学院哲学一级学科博士点，马克思主义基本原理二级学科博士点，马克思主义理论、哲学、科学技术史一级学科硕士点，哲学、思想政治教育两个本科专业并入学院。目前，东北大学马克思主义学院拥有教育部高校思想政治理论课教师研修基地、全国师德建设实践与创新基地、辽宁省高校党员教育培训示范基地、辽宁省"青年马克思主义者培养工程"研训中心、辽宁省文化旅游产业研究基地等。东北大学马克思主义学院作为发起单位之一加盟全国高校思政课实践教学联盟、全国劳模文化研究联盟，发起成立辽宁省马克思主义学会（会长、秘书处单位），入选辽宁省高校示范马克思主义学院，并与中共沈阳市委宣传部签约共建马克思主义学院。设有中国特色社会主义理论研究中心、习近平新时代中国特色社会主义思想研究中心、马克思主义与社会工程研究中心、技术创新与创业研究中心等机构。

2016 年，文管学馆以东北大学科技哲学的开山之祖——陈昌曙命名为"陈昌曙楼"。

位于文管学馆 B 座 108 房间的启智阁书吧是书香马院工程的重要举措，是爱书同学们的读书圣地，在这里同学们可以安静地享受读书的时光和知识的滋养。启智源于"启沃桃李，韦编三绝方能向上向善；智慧人生，知行合一堪为经世之才。"书吧书籍的来源为统一购置和毕业生捐赠，采用自我管理、自我服务的运行方式，希望激发同学们的读书兴趣，养成良好的读书习惯，使热爱读书融入每个学生的校园生活。

第六章

从鲁班奖说起

在东大，如果说有一种美，那就是东西轴线上的时光飞舞、四季流转。春日，鹅黄树叶映楼馆；夏日，绿树掩映学子路；秋日，层林尽染天地阔；冬日，冬来灯影雪漫漫。这条最美轴线上，伫立着东北大学新旧错落的三座建筑：建成于 1952 年的冶金学馆、建成于 1953 年的机电学馆和建成于 2007 年的新主楼。

新主楼造型简约对称，建筑平面设计成矩形，地上十五层，地下一层，主体高度 66.9 米。楼前宽阔的广场和直通二层的大台阶庄严宏伟，彰显主体建筑的尊贵和威严，作为东北大学的管理中枢、决策中枢，学校新的发展目标定位、新的发展规划、新的办学思路和改革发展举措在这里酝酿并出台。在新主楼的两侧，冶金学馆和机电学馆两翼齐飞，交相辉映，传承着东北大学百年来的光荣传统和深厚人文底蕴，在人才培养、学科发展等领域阔步前行。

这条东西轴线，历经 70 余年峥嵘岁月，用建筑构筑了一条令人沉醉的时间长廊，沉淀着无数人的记忆。

# 问鼎"新高度"

　　旗帜，是飘扬的精神图腾。在东北大学，旗帜并不鲜见，但能给人留下最为深刻印象的当数知行广场上的五星红旗。知行广场也位于学校的南北中轴线上，对于每一名在东大就读的学子来说，知行广场富有特殊的含义。

东北大学主楼远景

　　知行广场原为主楼北广场，2013 年 9 月 14 日，在东北大学校庆 90 周年之际，为铭记 1981 级管理工程全体校友感恩回馈母校、支持学校发展建设捐赠人民币 500 万元的公益之举，主楼北广场被正式定名为"知行广场"。"知行"取自校训"自强不息、知行合一"，这里也是每一届学子梦想起航的地方。9 月，秋风送爽、丹桂飘香之际，新生开学典礼总是会在飒飒的清风之中如期而至。从某种意义上，知行广场是每名东大学子烙印在身的一个人生重要标识，代表着经过十余年的拼搏与奋斗，他们从少年走向青年、从青涩走向成熟。

每年，每任校长都会在知行广场寄语新生，从"成长为顶天立地的人才"到"求科学之真，修人文之善"，从"做国家富强和民族复兴的未来栋梁"到"追求心中所爱，成就人生梦想"，从"生逢斯世逐梦时"到"将个人志向与国家前途和人类命运紧密相连"，从"理无专在，学无止境"到"在大我和大爱汇聚的深处汲取力量"，从"新时代、新使命、新作为"到"唯实惟先，善作善成"，每一句蕴意深刻的话语，既代表了校长对莘莘学子的希冀，也是东北大学对新时代担起民族复兴重任的新生力量的祝愿。当庄重的国歌声响起时，飘扬的五星红旗仿佛凝望着、期待着新生能以此为起点，立下奋斗的目标，不负时代，不负韶华。

南湖校区主楼

东北大学主楼坐落在知行广场南侧，原称为东北大学综合科技大楼，2005 年 4 月开工建设，是东大"985 工程"建设的组成部分，部、省、市共建资金重点支持项目。建设定位为：为学校教学、基础性研究、高新技术开发、新闻传播和会议服务、培育新兴学科和交叉学科等提供物质技术条件的综合性教学科研场所。2007 年 7 月，综合科技大楼投入使用，成为学校的管理中枢和决策中枢。同年，综合科技大楼荣获国家建筑工程质量最高奖——"鲁班奖"，是沈阳市当年唯一获此殊荣的工程；2008 年，东北大学综合科技大楼工程荣获第五届中国建筑学会优秀建筑结构设计三等奖，这也是东北地区工程设计单位在该届优秀建筑结构设计奖评选活动中获得的最高奖。

主楼是东北大学的地标性建筑，也是最高的建筑，主楼两侧的林荫道和楼前楼后的春华园、一二·九花园，以其静谧的氛围和灵动的色调，衬托出这座矩形高楼的沉稳和刚毅。新主楼不仅是学校机关的办公地，也是艺术学院、外国语学院所在地。东北大学是一所以工为主的多科性大学，涵盖哲学、经济学、法学、教育学、文学、理学、工学、管理学、艺术学、交叉学科等学科门类。虽然东北大学的工科突出，但同时具有浓郁的人文气息和艺术氛围。在浑南校区建成前，文法学院、外国语学院、艺术学院和驻扎在管理楼里的工商管理学院，在校园里共同撑起了社会科学的一片天。2014年9月，浑南校区初建，文法学院、马克思主义学院、工商管理学院、中荷生物医学与信息工程学院、生命科学与健康学院、江河建筑学院6个学院首批入驻浑南校区，将东大的文气和文脉拓展到了浑河之南，与浑河之北的艺术学院、外国语学院遥相呼应，在重金属气息浓厚的工科氛围中，绽放出一抹艺术与人文交织的多彩画卷。

　　科学与艺术是一个硬币的两面，谁也离不开谁。"数学的美和艺术的美是相通的……真与美总是联系在一起的，这种对美的探究和追求，是让数学家不停钻研的动力。"对科学产生美感，才可能作出杰出成就，就是这种对美的追求，让诺贝尔物理学奖获

辽宁彩车"振兴乐章"

得者李政道、数学家邱成桐等伟大的科学家愿意克服种种困难，不断攀登高峰，以获得美的体验和精神享受。"大学需要艺术的滋养"，2001年，东北大学艺术学院就在这样的呼声中诞生。建院后，艺术学院依托东北大学浓厚的科学氛围和多学科优势，逐步形成了科学与艺术结合、艺术理论与实践创新结合、专业素质与文化素质并重的发展特色。2017年，东北大学获批艺术学理论一级学科硕士点和博士点。艺术学院的诞生为学校带来了浓厚的艺术气息，每年的新年音乐会、独唱音乐会、设计作品展，成为艺术学院师生奉献给全校的一道艺术盛景。以"走进社区，携手夕阳"、"走

进小学，共托朝阳"和"传播高雅艺术，提高百姓素养——交响乐社会行"等品牌为代表的系列"艺术惠民"活动也为社会送去了暖心的艺术大餐。2009年，由艺术学院教师设计的辽宁彩车"振兴乐章"完美"奏响"在国庆60周年庆典上。

外国语言文学教育和研究对于一个国家的发展具有重大意义，在中外文明互鉴过程中，掌握和运用好外国语言是基本的依托手段。国际交流与合作是大学的基本职能，国际化办学是大学的重要发展趋势，完成这两项重要任务，同样离不开外国语学科的支撑和保障。东北大学外国语学院诞生于1999年，其前身是1923年成立的东北大学英文学系和俄文学系；1949年基础部外语教研室建立；1984年9月外语课部建立；1993年外语系成立，开始招收英语专业本科生。外国语学院以一流的外语教学服务于全校各学科，为东北大学带来了浓厚的异域风情和语言文化。在公共外语教学中，历年来都取得了较好成绩。特别是近几年，外国语学院的刘雅翔、郜乐凡同学先后荣获全国"21世纪杯"英语演讲比赛一等奖，3名同学获全国大学生英语竞赛特等奖。

东北大学主楼，不仅代表着东北大学校园建筑的新高度，从这里孕育出的新思想、新理念、新举措，也把东北大学的发展推向新的高度。每天，通过主楼内的七部电梯上上下下的学校领导、机关干部、教师和学生，忙碌地投身于学校发展建设的每一项工作，也见证着东北大学发展过程中的每一个细节和每一项成果。正是在这里，诞生了东北大学新的发展目标、新的发展思路和新的发展举措，把学校推向新的发展阶段。

学校的定位是高校发展历史、相对优势和办学特色的具体反映，也集中体现了社会政治、经济、文化发展对高等学校的要求。20世纪50年代，新中国成立伊始，由于受到帝国主义疯狂掠夺、长期战火洗礼以及官僚资本的大肆搜刮，我国国民经济极其落后，物资紧张、通货膨胀问题非常严峻。1949年，中国现代工业产值只占工农业总产值的17%左右，而且现代工业中几乎没有重工业，新中国急需建立独立完整的工业体系和国民经济体系。1950年，东北人民政府决定在东北大学工学院、理学院的基础上合并抚顺矿专、鞍山工专成立东北工学院，即现在的东北大学前身。东工积极响应国家的号召，根据当时的国内形势，调整办学方针，明确了建设

"国内一流、行业示范、理工为主的多科性社会主义大学"的发展战略，以"办学强国"取代"办学救国"，工业报国成为东工人发自心底的信念。

钢铁是国家建设和工业建设必不可少的基础材料。新中国成立初期，产业落后，我国钢铁年产量仅为 15.8 万吨，比历史最高水平下降了 83%。然而，此时国家正处于经济恢复和国家建设的起步期，每年都需要大量的钢铁材料。关键时期，东工科研团队连续攻克了高炉结瘤、钒钛铁矿冶炼等科研难题，在中国冶金史上留下了浓墨重彩的一笔。20 世纪 50 年代中期，东北大学已经与鞍山钢铁公司等有关厂矿、研究所签订合同近 30 份，合作项目多达 160 余项，参与了新中国第一座铝厂的恢复和建设等，近六成学院师生参与到科研攻关之中。在今天看来，这些数字也许不足为奇，但在当时的中国，能取得这样丰硕成绩的高校凤毛麟角、屈指可数。在祖国最需要的时候，东大人充分发挥自身优势，勇于承担攻坚重任，力耕躬学，艰苦奋斗，在国家工业体系建立初期充当了一往无前、昂首阔步的探路者和主力军。

改革开放时期，我们党深刻总结社会主义建设正反两方面经验，努力破除阻碍国家和民族发展的一切思想和体制障碍，进行改革开放新的伟大革命，成功开辟了中国特色社会主义道路，形成了中国特色社会主义理论体系，使中华民族以崭新的姿态屹立于世界的东方。作为全国最早进入计划经济、最晚退出计划经济的省份，改革开放初期，辽宁遇到了前所未有的挑战，特别是随着市场化进程的加快，辽宁老工业基地的体制机制矛盾和产业结构性矛盾开始显现，与沿海发达地区差距逐渐拉大。东北大学积极贯彻党的路线方针政策，秉承顺应形势谋发展、万军前驱我为先的时代精神，适时提出"双为"方针，即"为冶金行业服务"和"为地方经济服务"，把"双为"作为学校办学的根本责任，拉开了新时期服务社会主义建设的序幕。

1988 年，学校毗邻三好街划出 80 亩校园作为科学园，打造了东北最大的电脑与 IT 产业集散地。1991 年，践行产业强国的使命，学校成立东软集团。2005 年，学校成立科技产业集团，加大对经营性资产的监管力度，稳步推进产业规范化建设，继续大力支持高新技术企业的发展。在这一阶段，东北大学的办学定位经历了从"建设以工为主的多科性科研教学型大学"

到建设"多科性、研究型、国际化的国内一流、国际知名的高水平研究型大学"的渐进式调整，东大人在发展目标引领下，团结一心、矢志奋斗，在科技报国、产业强国上作出了一系列重要贡献，创造了许多的中国第一，包括第一个大学科技园、第一个计算机软件国际工程研究中心、第一台自主研发的 CT 机、第一块"超级钢"等，东大人用崇高的报国情怀助力了中国的复兴与崛起。

南湖校区主楼侧景

2011 年是承前启后的一年，这一年，学校上下利用制定改革发展"十二五"规划之机，开始深入细致地思考学校新的发展定位问题。从瑞雪飘飞到春暖花开，从炎炎夏日到金秋时节，在 9 个月的时间里，学校广开言路，汇聚民智。一次次讨论、一次次推敲、一次次修改……9 月《东北大学改革和发展"十二五"规划》正式定稿，传递出东北大学引领和开拓中国新型工业化道路的坚定信心。面对中国走新型工业化道路、建设创新型国家的机遇和挑战，基于对国家需求、学校地位、自身优势的深入考虑，学校将发展的远景目标定位为"在中国新型工业化进程中起引领作用的'国内一流、国际知名'的高水平研究型大学"。在确立学校远景目标定位的同时，明确学校的办学指导思想为"培育英才、自主创新、协调发展"，明确学校正处于高水平研究型大学建设"三步走"的第二步"跃升阶段"，并将实现学术水平和管理水平的"双跃升"作为这一阶段的核心任务。2012年11月8日，党的十八大在北京召开，乘着党的十八大的东风，东大师生深入贯彻习近平总书记重要讲话精神和党的十八大精神，立足新的发展方位和目标，弘扬"自强不息、知行合一"的校训精神，卧薪尝胆、埋头苦干、振奋精神、发奋努力，与国家发展和民族复兴同频共振、同向同行渐渐成为东大师生熔铸在骨子里的精神底色。

2017年9月，教育部、财政部、国家发展改革委公布了世界一流大学和一流学科建设高校及建设学科名单，东北大学正式进入中国特色世界一流大学和一流学科建设行列。学校紧紧把握这一重大发展机遇，在一流大学建设方案中，进一步明确了建设在中国新型工业化进程中起引领作用的"中国特色、世界一流"大学的办学定位。也正是这一年的10月18日，党的十九大胜利召开，党的十九大系统回答了新时代坚持和发展中国特色社会主义的一系列重大理论和实践问题，深刻阐明了未来一个时期党和国家工作的大政方针和战略部署，描绘了决胜全面建成小康社会、夺取新时代中国特色社会主义伟大胜利的宏伟蓝图，提出了把我国建成富强、民主、文明、和谐、美丽的社会主义现代化强国的目标。为鼓足干劲，全面履行好党和国家交给的建设"中国特色、世界一流"大学的重任，学校召开第十四次党代会，围绕奋斗目标，提出了党委坚定方向、深化改革、强化保障、引领发展的工作着力点，明确了七项关键环节提升任务和以五个"进一步"为核心的党建任务。

海阔心无界，山高人为峰！踏入新时代、走进新征程，东大师生深知，唯有不懈努力、笃定前行，方能书写出更新、更美、更加灿烂的发展篇章。在全体师生和校友的共同努力下，东北大学坚持海纳江河的博大胸怀，在包容互鉴中走出了"创新型、特色化、开放式"发展道路；树立革故鼎新的创新意识，在勇攀高峰中诠释了"实干、报国、创新、卓越"的大学文化；秉承知行合一的赤子之心，在自强不息中坚守住了"为党育人、为国育才"的匠心使命；践行实干报国的远大追求，在研用结合中履行了"扎根社会、引领发展"的社会责任。2021年，第一轮"双一流"建设正式开始验收，学校以改革引领一流大学建设，以贡献服务创新发展，以坚持不

懈的奋斗和努力获得了丰厚的回报。

其中，面向控制学科前沿，学校提出的全流程智能制造理论，开辟了"工业过程优化决策与控制一体化"新领域，被写入国际自控联引领未来自动化发展方向白皮书。开发的智能化控制系统和技术打破国外垄断，应用于宝武、鞍钢等 50 余家企业，引领大型轧机国产化进程。获得包括国家自然科学奖二等奖在内的 3 项国家科技奖（牵头单位），支撑学校工程学进入 ESI 全球前千分之一。

面向国家重大需求，学校在高端金属材料制备领域制定国际标准 2 项、国家标准 3 项，研发的系列金属材料和耐腐蚀关键材料，成功应用于第三和第四代核电、航空发动机、981 钻井平台等大国重器，填补多项国内空白。研究成果获包括国家科技进步奖一等奖在内的 6 项国家科技奖，在多个领域支撑了从跟跑向并跑和局部领跑的转变。

面向工程安全和矿业资源等行业需求，学校攻克大型岩体工程安全、贫杂矿资源化利用等世界性难题，服务国家重大工程和"一带一路"建设。突破钢材轧制、流程控制等多项核心技术，应用于宝武、河钢等百余条生产线，服务钢铁行业智能化绿色化发展。创新分布式协同控制理论和技术，打破我国海底管道检测对国外的依赖。入选全国首批"高等学校科技成果转化和技术转移基地"，创效 300 亿元以上，带动工业产值 3000 亿元以上，成果转化位列全国前 10。

围绕立德树人根本任务，学校创新知识体系，更新课程内容，形成产学研协同育人特色。在 2018—2022 年全国普通高校大学生竞赛榜单中，获奖总量排名全国第 3、综合排名全国第 7。每年为社会输送 1 万余名具有宽广学术视野、强烈创新意识和高度社会责任感的时代新人，超过 50% 的毕业生在重点领域和重点行业就业，并迅速成长为行业中坚和骨干。

学校还将师德师风建设贯穿人才引育全过程，全面深化人事制度改革，着力推出"人才特区""创新团队""特殊通道"等人才支持政策，引育学科带头人和学术骨干 200 余人，新增两院院士 2 人，涌现出首批全国高校黄大年式教师团队、全国模范教师等一批优秀群体和个人。

另外，学校还获批强基计划、入选国家级首批未来技术学院、首批特色化示范性软件学院，获批国家级前沿科学中心等。同时，学校坚持以坚强有力的党建工作引领一流大学建设，获评"全国先进基层党组织"，入选首批 10 所"全国党建工作示范高校"培育创建单位、首批 10 所"三全育人"综合改革试点高校。

一批批投身于时代进步和人类文明进程的杰出毕业生，一个个引领未来科技方向的基础研究和原始创新成果，一项项应用于大国重器的关键核心技术和标志性成果，描绘出一幅幅东大人求实奋进、奋发有为的鸿篇巨制。东大人已经用实际行动将"建设中国特色、世界一流大学""与国家富强、民族复兴同频共振、同向同行"的梦想，庄严地书写在了跨越百年、引领前行的旗帜上。

从东向西俯瞰南湖校区校园

2022 年，党的二十大胜利召开，学校也正式进入第二轮"双一流"建设阶段，虽是刚刚开局起步，但已捷报频传。在首轮"双一流"成效评价中，学校被评价为"比较显著"，控制科学与工程学科被评价为"显著"，冶金工程入选一流学科建设学科。地球科学、环境科学与生态学、临床医学学科进入 ESI 全球排名前 1%，计算机科学学科、材料科学学科进入 ESI 全球前 1‰，ESI 前 1% 学科达到 7 个，前 1‰ 学科达到 3 个。获批教育部、国防科工局共建高校，入选"全国首批国家级创新创业学院"。流程工业综合自动化国家重点实验室列入全国重点实验室新序列，重大科技基础设施"超大型深部工程灾害物理模拟设施"开始建设，钢铁共性技术国家协同创新中心新一轮建设完成论证。特别是 2023 年伊始，学校经过充分酝酿谋划，正式启动实施一流大学建设新突破三年行动，力争通过大干三年、奋斗三年，推动学校实现更高质量、更有效率、更加充分、更可持续的发展。屹立于新征程的潮头，百年东大正以更加宏大的视野、更为务实的作为，昂首阔步、澎湃向前。

观光影流转，惟初心可鉴！站在东北大学主楼楼顶四面眺望，整个学校的景色尽收眼底，四季的东大校园时时刻刻都展现出蓬勃生机，特别是知行广场上飘扬的五星红旗，在朝阳的辉映下，越发灵动、越发鲜艳，仿佛正在诉说着东大人传承百年薪火、勇担使命责任、矢志接力奋斗的动人故事。

从北向南俯瞰南湖校区校园

# 材料冶金一条街：
# "冶金摇篮"孕育的中国力量

马克思曾说，"科学的道路上，是没有平坦的大路可走的，只有在那崎岖小路上攀登的不畏劳苦的人们，才有希望到达光辉的顶点。"在东北大学百年发展历程中，无数不畏劳苦的人在这座由数条小路交织在一起的校园里默默耕耘、执着求索，一条条静谧的小路记录着他们探索的足迹，更被赋予了科学的色彩和内涵。

东大校园的东南角，静雅的林荫间，几排或灰、或白、或红错落有致的小楼，安详地矗立在那里。2003 年，东北大学 80 周年校庆期间，一大批材料与冶金领域的校友重返母校，漫步于葱郁的林荫路间，穿梭于一批国家级和省部级重点实验室内，校友们不禁感慨，看到母校材料和冶金学科的丰硕成果，倍感振奋，身心愉悦，仿佛在逛"材料冶金一条街"。也就是从那个时候起，东北大学"材料冶金一条街"的名号逐渐传播开来。

材料冶金一条街

冶金学馆

材料冶金一条街的西侧坐落着东北大学最古老的"四大学馆"之一冶金学馆。从冶金学馆正门拾级而上，可以清晰地看见正面两个石柱上的字迹。右边刻着：冶金学馆；左边刻着：冶金学馆始建于 1952 年，总建筑面积 18000 平方米，建筑设计师原为我院建筑系刘鸿典教授。

刘鸿典，1932 年毕业于东北大学建筑系，先后任上海交通银行建筑师、兴业银行总行建筑师。1941 年创办宗美建筑专科学校，兼营建筑师业务。1947—1949 年成立鼎川营造工程司，执行建筑师业务。新中国成立后，任东北工学院建筑系教授、西安冶金建筑学院建筑系首任系主任。历任中国建筑学会第一、二、五届理事会理事，原建工部教材编审委员会委员、原国家建委科学研究审查委员会委员。先后设计了陕西省历史博物馆、临潼贵妃池重建工程、西安火车站、拓宽西安市南大街等工程。他还参与了《中国大百科全书·建筑·园林·城市规划》等大型辞书的编撰工作。冶金学馆就是他早期作品之一。

对于大多数的东大人来说，了解冶金学馆是从令人又爱又恨的中心考场开始的。为促进考试公平，严肃考风考纪，在 20 世纪 80 年代末期，东北工学院院长陆钟武决定在冶金学馆西侧最南端的三楼和四楼设立中心考场。每学期期末，学校都选择相关科目在中心考场进行集中考试。几百人在一个考场一起考试，数十名老师一起监考，场面壮观，声势浩大。这种场面的威慑力，很快变成学习的动力，于是，"学在东大"，成为对东北大学最好的褒奖。历经二十多年的积淀，中心考场已经成为东大人心中的一个圣地，更是东大学子心中严谨治学的象征。

中心考场声名远播，还有另一个原因，就是中心考场所在的冶金学馆是一座迷宫般的建筑。冶金学馆的设计既有中国古典建筑的对称之美，又不乏西式风格的别致典雅。她身着朴实的灰色衣装，被苍松翠柏包围着，正面灰红相间，三个连续的门拱上雕着云状的装饰花纹。正面的四层塔楼高耸峭立，与两侧形成迂回包抄之势的三层厢楼连接，在背面又提升成两段没有连接的四层楼体，形成了一个标准的"凹"字形建筑。中心考场就设在"凹"字右侧的三楼和四楼。由于冶金学馆是一个三四层混搭且背面不连通的建筑，于是就有了迷宫般的效果。第一次进入冶金学馆的人，很难顺利找到自己的目的地。如今，每到考试时节，教务处都会在二楼入口处设立清晰的指示牌，一路引导学生准确地找到中心考场。

岁月轮转，时序更替，冶金学馆就像一位阅历丰富的长者，透过苍天青松、蒙蒙薄雾，微笑地看着眼前蜿蜒的石道，青翠的草坪，踱步的鸽子，放风筝的学子……穿越历史的峰峦，我们也仿佛看见了一位位材料冶金领域的学术泰斗在这座被誉为"材料与冶金大本营"的学馆里潜心科研、报国奋斗的身影。

中心考场

在我国冶金工业从弱到强的发展过程中，涌现了多位开拓者，他们以可贵的精神和智慧，创造了一个个亮点和辉煌，载入了国家冶金工业的史册中。东北工学院的首任院长、中国科学院技术科学学部委员、著名炼铁专家靳树梁便是其中一位。

冶金学馆南侧

1936 年，靳树梁受国民政府资源委员会委派赴德国实习考察。他虽身在异国他乡，却心系祖国命运。卢沟桥事变发生后，华北各地和南京等地相继沦陷，祖国失去半壁河山，靳树梁时刻关心祖国的形势，异常痛心和忧虑的他，按捺不住急切的救国之心，毅然提出申请，中断学业，回国工作。1938 年 3 月，靳树梁踏上了战火纷飞的祖国土地。

靳树梁（1899—1964），冶金学家。河北徐水人。东北工学院院长、教授。1955 年被选聘为中国科学院院士（学部委员）。1920 年毕业于北洋大学，参加拆迁汉阳和六河沟钢铁厂至大渡口，以及组建威远钢铁厂。1943 年因改进高炉炉顶布料装置获中国工程师学会论文奖，并先后获发明专利。1949 年后，在恢复鞍钢和本钢生产中，深入实际，卓有成效。在任东北工学院院长期间，经常深入工厂研究，解决生产中的问题。如领导本溪高炉结瘤的研究，领导总结高炉强化经验，研究高炉降料理论，提出"风口区焦炭运动规律袋式效应"、悬料机理、造渣理论等。领导教研室开展攀枝花钒钛磁铁矿高炉冶炼的科学研究，取得突破性成就。

　　回国后，靳树梁等四人被分配到由兵工署、资源委员会联合成立的钢铁厂迁建委员会，靳树梁任工程师。他们的任务是将汉阳铁厂和大冶铁厂的部分设备拆迁到重庆大渡口重建，以应战事急需。原计划要搬迁的大件过多，总质量达十五六万吨，靳树梁知道时间紧迫，运输力量有限，很难完成，遂提出保证重点，集中力量拆迁六河沟的 100 吨高炉和汉阳铁厂 30 吨马丁炉炉体结构及换向阀、钢轨轧机、钢板轧机、中小型轧机和全部机修设备及耐火材料，共四五万吨重，以便在新厂址的矿石、焦炭等资源条件下，更早地投入生产。

　　大家苦干 3 月余，终于在 7 月，日军逼近时，基本完成预定拆迁任务，赶赴重庆大渡口。但仍有部分设备来不及运走，只能投入长江中。鉴于重建 100 吨大型高炉，需时太长，原料又相应匮乏，而抗战急需钢铁，所以决定先建一座 20 吨小高炉。但既无前人经验，又无技术资料借鉴，谁能

靳树梁与团队成员在一起做科研

担此重任呢?

靳树梁毅然承担了这一任务,开始了我国工程技术人员自行设计新型小高炉的第一步。他根据四川省当时探知的自然资源情况,充分利用拆迁来的设备和材料,克服重重困难,成功地设计出第一座新型 20 吨小高炉。经过技术人员和工人的艰苦努力,小高炉终于在 1940 年 3 月 2 日在大渡口开炉投产。小高炉的设计争得了时间,较快地为抗战提供了生铁。靳树梁的心也像熊熊炉火般的炽热,聊慰归国初衷。虽然有了如此骄人的成绩,他却并不满足,又根据小型炉的特点,另辟蹊径,在实验室利用厂里原有的料钟、料斗以及矿石、焦炭等设备和原料,进行了入炉布料探索、试验、观察、改进,多次反复,最终设计出"小型炼铁炉标准炉喉"。

在抗战时期,靳树梁曾有一段佳话广为人知。当年,爱国将领冯玉祥将军在陕西招待蒋介石,只用了一菜一汤,而在招待靳树梁时却用了四菜一汤!

1944 年 11 月,冯玉祥到威远和自贡两县宣传抗日,进行募捐。靳树梁和大家热烈响应,在威远钢铁厂内开展了爱国献金活动,职员每人捐献一个月薪金,工人每人捐献半个月薪金。为感谢和鼓励各界人士支援抗战,冯玉祥将军委托威远钢铁厂制作分别铸有其亲笔所书"还我河山"中国地图形铁盾和"收复失地"哑铃形铁牌,共 50 块,赠送捐献者留念。靳树梁欣然承允,12 月完成后,亲自送到自贡县冯玉祥下榻处。冯玉祥素知这位爱国专家,有幸相识,备四菜一汤热情款待,席间叙谈许久,甚为融洽,虽文武有别,但他们的爱国之心却紧紧相连。

在炼铁行业中,靳树梁被公认为是最有成就的炼铁专家之一,对抗战作出很大贡献的爱国者。他任东北工学院院长后,主要从事高炉强化理论研究,开拓了承德钢铁公司钒钛磁铁矿高炉冶炼新工艺,提出了高炉风口区炉料运动特征"袋式效应"的新观点。靳树梁非常重视理论联系实际,学以致用,主持修订教育计划,增加了认识实习、生产实习、课程设计、毕业设计等实践性教学环节。他提倡厂校合作,教学、科研、生产三结合,以身作则,深入教学第一线,亲自讲授炼铁专业的高炉操作课,在丰富教学经验的指导下,他主编了第一部结合中国实际的炼铁专业课教材《现代炼铁学》。

为响应党中央提出建设"三线基地"的号召，1962 年"多元铁矿石的冶炼和综合利用"课题被列入国家科技发展规划。东北工学院承担了这一任务，靳树梁院长对炼铁教研室的教师们说："国家建设的需要，就是我们的研究方向，承德钒钛磁铁矿冶炼研究是国家急需，我们炼铁工作者责无旁贷。"东北工学院利用承德当地的铁矿模拟攀枝花矿石进行试验性开采冶炼，开拓了承德钢铁厂钒钛磁铁矿高炉冶炼新工艺，提出了"高炉风口区炉料运动特征——袋式效应"新观点，终于解决了钒钛磁铁矿冶炼的科研难题。

参加攀钢建设的东北大学科研团队研讨课题

在此基础上，1963 年 10 月，东北工学院参与攀枝花钒钛磁铁矿冶炼的实验研究工作，东北工学院炼铁、冶金物化、选矿、分析化学、地质等教研室和中心化验室与攀枝花钢铁研究院等 5 个单位研究的"高钛型钒钛磁铁矿的高炉冶炼新技术"项目，于 1979 年获国家技术发明奖一等奖。

被称为"中国铝业之父"的邱竹贤院士是我国著名的冶金学家、我国铝工业发展的重要参与者和见证人，也是我国铝冶金教育和科学研究的先驱。

其实邱竹贤最初的理想并不是当什么炼铝专家，而是希望像父亲一样，成为一名医生，医治天下百姓。1935 年夏，邱竹贤考中海门高中唯一一个半工半读名额。他一边读书，一边在图书馆里打工，每当他走进书库，都像是在知识的海洋里漫游。他从书上了解到，地壳中含有 8% 左右的元素铝，这就意味着如此丰富的金属就在我们脚下，他幻想有朝一日能把铝从泥土中提取出来。这个幻想，让邱竹贤清苦的生活充满了乐趣，也充满了学习的激情和动力……

邱竹贤（1921—2006），有色金属冶金专家，江苏省海门市人。1943 年毕业于交通大学唐山工程学院，获工学学士学位。1987 年当选为挪威技术科学院外籍院士。1989 年当选为挪威科学院外籍院士。1995 年当选为中国工程院院士。长期从事铝电解工业生产和融盐电解、融盐物理化学基础理论及应用技术的研究。研究成功多项炼铝节电、节能技术，大幅度降低冶金工业中的耗电量，产生巨大的经济效益和社会效益；系统研究了低温度铝电解、惰性电极材料、大型电解槽及融盐应用技术并取得了创造性的成果；在融盐湿润、渗透、阳极效应和金属雾生成等四种界面现象，均有新的创建。多次获得国家及省部级奖励，"锂盐阳极糊节能技术"获 1992 年国家科技进步奖一等奖。发表学术论文 200 余篇，专著 8 本。

1943 年邱竹贤大学毕业后，进入四川綦江电化冶炼厂炼铜车间任技术员。当时，中国民族工业中还没有炼铝业。1945 年秋天，邱竹贤参与被称为"中国工业史上第一次炼铝试验"，当看到为数不多的铝球时，他的内心百感交集：中国的炼铝事业要奋起直追呀，此时西方成熟的炼铝业已有半个多世纪的历史了。作为中国知识分子，他被现实赋予了不容推卸的历史重任。

1945 年，邱竹贤在高雄铝厂第一次真正接触到铝工业，并且通过和日本的一些技术人员学习，深入了解了炼铝技术上的相关问题，自己对炼铝工艺也进行了系统的学习、归纳和总结。1949 年 3 月，他毅然回到了家乡。新中国成立后，作为新中国唯一一位有炼铝经验的工程师，邱竹贤担任了抚顺铝厂计划科科长。

抚顺铝厂是新中国的第一个铝厂，为了迎接即将恢复的铝生产，人才培训尤为重要。当时，有一些厂领导和技术人员到苏联乌克兰的扎波罗热铝厂去进行学习，而主要的人员培训还是在国内进行。因此，邱竹贤就成了培养第一批中国自己的技术人员和熟练工人的教师。

1950 年下半年，工厂委托邱竹贤为从上海

线装书《铝电解》

新招来的 20 多名高中毕业生讲授铝电解课程，培训铝冶炼技术。要授课，却没有教材，怎么办？邱竹贤发挥自己特长，根据大学里学到的专业知识和在中国台湾高雄铝厂的生产实践经验，还有与苏联专家接触中的学习体会，查阅文献，自己编写了一本铝冶炼的专业性教材。这本教材就是手工钢板刻印的线装书《铝皂解》。可不要小瞧了这本线装书，它可是中国铝工业史上第一本铝冶炼教材。

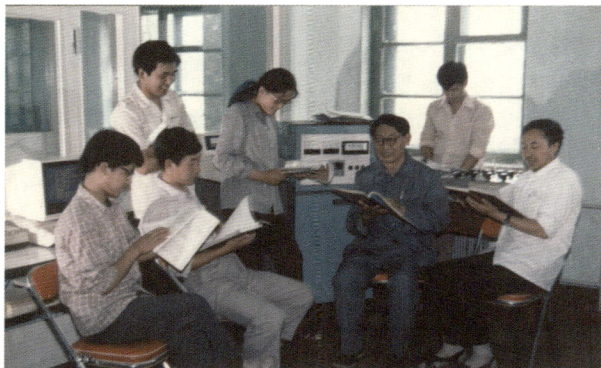

邱竹贤与实验室老师研讨工作

两年后，这本线装书的读者顺利毕业，在日后的工作中，他们都成了新中国铝镁冶炼和加工事业中的骨干。可以毫不夸张地说，新中国的铝工业是站在这本线装书上起步的！

后来，邱竹贤执教于东北大学，仍离不开他钟爱的轻金属铝。他把工业生产经验与理论研究结合起来，写成专著，并且积极参与国内工业生产试验，还与国外 10 多家铝厂和研究所取得联系，加强学术交流，发展我国的铝工业。

邱竹贤非常喜欢茅以升的一段话："人生一段征途耳，其长百年，我已走过十之八七。回首前尘，历历在目。崎岖多于平坦，忽深谷，忽洪涛，幸赖桥梁以渡。桥何名欤？曰奋斗。"并自言："茅老以造桥闻名于世，他是我的老师。我靠炼铝度过此生，也将奋斗不已。"

被誉为"中国工业生态学之父"的陆钟武院士，一生经历过三次重要实践：创建第一个冶金炉专业，成为我国冶金炉学科的主要开创者和奠基人之一；开启组建冶金热能工程学科，创立系统节能理论；提出"穿越环境高山"理论，实现了工业生态学的"中国化"。

陆钟武（1929—2017），冶金热能工程和工业生态学专家。1950年毕业于大同大学（前三年在中央大学），获学士学位，1953年毕业于东北大学研究生班（前两年在哈尔滨工业大学）。1997年当选为中国工程院院士。在炉窑热工方面，率先参照势流理论研究了竖炉气体力学，用高炉炉身静压成功地判断了炉内的主要变迁。建立了火焰炉热工基本方程式；查明了普通平炉改为内倾式后指标下降的原因。改造后的加热炉热效率达国际先进水平。在系统节能方面，提出了载能体概念，产品能耗的e-h分析法，以及物流对能耗的影响分析法，创立了系统节能理论和技术；提出了钢铁工业的节能方向和途径。探明了我国钢铁工业年节能率一度下降的原因；预测了我国钢铁工业2000年及2010年的能耗值。率先建立了有时间概念的产品生命周期物流图及其分析方法。在工业生态学方面，明确了我国钢铁工业废钢资源严重短缺的主要原因是钢产量持续高速增长；揭示了资源效率等指标与物质循环率及产品产量变化等因素之间的关系。以穿越"环境高山"为比喻，阐明了新型工业化道路在资源、环境方面的基本特征。导出了环境负荷与经济增长"脱钩"的条件方程式。多次获得国家及省部级奖励，1985年获国家科技进步奖二等奖，2004年获光华工程科技奖。发表学术论文210余篇，专著10本。

新中国成立初期，百废待兴，钢铁工业为年轻的共和国注入了鲜活的血液。热血男儿把钢铁作为自己的终身选择，那是顺理成章的事。当年陆钟武选择献身钢铁事业的时候并没有想到这会给他带来如此骄傲的一生。

1953年，东北工学院组建了冶金炉专业和冶金炉教研室，陆钟武担任主任，成为我国冶金炉学科的主要开创者和奠基人之一。

20世纪五六十年代，他主编的《冶金炉理论基础》《冶金炉热工及构造》《火焰炉》等专著和教科书，被全国高校普遍选用，为我国冶金炉专业从无到有、从小到大、从弱变强作出了重要贡献。

如今半个世纪过去了，东大人仍然念念不忘的，还是毛头小伙子的他挑战苏联权威的事——那天，陆钟武为苏联专家那扎洛夫担任课堂翻译，发现他讲授的炉内热电偶指示温度计算公式不对。虽然当时没说，但回去后反复研究，终于推导出一个新公式，画出了新曲线。

一想到去找那扎洛夫理论，陆钟武心里就忐忑起来："那扎洛夫是著名的冶金炉热工专家，而自己研究生毕业刚刚两年，弄不好会被扣上'反对苏联专家'的帽子。"想来想去，陆钟武还是没能说服自己，他轻轻地敲响了那扎洛夫的门。

果不其然，那扎洛夫的反应比他预想得还激烈。回来后，他不但没放弃，反而亲手制作了一个炉子，反复实验，最终验证了自己推导的公式和画出的曲线是对的。于是他再次敲开了那扎洛夫的门……

那扎洛夫终于接受了他的实验数据和研究结果。回国前，专门组织了一场学术报告会，听取陆钟武的专题报告。报告结束，那扎洛夫情不自禁地举起双手，为这位青年鼓掌。

20世纪80年代，是中国又一个火红的年代，我国的钢铁工业同样红红火火。这个时候，陆钟武敏锐地发现了我国钢铁工业"能耗过高"的问题，并系统地提出了节能理论。一开始，他的理论并没有得到业界认可，甚至寄出去的理论文章都得不到发表。直到80年代末期，冶金工业部把"节能降耗"确定为我国钢铁工业的任务，人们才被陆钟武的远见所折服。

陆钟武与实验室老师做科研

世纪之交，陆钟武又将目光聚焦到工业生产与环境保护的尖锐矛盾上。"生态环境恶化是不是经济发展必须付出的代价？我看未必！"总结发达国家的惨痛教训，陆钟武创造性地提出了"穿越环境高山"理论，让发展中国家在经济赶超过程中付出尽量少的代价。

回首陆钟武60多年的学术生涯，他因工业兴国而始，为工业污染而忧，为了工业生态学的"中国化"和中国工业的"生态化"而奋斗，衣带渐宽终不悔，为伊消得人憔悴。

"行止无愧天地"，这是陆钟武院士几十年恪守不变的座右铭，也是他60多年学术生涯的写照。"我从事了一辈子教学科研工作，因为教学科研就是我的生命。"

自冶金学馆落成使用，这里就是材料与冶金学院所在地，材料与冶金学科在这里生根发芽，开花结果。冶金工程、材料科学与工程是首批一级学科国家重点学科。依托重点学科，一批重点实验室从这里崛起，发展壮大，成为我国材料、成型、冶金学科的"前沿阵地"。于是，冶金学馆就成为了东北大学材料冶金学科的大本营。多年来，一代代东大人在这座迷宫般的建筑里兢兢业业地探索着，小到头发丝几万分之一的纳米材料，大到以吨为计量单位的"超级钢"，都刻下东北大学的印迹。科研成果层出不穷，优秀人才也如雨后春笋。依托着材料冶金学科的独特优势，一百年来，东北大学培养的毕业生中，有很大一部分走进了钢铁领域，为钢铁事业而奋斗，成为卓有建树的"钢铁战士"！如新中国冶金工业的开拓者吕东、有色金属工业战线上的传奇人物王文海、材料科学专家左铁镛院士、中国超导首席科学家周廉院士、中国科学院"十大女杰"之一的张懿院士、胸前佩戴五枚奖章的曾任北京矿冶研究总院院长的孙传尧院士等，他们用自己的知识与热血反哺社会，也用自己的聪明才干谱写着钢铁之歌。

2015年，学校将材料与冶金学院拆分为冶金学院和材料科学与工程学院，冶金学院仍然驻扎在此。学院设有冶金工程系、热能工程系、资源与环境系、新能源科学与工程系等4个系及24个研究所。近年来，冶金学院凝练出冶金资源高效利用、高性能金属材料制备、冶金过程感知与智能优化、绿色低碳冶金等四个学科方向，学科整体实力获得显著提升，形成了以冶金物理化学为基础、钢铁冶金与有色金属冶金均衡发展的学科特色。2021年，冶金工程学科成功入选新一轮"双一流"建设学科。学科紧密围绕国家重大需求和行业共性难题，重点解决我国冶金行业高端金属材料制备、战略资源安全供给、低碳绿色发展等领域"卡脖子"难题，服务国家重大工程、国家重大装备及国防军工建设，关键核心技术攻关能力显著增强。其中，朱苗勇教授团队历经10余年攻关，与企业、设计院协同创新，研发了适用于我国"一线多产"的动态重压下关键工艺与装备技术，形成了从原理、装备、技术到应用的完整知识产权体系。一大批科研骨干涌现

出来，取得了一系列标志性成果。特厚板、大规格型/棒材产品广泛应用于超大型基建、重载货运专线等国家重大工程，是中国制造、国家安全不可或缺的钢铁材料。我国现拥有大断面连铸生产线 80 余条，但因铸坯的中心偏析、疏松等凝固缺陷一直未能得到根本解决，极大制约了产品的成材率、生产效率及服役稳定性。

为此，冶金学院朱苗勇教授团队历经 10 余年攻关，与企业、设计院协同创新，研发了适用于我国"一线多产"的动态重压下关键工艺与装备技术，形成了从原理、装备、技术到应用的完整知识产权体系。项目组在唐钢、攀钢建成投产国际首条可实施连续、动态重压下的宽厚板坯、大方坯连铸生产线，开辟了低轧制压缩比生产高端大规格钢材的新途径。技术实施后，产品质量指标优于国外产线。产品已广泛应用于北京大兴国际机场、冬奥会核心区、上海前滩国际商务区等多项重大工程，以及远洋货轮、煤机等重大装备。生产的 75 kg/m 长尺重载钢轨组织性能更加均匀稳定，服役寿命提升了 60%，形成 100 m 长尺重载钢轨生产能力，在我国"西煤东运"主干线朔黄线与"中国重载第一路"大秦线铺设率分别达 99% 和 90%，年通货量超 8 亿吨，保障了我国电煤供给生命线稳定运行。在 2020 年度国家科学技术奖励大会上，东北大学作为第一完成单位、朱苗勇教授作为第一完成人的"连铸凝固末端重压下技术开发与应用"项目荣获国家科学技术进步奖二等奖。

我国铝土矿资源 70% 属于中低品位矿，需要大量进口，对外依赖度达 50% 以上，如何有效利用我国中低品位铝土矿和低成本规模化消纳赤泥一直是我国氧化铝工业的技术瓶颈问题。张廷安教授带领的特殊冶金创新团队从改变赤泥中平衡固相结构出发，十几年如一日，开展潜心研究，提出了氧化铝生产的颠覆性技术。2018 年 5 月，项目成果"零排放清洁生产氧化铝技术"以 1 亿元完成科技成果转化。

该项重大科技成果的研发成功及转化对我国的氧化铝工业具有重大意义。一旦该项技术成果获得推广，相当于可使我国铝土矿资源扩大 2 ~ 3 倍，延长铝土矿使用年限 30 年以上，可摆脱氧化铝行业对进口矿物的依赖。如果我国普遍采用该技术，氧化铝生产每年额外可获得经济效益 500 亿元，具有显著的社会效益和经济效益。

此后，项目组捷报频传。2019 年，在瑞士日内瓦举行的第 47 届日内瓦国际发明展上，团队研发的"铜冶炼渣末端高值化利用技术与装备"及"低成本快速清洁炼镁技术"分别获得金奖和银奖。2022 年初，美国矿物、金属与材料学会（TMS）发来通知，张廷安教授指导的博士后李小龙的论文 *Hydrodynamics of gas-liquid two-phase flow in reverse spray washing process* 在第 150 届美国 TMS 年会上被评选为"Energy Best Student Paper"（能源最佳学生论文，本年度唯一），这是团队第四次荣获 TMS 论文奖，奠定了该团队在国际冶金领域的学术地位。2022 年 3 月 18 日，2022 年度国际镁科学与技术奖颁奖典礼暨镁材料国际高峰论坛召开，团队的"原镁相对真空连续热还原技术"荣获 2022 年度国际镁科学与技术年度创新工艺奖。

黄金提取过程中会产生高毒危废，对人体和环境有一定危害，黄金提取毒性降解、安全处置和资源利用成了世界性难题。冶金学院重贵金属冶金及材料研究所所长、国家重点研发项目首席科学家杨洪英瞄准这块"硬骨头"，提出选矿、冶炼、环境多学科融合创新的思路方法，带领团队研发出综合利用创新技术，解决环境污染问题，引领黄金冶炼行业向绿色、安全方向发展。

为培育出适合生物氧化预处理的菌种，他们下到阴暗潮湿的矿井，蹚过齐腰深的地下积水去采集水样。经过不断探索研究，团队成功研发出安全可靠的核心技术，达到国际领先水平，解决了高砷金矿处理难题，也提高了我国生物冶金在国际上的学术影响力。

2023 年 2 月，杨洪英教授主持完成的"黄金矿山深部矿石工艺矿物学综合研究及资源增储和高效利用"项目荣获 2022 年度中国有色金属工业科学技术一等奖。项目创新性地开展焦家金矿深部矿体三维立体式的工艺矿物学、矿区探矿、矿石选矿等交叉学科研究，取得新增黄金资源的重大突破，实现了低品位矿、超细矿泥选矿整体技术突破和理论创新，开创了工艺矿物学、勘探增储、矿物加工等交叉学科研究新途径、探索出了矿石高效综合回收的创新发展模式，对推动我国黄金行业发展具有重大战略意义。

东北大学冶金人才培养质量和水平在国内冶金类高校中一直起到引领和示范作用，在教育部历次学科评估中人才培养质量都名列前茅。本科生实施"大类招生、分类培养"，贯彻"新工科"理念，打造"冶金 +X"知识体系，持续优化培养计划与课程体系，改革教学模式和教学方法，构建了以冶金工程专业知识为基础，融合信息、能源、环境等专业知识的培养体系，急行业所急，为行业培养和输送转型发展急需的交叉复合型人才。在研究生培养上，实行本—硕—博培养计划贯通设计，梯次上升。充分发挥冶金工程国家一流学科的强大科研实力和资源优势，科教融汇、产教融合，做"真科研"，博士生、硕士生在国家重大、重点科技项目和企业重大工程项目中锻炼成长，90%以上的博士学位论文结合现场科研题目展开，已毕业博士生70%以上的成果已经在生产一线应用。

冶金学院先后与美国、加拿大、英国、法国、日本和澳大利亚等20余个国家或地区建立了长期密切的合作关系，聘请百余名国内外知名专家学者为学院的名誉教授或兼职教授。如今的冶金学院正通过学科交叉专业融合，推动"大冶金"学科专业群的整体发展，努力成为面向冶金行业主战场的世界一流、中国特色的人才培养基地和科学研究中心。

从材料与冶金学院分离出来的材料科学与工程学院进驻了材料冶金一条街的最南端的一座建筑——知行楼。学院以"厚德为料，铸智成材"为院训，以"求真拓新，明辨笃行"为院风，坚持"立德树人"根本任务，聚焦"创新型、国际化、复合型"的材料类高端人才培养，扎实推进教育教学改革，不断提升人才培养质量、丰富教育教学资源、创新教育教学成果。

知行楼

材料科学与工程学院建有轧制技术及连轧自动化国家重点实验室、先进钢铁材料技术国家工程研究中心、材料各向异性与织构教育部重点实验室、材料电磁过程研究教育部重点实验室、电磁冶金技术及装备国家地方联合工程实验室等科研基地。学院始终以国家"推进世界一流大学和一流学科建设"战略和东北老工业基地振兴需求为契机，以"一带一路"倡议为导向，立足解决国家和辽宁省装备制造业急需的重大及前沿科学问题，在金属材料的优势基础之上，不断探究学科新方向布局，以国民出行更便捷、国民身体更健康，国家工业转型更快速，国家国防能力更强大为使命不断前行。

在学院的积极推动下，学科发展迅速，保持了在金属结构材料研究领域的优势，同时在金属功能材料和陶瓷材料等研究领域形成了特色，多项技术打破国际垄断，为国家经济发展和国防建设作出了重要贡献。研发的各类金属材料相关的工业化装备及生产技术已广泛应用于宝钢、鞍钢、首钢、河钢、中铝等大型企业，改造和新建金属材料相关产线数百条，极大地促进了我国金属材料制品质量走向国际化水平；相关材料技术及产品已应用于港珠澳大桥、长江三峡水电站、深海油气钻井平台、西气东输工程、南极破冰船、大飞机、高铁、汽车等。

中国知名抗腐蚀专家、国家高端金属材料抗腐蚀的守护人、材料科学与工程学院王福会教授团队为这些成果的取得作出了突出贡献。他们研制的各种抗高温腐蚀防护涂层，在航空航天和海洋等领域的国防装备上获得重大应用，为国防安全锻造了耐腐蚀、高防护的坚实双翼。

2005年我国研制的新一代核动力装置顺利下水，经过15年的海上运行，2020年装置回厂检修。检修时人们发现反应堆塔顶用的国外涂料全部粉化失效，只有两个地方的涂料完好无损。这正是王福会教授团队研制的抗辐照自修复涂料。2021年2月，国家主持召开抗核辐照自修复涂料鉴定会，并在会上强烈推荐在核动力装备上使用东北大学研制、经过实践检验的涂料。

多年来，团队成功研制出用于舰载机涡轮叶片的抗海洋环境高温腐蚀涂层，用于发动机机匣、密封片、调节片、尾喷管等10余种高温部件的金属搪瓷涂层，累计交付50多台套发动机。团队成员陈明辉、王群昌等完成的抗腐蚀自润滑和耐高温自润滑轴承、衬套等产品，利用颠覆性技术，解决"卡脖子"问题，实现了从0到1的突破。目前，可重复使用飞行器、五代战机、临海飞机、无人机、超高音速飞行器等重要航空航天装备都采用了团队研制的技术和产品。

2020 年 10 月，研究所收到一封特殊的感谢信："近日，某航天任务取得圆满成功，贵校承研的耐腐蚀固态自润滑衬套在飞行试验任务过程中，工作稳定、表现良好，全程未发生故障，有效发挥了既定作用，为任务万无一失、圆满成功作出了重要贡献……"

沿着知行楼往北走，便是这条街上赫赫有名的轧制技术及连轧自动化国家重点实验室（RAL）。其前身是建于 20 世纪 50 年代的东北工学院轧钢实验室，在老一代学长们的艰苦努力下，稳步发展，实力渐强。1989 年得到世界银行的支持，踏上建设国家重点实验室之路。1995 年通过国家验收，成为我国轧制技术及连轧自动化领域唯一的国家重点实验室。

轧制技术及连轧自动化国家重点实验室

这个普通的六层小楼，很难让人将其与国际前列、国际先进、世界纪录等字眼相关联，但超级钢、超高强钢、中厚板、晶粒细化、相变强化、刚塑性有限元……透过这些拗口的专业名词，我们看到的是 RAL 科技创新能力一步步攀升的矫健身姿，是他们面向钢铁企业发展战略需求、面向国民经济建设主战场、面向世界轧制技术前沿，以创新为主轴的发展轨迹；是他们不断凝练学科方向，汇聚学科队伍，构建一流基地，为建设创新型国家作贡献的创新历程。

王国栋院士指导实验室学生做科研

20 余年来，实验室针对冶金工业发展进程中的核心共性技术问题，开展高质量、低成本绿色轧制技术、重大冶金装备研发及产业化、高品质钢铁及有色金属材料开发等相关科研工作，为轧制领域技术的创新提供了原创性理论和关键技术支持。在轧制领域，实验室实现了从"跟跑"到"并跑"再到"领跑"的飞跃，是世界钢铁业中"中国理念"——"绿色制造、制造绿色"的主要倡导者和推动者。

王国栋，东北大学教授、博士生导师，轧制技术领域的国际知名专家。1942年出生于辽宁省大连市，1966年9月毕业于东北工学院。1968年10月至1978年10月，在鞍钢小型厂从事棒材和周期断面型材轧制技术工作和管理工作，1978年10月至1981年12月在北京钢铁研究总院攻读硕士学位，毕业后到东北工学院任教，1987年破格晋升为副教授，1989年5月破格晋升为教授。2005年当选为中国工程院院士。

王国栋院士长期以来从事钢铁材料轧制理论、工艺、自动化等领域的应用基础和工程技术的研究，先后主持和完成多项国家重点基础研究规划项目（"973"项目）、高技术项目（"863"项目）、攻关项目、自然科学基金重大项目等，取得了许多创新性的成果。曾获国家科技进步奖一等奖2项、二等奖2项，国家技术发明奖二等奖1项；省部级科技进步奖二等奖以上奖项15项；冶金科技奖二等奖以上奖项3项。申报或授权发明专利14项，授权实用新型专利7项；出版专著6部、译著4部。发表论文被SCI收录80余篇，EI收录150余篇。培养研究生中获得博士学位57人，硕士学位55人。王国栋院士忠诚于党的教育事业，勇于开拓，治学严谨，教书育人，为我国钢铁工业发展和科技进步作出重大贡献。享受国务院政府特殊津贴，曾获辽宁省科技功勋奖、冶金部有突出贡献的中青年专家、辽宁省优秀专家、辽宁省优秀科技工作者、宝钢教育奖、辽宁省特等劳动模范、辽宁省优秀教师、辽宁教育人物、沈阳市劳动模范、沈阳市振兴奖等奖项和荣誉称号。

2016年7月，由河钢集团和RAL联合共建、国内首家校企合作实体化运作的钢铁技术研发平台——河钢东大产业技术研究院正式成立，在企业与学校之间建立起连接的桥梁和信息畅通的管道。研究院成立后，东北大学100余名教师深入河钢集团相关企业开展技术交流，进行"起底式"诊断、"靶向式"攻关，解决了一批长期困扰企业的重大技术问题。由于在产学研深度融合、协同创新方面的突出贡献，河钢东大产业技术研究院荣获中国钢协技术创新先进集体称号。

在中国工程院院士、"超级钢之父"、RAL 实验室王国栋教授的言语中，有一个高频词，那就是"领跑者"。这位年逾古稀的"钢铁战士"怀着钢铁强国梦，数十年如一日地奋战在钢铁生产一线。

如果追溯王国栋院士与钢铁的结缘，还要从 20 世纪 50 年代说起。1950 年，8 岁的王国栋随父母来到鞍钢，大型无缝七高炉是他幼小心灵中一座巍峨的殿堂，孟泰、王崇伦、张明山，这三位享誉全国的劳动模范是王国栋的偶像。他对钢铁的情结是熔铸在骨子里的，去钢厂有一种回家的感觉。在他看来，钢铁车间的声音不仅不吵，而像钢铁在歌唱，仔细听是可以听出韵律的。巨大与细微、粗犷与精密，就像高音和低音一样，有机统一在钢材的轧制过程中。

"核心技术是买不来的，必须靠着自己的智慧和双手去拼出一个新天地。"与钢铁打了一辈子交道的王国栋，深知打破钢铁材料瓶颈，国之重器才能不受制于人。1998 年，在国家"973 项目"的支持下，他和团队开始了"轧制过程中实现晶粒细化的基础研究"课题。

当时，日本、韩国已相继启动了探究晶粒细化极限的实验。凭借多年的一线经验与实验结果，王国栋和团队决定不盲目追随日韩的潮流，而是定位在现有工业条件下能够实现的目标，创新性地提出了晶粒适度细化的概念。

有了新的头绪后，王国栋和课题组成员开始了长期"驻扎"宝钢的生活，昼夜奋战，与宝钢集团无缝衔接。那段日子里，王国栋带领团队穿梭于实验室和宝钢之间，实验、分析、计算，调研、座谈会、讨论……

1999 年 9 月，无数次实验后，"超级钢"诞生了！这也是世界上第一次用工业化的轧机轧制超级钢的成功实验。这一课题的研究成果，被应用于宝钢、鞍钢、本钢等企业，批量工业生产超级钢数百万吨，并连创国际竞争的 4 个"第一"：第一次在实验室条件下得到了原型钢样品；第一次得到钢铁工业生产的工艺窗口；第一次在工业生产条件下轧制出超级钢；第一次将超级钢应用于汽车制造，助推中国从钢铁大国向钢铁强国迈出关键一步。

2005 年 3 月 28 日，王国栋作为国家科技进步奖一等奖的获得者，在人民大会堂受到了党和国家领导人的亲切接见。但每当谈起"超级钢"，王国栋总是说，这只是材料革命浪潮里的一朵涟漪。把这一页翻过去吧，往前看，那才是波涛汹涌的大海。

近年来，RAL 相继在高质高端钢铁材料、绿色加工工艺、数字化钢铁技术等基础理论研究与关键技术创新方面不断取得新突破。2019 年，易红亮在汽车钢铝硅镀层强韧化领域实现了从纸上到车上的突破，这项引领性技术，产业化后在全球生产超过 300 万吨，对世界汽车工业轻量化发展作出重要贡献。2020 年，刘振宇教授团队的研究成果获得国家科技进步奖二等奖，他们通过构建热轧氧化理论体系，开发了具有自主知识产权的成套技术，并率先实现了由经验试错向智能化控制的转型。采用了刘振宇教授团队开发的相关技术，我国钢铁行业形成了免酸洗钢和易酸洗钢两个品牌，生产出的工程机械用钢因表面优异，成为日资企业专供产品，不但打破了国外垄断的状况，而且在数量和质量方面都实现了反超；高牌号电工钢，因表面质量提升而有效提高了能源转换效率；高强船板达到了 D 级表面"零缺陷"，满足了我国海洋重大工程的严苛要求。2023 年 1 月 13 日，王国栋院士 / 袁国教授研究团队在国际顶级期刊 *Science* 上以 *Ductile 2-GPa steels with hierarchical substructure* 为题，发表了在超高强钢铁材料增塑机制及组织创新设计方面的最新研究成果。RAL 的科研精英们依然在科学的高峰上奋勇攀登，不断书写新的传奇。

在 RAL 的隔壁，还矗立着一位轻合金材料研究领域的重量级选手——东北大学材料电磁过程研究教育部重点实验室（EPM）。

实验室不但拥有 3800 平方米的办公楼、1100 平方米的实验车间，还配备

材料电磁过程研究教育部重点实验室外景

了以 12T 1200 ℃超导无液氦强磁场等为代表的高档的科研设备。实验室以

国际新兴的前沿学科——材料电磁过程为研究方向，重点突出超导强磁场这一最新研究手段，围绕强磁场和电磁场下钢铁材料冶金过程、轻合金组织调控、材料微观结构设计与控制、特种材料合成等方面开展基础研究和应用基础研究。经过几年的建设，实验室已经形成了一支高水平的研究队伍，具备了一流的基础设施和装备，并且在科学研究中取得了重大进展，成为在本领域具有国际影响的科研机构之一。在钢的电磁软接触连铸、钢的强磁场固态相变和轻合金低频电磁连铸的理论与技术开发方面达到国际先进水平。

钢铁楼

在材料冶金一条街的最北端，便是近几年声名鹊起的钢铁楼，这里诞生了国家科技进步奖一等奖的光辉成果。

C919 大飞机落地瞬间，起落架必须承受住载重 70 多吨机身的冲击力，如此巨大的高强度钢部件，只有 8 万吨重的巨型模锻压机才能生产。生产中使用的特大型高强模具是核心部件，其关键材料正是由东北大学姜周华团队自主研发，性能、质量全球领先的特厚板产品。2019 年，以东北大学为第一完成单位、姜周华教授为第一完成人的"高品质特殊钢绿色高效电渣重熔关键技术的开发和应用"项目荣获国家科技进步奖一等奖。

大国重器，牵涉国运国脉，关系民族盛衰。电渣重熔产品作为国家重大工程、高端装备、先进武器最尖端部件制造的关键材料，从前却是我国冶金行业的短板。姜周华瞄准国家重大需求，带领团队针对新一代电渣重熔技术开展了原始创新和科研攻关，全面实现了我国电渣技术从跟跑、并跑到领跑的历史性跨越，彻底打破西方发达国家长期的技术封锁和市场垄断。

项目成果被推广至 60 多家企业的 325 台成套装备中，市场占有率达 61%，为我国探月工程和载人航天发动机、AP1000 核电主管道、单机容量世界最大的乌东德、白鹤滩水电站等重大工程、重大装备解决了一系列"卡脖子"技术和材料难题。成功打破了欧美和日本在此领域 30 余年的技术封锁和市场垄断，迫使进口产品大幅降价，保障了我国高端装备制造和能源建设安全。产品出口到 50 多个国家和地区，形成了巨大的经济和社会效益。

姜周华与实验室老师做科研

成果很闪亮，过程不简单。20 世纪 80 年代，姜周华开始做电渣冶金方向研究，那时候中国钢铁产业还处于粗放型发展阶段，电渣重熔主要针对高端精品特钢冶炼，研究者和企业关注较少。在最不受关注、支持经费最紧缺的日子里，姜周华甘坐冷板凳，继续坚持从事电渣冶炼研究，同时默默培养团队。姜周华始终认为，电渣冶金技术在未来具有强大的生命力。事实证明了他的判断。2000 年前后，随着我国工业发展步入新阶段，高端装备制造业迅速发展，一系列重大工程、装备对高端材料需求激增，我国钢铁产业开始从产量向质量转变，从粗放向精细转变。在 21 世纪开始的 10 多年中，电渣冶金技术在国内外得到了快速发展。

2003 年，"高品质特殊钢绿色高效电渣重熔关键技术的开发和应用"项目立项，常年奔波于全国各大钢铁企业的东北大学特殊钢冶金团队，又有了新的目标——开发新一代电渣重熔技术，为国之重器提供"卡脖子"材料。30 余年中，中钢邢机、宝武特冶、舞阳钢铁、大冶特钢、兴澄特钢、邢台钢铁、通裕重工、攀长钢等数十家企业都留下了他们奋战的身影。

标准是技术的制高点。姜周华被推举为电渣炉国际标准工作组组长，成为目前仅有的两项国际行业标准的制定者，并被国际电工委员会授予 IEC 国际标准奖，成为我国获此殊荣的第一人。

以国家战略需求为己任，专注关键核心技术攻关，解锁高端装备制造材料……在位于钢铁楼的特殊钢冶金研究所，特种钢和"特种兵"的故事，仍将继续。

# 机电学馆：老建筑与新故事

　　大学里饱经沧桑的老建筑，镌刻着大学走过的风雨历程，是导引我们进入大学历史的最佳地图。沿着冶金学馆、主楼向西，是南湖校区"四大学馆"中最后一座落成楼馆——机电学馆。机电学馆建成于 1953 年，它的设计者是我校原建筑系副教授王耀。学馆建筑面积 14208 平方米，为四层混合结构，四层通高的大门廊，采用中式穿插枋，通天柱，柱头为云纹浮雕，如此体量的建筑，仅用 108 天就完工，建筑人员大多为当时的东大学子，他们筚路蓝缕，干劲高昂，整个工地上一片热火朝天的奋战场面。而今，这些东大学子们皆已近古稀之年，甚至有的已然作古，但站在这座建筑前，抚摸着那厚重的石砖，我们仿佛还能听到那些学长们齐声呐喊的口号。

机电学馆柱头云纹浮雕

虽然经历了半个世纪的风风雨雨，但岁月的流逝没有给机电学馆留下沧桑的痕迹。这里是机械工程与自动化学院的"官邸"。机械工程与自动化学院虽然建院于1993年，但东北大学机械学科的历史却可以追溯到20世纪20年代初。1921年，奉天省长公署拟定的东北大学组织大纲"大学暂定六科分年组织"，在工科六学系中，机械学系赫然入列。

为培养基础扎实、技术精湛的实用型人才，东北大学广聘名师、俊彦云集，机械学科云集了包括机械学专家刘仙洲、潘成孝等在内的一批名师学者。机械学系的课程设置，以美国麻省理工学院的标准为蓝本，学生们要完成应用力学、机械制图等近30门课程。为了提高学生的动手操作能力，学校还在不断扩充东北大学工厂的基础上，积极与沈阳的兵工厂联系，将其作为学生实习场所，使学生通过为兵工厂研究、设计武器，制造机器而不断地检验所学，学以致用。机械学系在名师指导、学子勤勉中不断发展壮大。

湖北民众后援会及各界欢迎空军英雄胜利归来
（左二为佟彦博）

九一八事变的炮火炸碎了东北大学的强校梦，东大师生悲愤至极，被迫走上了流亡之路。从1931年起，东北大学无数师生投笔从戎，奋战在为国抗争第一线。1938年5月20日凌晨，东北大学机械系毕业生佟彦博驾驶飞机，在日本长崎上空抛洒下100多万张对日传单，这是世界航空史上独一无二的"纸片轰炸"。周恩来特赠锦旗："德威并用、智勇双全"。心系家国，这是东大人无悔的选择。这是远去的时光，也是东大的史诗，机械人留给东大的惊艳远不止于此。

沈阳，12月的清晨，零下20 ℃，7点钟，闻邦椿院士已经来到了机电学馆201室，今天他要给人生哲学方法论的全体授课教师开一次授课总结大会。1953年落成的这间教室见证了闻邦椿从菁菁学子成长为学术大师的韶华岁月。1951年，闻邦椿考入东北工学院机械系，东北大学实干、报国、创新、卓越的文化品格教会了他执着的爱国情怀、坚定的科研信念和不息的创新追求。

　　闻邦椿，中国科学院院士，原籍浙江温岭，1930年9月生于浙江省杭州市。1957年东北工学院机械系研究生毕业。现为东北大学机械工程与自动化学院教授，机械设计及理论研究所名誉所长。国际机器理论与机构学联合会（IFToMM）中国委员会委员，国际转子动力学技术委员会委员，亚太振动会议指导委员会委员，中国振动工程学会名誉理事长。曾任第六、七、八、九届全国政协委员，国务院学位委员会第二、三、四届机械工程学科评议组成员，中国振动工程学会理事长和《振动工程学报》主编、上海交通大学"振动、冲击、噪声"国家重点实验室学术委员会主任。1984年被评为全国第一批有突出贡献的中青年专家，1991年当选为中国科学院院士（学部委员）。闻邦椿系统地研究和发展了振动学与机器学相结合的新学科"振动利用工程学"。还研究了转子动力学、机械系统非线性振动理论及应用、机械故障的振动诊断、综合设计理论、机电一体化以及工程机械理论的某些问题。发表论文700余篇，撰写专著和主编的论文集28部。指导了100余名研究生，已有87名研究生取得了硕士学位，61名研究生取得了博士学位，还曾指导10名博士后、俄罗斯和哈萨克斯坦访问学者各1名。完成了数十项国家和横向重大科研项目，包括国家自然科学基金重大项目、面上项目和"973"项目、"863"项目等，曾获国际奖2项，国家奖4项，省、部、委级奖15项，国家专利9项。有多项成果达到国际先进水平，取得了巨大的经济效益和社会效益。

　　在读研究生期间，闻邦椿因一项惊人之举被推上了全校的风口浪尖：在研究中，他对苏联列文松教授关于振动筛动力学计算的一个公式产生异议，并指出了错误。在当时，这要承担巨大的政治风险。但年轻的闻邦椿却坚持："科学的东西来不得半点虚假，科学的怀疑与批判本身就是创造精神，不能拘泥于现有的教材和已得出的结论，在科学面前，没有永远的权威。"

闻邦椿用创新和实践的精神在振动工程与机械工程领域跋涉 50 余年，将一生中最精华的岁月都献给了振动利用学科，成就了硕果满枝的学术人生。

1982 年，闻邦椿用 7 年时间写成的 60 万字的专著《振动机械的理论与应用》，由机械工业出版社出版，为我国建立"振动利用工程"这一新分支奠定了理论基础。

1987 年，在比利时布鲁塞尔国际发明博览会上，机械动力学和工程机械专家、东北工学院教授闻邦椿因在惯性共振式概率筛研究上的杰出成就荣获尤里卡金奖，还获得了个人发明骑士勋章。闻邦椿和他的科研团队在振动机械和工程机械领域内矢志不渝地创新、实践，先后研制出 10 多种新型机械装备，使振动这一现象变害为利、造福社会，创造了巨大的社会和经济效益。

2005 年，闻邦椿课题组的大型科研项目"大型旋转机械和振动机械重大振动故障治理与非线性动力学设计技术"获得国家科技进步奖二等奖。

2006 年，闻邦椿获中国工程院颁发的特别奖——光华工程科技奖，这是工程院最高级别的奖项，荣获此奖的难度很大，闻邦椿是当年唯一的获奖人。

2008 年，闻邦椿团队潜心研究的"振动利用与控制工程若干关键理论、技术及应用"项目，又一次获得了国家科技进步奖二等奖。

2022 年 12 月 20 日，"弘扬科学精神，分享大成智慧"东北大学闻邦椿院士"百部著作"品读交流与赠书大会在国际学术交流中心举行。90 多岁的院士完成了 100 部著作。细数这 100 部著作，背后是其心怀社会的担当。闻邦椿所撰写的 100 部著作正对我国社会产生重要而深远的影响。在闻邦椿所写的著作中，有 10 部是属于传记类和乡土文化类著作，20 部是有关产品设计方法类著作。为满足社会需求，他提出了基于系统工程的产品综合设计理论和方法及全功能、全性能综合理论和设计方法。同时，还组织了全国 100 多位专家编纂了设备制造行业所必需的行业经典：一卷本、二卷本、六卷本和七卷本《机械设计手册》，为全国数十万家装备制造企业提供了参考。在主攻的科研方向——振动的利用与控制领域，闻邦椿撰写了 30 部著作。他在这一学术方向实现了八大创新，从而在国际上首先创建了振动利用工程新学科，撰写了《振动机械的理论与应用》《振动利用工程》等著作，还撰写了《工程非线性振动》《振动同步与控制同步》《高等转子动力学》，主编了本科生和研究生的教材《机械振动学》《机械振动的理论和应用》等，为我国的教育事业和科研事业作出了重要贡献，谱写了一曲感人的赤霞长歌。

结束一天的研讨工作后，闻邦椿踱步回到新机械楼的院士办公室，落日的余晖里，闻邦椿伏案写作的身影充满了温暖与力量。他还在继续撰写着高效做事和科技创新方法论方面的有关著作。育人步履不停，创新永不止步，

闻邦椿百部著作展示

闻邦椿为东北大学"自强不息、知行合一"的校训作了最好的注解。

干式真空泵是 IC 装备行业清洁真空获得设备，也是保障行业发展的重要装备。长期以来，干式真空泵的研发与生产一直被英国和德国几家国际跨国公司所垄断。过度依赖进口，对中国芯片产业链自给安全构成严重威胁。机械工程与自动化学院巴德纯教授带领课题组，历经近 20 年系统深入的自主研发和技术创新，先后开发了多个具有自主知识产权、两大系列 10 余种型号的干式真空泵（机组）。经过权威机构检测，其核心技术指标达到了国外同类产品的先进水平，但售价仅为对方的 70% 左右。产品更是以"同质低价"的优势迫使国外产品大幅降价销售，打破了国外产品的市场垄断。而产品的应用也为企业带来了可观的经济效益。据统计，东北大学干式真空泵使水电能耗分别降低了 31.2% 和 27.6%，污水处理量减少了 99.5%，近几年累计为应用企业新增利润 1.003 亿元，新增税收 0.153 亿元，增收节支总额 1.493 亿元。"真空泵产品是高端制造业发展的重要关键零部件，东北大学将逐步形成关键制造装备供货能力，为中国的高端制造业保

驾护航。"巴德纯自信地表示。

华灯初上，机电学馆四盏墙灯同时亮起，散发出暖黄色的光芒，宛如迷雾中的灯塔照亮了求学者向知识殿堂朝圣的征程。2013年4月，东北大学知名校友、昆士兰大学副校长、澳大利亚科学院和工程院院士逯高清回访母校，在谈及曾经求学东大的岁月时说："东北大学给予我最珍贵的礼物就是一种东大人特有的朴实勤奋的求学精神，对未知永远无法满足的渴求和永不止步的探索。"在淡及对30年前校园环境的记忆时，他说："机电学馆四楼的图书室是我最流连忘返的地方，我的晚自习和大部分的业余时间都是在那里度过的，作为一名钢铁冶金专业的学生，我在那里完成了大学时代最重要的人文素养的积累与沉淀。"今天，漫步于机电学馆，依然可以感受到这里浓厚的学习氛围。实验室、考研自习室、智慧教室、智慧研讨室，随处可见东大师生勤学苦读的身影。

东北大学现有多媒体公共教室300余间，互动教室、VR教室、智慧教室、录播教室等200余间

巩亚东上课

"讲到一些知识点时，巩老师总能找到相应实物或国际上最先进的制造技术的视频，给我们展示机械学习中的方法和原理，加深理解。印象最深刻的就是巩老师的手切白萝卜演示切削刀具结构与参考

系。"《机械制造技术基础》这本书上，每一章的每一小节后边都有一个二维码，我们随时随地都可以听课。"辛勤耕耘高等工程教育讲坛38载春秋，巩亚东教授坚持教书者必先强己，育人者必先律己，建成了首批国家一流本科课程机械制造技术基础，编写了首届全国优秀教材二等奖教材《机械制造技术基础》，深耕教改开展的"机械工程及其自动化专业培养模式与教学内容体系改革与实践"获得国家教学成果奖二等奖，"强化实践与创新能力培养虚实深度融合的机械工程综合实践实训平台建设与实践"获评辽宁省教学成果奖一等奖。"教育不是把篮子装满，而是把灯点亮"，凭借着出色的教学水平和人格魅力，巩亚东连续十几年获评机械学院"我最喜爱的老师"。

"平面与圆球相交，截交线的形状都是圆，但根据截平面与投影面的相对位置不同，截交线的投影可能为圆、椭圆或积聚成一条直线……"傍晚6点，在通往机电学馆304教室长长的走廊里，回荡着画法几何及机械制图课老师响亮的讲课声。走进教室，一双双渴求知识的眼睛，一张张朝气蓬勃的脸庞，讲台上拿着三角尺边画图边讲授的李小号老师，让深秋的课堂显

李小号上课

得热气腾腾。画法几何与机械制图，被称为"工程界的普通话"，没有图纸，工程师们脑中的想法就无法变成现实。这门课程的内容不仅是机械学子的"看家本领"，也是资土学院、材料科学与工程学院、冶金学院、信息科学与工程学院、工商管理学院乃至医学与生物信息工程学院学生的必修内容。在李小号看来，掌握不好制图基本功，会给机械以及相关专业学生发展造成很大的障碍。以兴趣始，以毅力终。李小号开发了一套"独门教学秘籍"，在学校迅速走红。他将复杂难懂的画法几何及机械制图课程与"英雄联盟""魔兽争霸"等游戏适当结合，在讲课中融入了游戏里关于画法几何的知识。接地气的教学方式，让李小号在学校受到学生热捧，并连续两年被评为学校"我最喜爱的老师"。

老一辈的机械学子用青春、智慧和"爱校、爱乡、爱国、爱人类"的

理想报效祖国，新一代机械人更是薪火相继，奋斗不息，秉承着"实干、报国、创新、卓越"的文化品格创造了辉煌灿烂的办学业绩。

提到乙烯压缩机，业内人士会给出两个字的概括——心脏。然而，长期以来，代表着石化装备最高水平的百万吨级大型乙烯压缩机的设计制造技术却一直被少数国家垄断。直至 2011 年 2 月，我国首台百万吨级乙烯压缩机试车成功，一跃成为全球第四个能够自主设计研制百万吨级乙烯压缩机的国家，此举振奋了国人，也震惊了世界。为这台国之重器装上"中国心脏"的，是东北大学 2008 届机械工程专业硕士研究生，一位执着于工业设计，攻克一道道技术难关的女工程师——沈阳鼓风机集团股份有限公司副总工程师、透平设计院常务副院

姜妍给东北大学师生作党的二十大精神专题报告

长姜妍，她也是我国首台乙烯压缩机的主导设计者。回忆在东北大学机械工程与自动化学院学习的时光，姜妍说："我所有双休日、节假日都在机电学馆自习室和图书馆里度过，手不释卷，以书为伴，日夜苦读。"辅导员老师也感慨地说："姜妍不是理论功底最深的，却是学习最用功的。"正是秉承着东北大学"自强不息、知行合一"的校训精神，从压缩机设计"门外汉"到打破国外垄断"第一人"，姜妍用近 20 年时间潜心钻研、聚力攻关，终于啃下硬骨头。

2018 年，中科院评选出 10 位"十佳科苑名匠"，东北大学机械工程与自动化学院校友王启明获奖。这位"中国天眼"——500 米口径球面射电望远镜工程（以下简称 FAST）总工艺师，从 39 岁参与 FAST 的预研以来，18 年寒暑一直坚守在岗位上，把自己人生最年富力强的时光全部奉献给了中国天眼。FAST 自 2011 年开始建造。自 2012 年圈梁等设备开始进场以来，王启明就成了贵州黔南地区大窝凼洼地的"常住人口"。几乎每年有半年以

上时间都驻守在那里的，整个项目团队恐怕只有他一人。在 FAST 建造期间，即便是过春节，他也是最后一个离开现场。"东北大学教会我最深刻的一课就是实干、报国、创新、卓越的情怀，FAST 项目真正体现了全部的自主设计，无论索网结构设计还是选材、调试，完全属于中国的创造，参与FAST 工程是一生之幸。历史赋予当代劳动者伟大复兴的光荣任务，只有不忘初心、牢记使命、创优争先、勇于创新，大力弘扬劳模精神、劳动精神和工匠精神，才能在实现中华民族伟大复兴的中国梦过程中体现自我价值，展现自我风采。"王启明说。

　　2022 年 6 月 9 日下午，中国科学院国家天文台研究员、博士生导师，"中国天眼"——500 米口径球面射电望远镜工程总工艺师王启明研究员做客"匠心大讲堂"系列讲座，讲述"不忘初心铸就大国重器 追逐梦想弘扬科学精神——见证 500 米口径球面射电望远镜的神奇与美妙"

　　从机电学馆到新机械楼，老建筑焕发新活力讲述新故事，新建筑传承老传统续写新辉煌。

　　从 1923 年的机械系到 1993 年的机械工程与自动化学院再到如今，机械工程与自动化学院含英咀华，滋兰树蕙，设有机械工程和动力工程及工程热物理 2 个一级学科，均设有博士后流动站，涵盖机械制造及其自动化、机械设计及理论、机械电子工程、车辆工程、流体机械及工程、化工过程机械、动力机械及工程 7 个二级学科，均具有博士、硕士学位授予权。其中，机械设计及理论为国家重点学科，机械工程一级学科和流体机械及工程二级学科为辽宁省重点学科。学院目前设有 5 个本科专业，即机械工程、车辆工程、工业设计、过程装备与控制工程和智能制造工程。

机械学馆外景

2023 年 3 月 21 日，东北大学—兰州空间技术物理研究所战略合作协议签约仪式暨院士工作站揭牌仪式举行

东北大学真空科技与航天工程研究中心成立于 2022 年 4 月，并于同年 7 月获批李得天院士工作站，开授真空科技与航天工程研究生课程（32 学时），启动了小行星采矿和月球原位资源利用项目论证，建立了定期交流机制。未来将形成国家重大战略与新兴技术产学研高地和人才聚集高地，为东北振兴和实现一流大学建设三年行动计划担应尽之责、献应尽之力。

学院拥有一支以中国科学院院士和中国工程院院士（特聘）为带头人的教学科研队伍，现有教职工 217 人，其中国家级人才计划入选者 3 人，国防"973 计划"首席专家 1 人、国家重点研发计划项目首席专家 2 人、教育部新世纪人才 9 人、教授 45 人、副教授 70 人，博士生导师 51 人，教育部高等学校教学指导委员会主任委员 1 人、秘书长 1 人。在校学生 3632

名，其中博士研究生 193 名、硕士研究生 1096 名。

学院在传统优势和特色基础上，服务国家战略和东北老工业基地振兴，围绕我国高端装备智能化、精密化和绿色化的重大需求，逐步形成机械振动与可靠性、超精密加工与智能制造、智能装备与机器人、新能源车辆与安全、真空及环保等特种装备设计制造 5 个特色方向，在高端装备动力学与可靠性设计的前沿理论创新、高端装备核心零部件超精密制造技术与装备研发等方面具有独特优势，取得一批具有影响力的原创性成果。近 5 年来，先后承担国家重点研发计划项目、工信部重大科技专项、国家"两机"重大科技专项、国家自然科学基金重点项目、国家自然科学基金面上项目和重大工程项目 300 余项，获国家级、省部级各类奖励 20 余项。先后与美国、英国、德国、日本、澳大利亚、加拿大、瑞典、韩国、芬兰等国家的 10 多所大学和研究机构建立了学术、科研和人才培养的交流关系。聘请多位专家、学者为学院的兼职教授，每年邀请和派出多名专家学者进行学术交流与合作科研。

秉承"培德育智，树人为公"的育人理念，学院以爱国主义教育为核心，以科技创新为目标，以就业教育为导向，努力培育具有较强人格力、竞争力和贡献力的复合型人才。学生在国际大学生数学建模竞赛、全国大学生机械创新设计大赛、全国大学生机器人大赛等各类创新竞赛中成绩优异，荣获全国大学生机器人竞赛 ROBOCON 五连冠（2016—2020 年）和全国大学生机器人大赛 RoboMasters2019、2020 机甲大师总决赛两连冠。毕业生深受社会用人单位的欢迎和好评，在国内外高水平大学攻读博士、硕士研究生的比例高达 40%。

一轮初升的红日照向东北大学的校园，新鲜而充满活力的阳光掠过校园内高矮不一、错落有致的新老建筑，照亮了行走在校园小路上昂扬奋发的师生们的面庞，更照亮了东北大学阔步前行的发展之路。

第七章

从白山黑水
到渤海之滨

1987 年，东北大学秦皇岛分校正式成立。

从白山黑水，到渤海之滨，从辽沈大地，到燕山之巅，两座城市，两所学校，因为一个共同的梦想，突破空间与时间的界限，凝聚成一体。"自强不息、知行合一"，东大精神四处开花，落地生根，在长城内外与渤海滩头交汇的这座沿海城市，秦皇岛分校将东北大学在百年办学历程中积淀的、与国家发展和民族复兴同向同行的爱国主义情怀，以及在技术创新、转移和产学研合作方面形成的办学特色，深深根植于办学实践当中，让其在广袤的燕赵大地上生根发芽。

"青青园中葵，朝露待日晞"，如园中青葵般的秦皇岛分校，在东北大学总校的阳光哺育下，一直在成长，一直在进步。漫步校园，清晨初起的第一缕阳光，夜幕来临的满天星斗，书案间的窗竹影摇，砚池中的书声琅琅，这里的一景一物，一枝一叶，无不写满青春求索的记忆，无不展现着踔厉奋发的梦想、创新发展的历程。

作为东北大学的重要组成部分，秦皇岛分校在东大百年的恢宏乐章中，奏响了一曲自强不息、奋勇前行的华彩乐章。

# 星光引路，东校门里的光辉岁月

在秦皇岛分校的东门前，"东北大学"四个大字格外醒目，也让历史如浮雕般浮现在人们的眼前。

这是一座具有现代意识、时尚化设计风格的校门，它处于城市主城区的一隅，"东北大学"四个字是老校长张学良将军于 1992 年 11 月为推进东北大学复名而题写的，他的亲笔题书现存放在东北大学的校史馆内。

秦皇岛分校东门

一座校门，四个大字，在岁月无声中，展开难忘的历史记忆，也带我们走进了东北大学总校与秦皇岛分校结缘携手、星光引路的历史。

秦皇岛分校前身为冶金工业部于 1976 年 1 月筹建的北方冶金地质七·二一大学，1980 年 5 月发展为冶金地质进修学院，1982 年 9 月更名为秦皇岛冶金地质职工大学，是一所隶属于冶金工业部地质司的成人教育学校。

秦皇岛分校建校初期的环境条件是非常艰苦的。据老教授回忆，当时地处偏远的抚宁区满井村，仅有 32000 平方米的一个小院落，院内有三四座楼房，用作教学办公、学生宿舍和家属住宅各一座，因为学生人数少，部分后来的教职工也住在学生宿舍里。校内仅有一个运动场，其跑道长度是 200 米；一座水塔抽取地下水供给全校师生饮用；一个学生食堂，除吃饭外还兼作大会和文艺演出之用；上有铁丝网的红砖墙，围住整个校园，四周是庄稼地。

然而，艰苦的环境并没有阻挡住人们对学习的热情和对教育工作的热忱，在简陋的环境里，幸运的是迎来了一批教育大家，他们均毕业于清华、北大等名校，部分具有海外求学经历。

在来校老教授的呼吁下，在冶金工业部和秦皇岛市的大力支持下，学校的办学环境得到了极大的改善。1984 年 1 月，冶金工业部林华副部长来校视察，作出了"迁移校址、重建校园、扩大办学规模"的决定。经多方选址、丈量，最后选定了位于小汤河桥路中心以西及小汤河中心线以南的地方作为新校址。

1987 年，迎来了学校发展历程中的重要转折点，经国家教委批准，在冶金工业部主持下，学校整建制并入东北工学院，成立东北工学院秦皇岛分院。

1987 年 6 月 2 日，国家教委颁布了《关于同意成立东北工学院秦皇岛分院的批复》文件。冶金工业部《关于秦皇岛冶金地质职工大学改为东北工学院秦皇岛分院有关移交问题的通知》中明确规定东北工学院秦皇岛分院为副地师级单位。

这一次成功的"牵手"，彻底改写了这所学校的命运，从此，分校与总校紧密联系在了一起。

1987 年 9 月 7 日，在东北工学院秦皇岛分院成立大会上，东北工学院院长陆仲武院士强调了对秦皇岛分院"不办则已，办就办好"的原则和决心，鼓舞了分院教职工的士气。

从领导班子、组织机构到教育教学、师资队伍，再到顶层设计、远景规划，秦皇岛分校的每一步发展与前进，都离不开总校的关怀、指导与帮助。东北大学总校的坚强领导是秦皇岛分校生存与发展的根本保证。

秦皇岛分校历任党委书记、校长均为总校选派而来，同时总校也派出优秀的师资力量，协助分校建设学科专业、完善机构设置。"打好基础、办出特色"是总校在秦皇岛分校成立之时提出的基本要求。于是，分校不断研究探索现代教育思想，更新教育理念，深化教学改革，贯彻"从严治校、从严执教"方针，逐步建立了自己的教学管理体制和运行机制。其间，总校对分校的本科生学位严格把关、统一审定，提供编写的教材，给分校学生上课、出试题，一批批青年教师也从分校出发，去总校进修学习……在总校的指导下，分校一步一个脚印，走在发展的快车道上。

1988年1月3日，秦皇岛分校顺利完成新校址的搬迁工作。虽然，新校址尚处于百业待兴、待建的阶段，但其亲近大海，离海边只有几里地。咸湿的海风，湿润的气候，大海的广阔与包容，让人不由得精神一振，心生诗意，这似乎就是人们心目中的"诗和远方"。

登山临水，目送秋鸿，在这得天独厚的自然美景面前，有了东北大学总校的"金字招牌"与全力支持，人们把所有的热情与精力都投入到了创造新生活的征程里。全校员工辛勤地整理校园，栽树、绿化、搭建工房、修整运动场，每周六组织义务劳动，当时学校没有多少建设资金，很多情况下都是自己动手，无论是校领导还是普通员工，人人动手，人人出力。虽然条件比较艰苦，但全校师生的学习热情、工作劲头都十分高涨。其间，不断有新的老师报到加入，大家互相帮助，创造其乐融融、和谐温暖的工作、生活环境……

如今进入秦皇岛分校，已经别有一番天地。跃入眼帘的首先是高耸入云的综合实验楼，再往前，路的一侧是汗牛充栋、知识汇聚的图书馆，楼前幽静的林荫道，通往写满历史的地质馆、基础馆与管理馆，这也是建校初期最早的教学楼；对面的体育场里，运动的人们挥洒着汗水，洋溢着青春的气息，一路走来，还能看见留下同学们欢声笑语的学生公寓、食堂……

绿树成荫，曲径通幽，阳光从树荫的缝隙中洒下暖暖的光芒，到处是鸟语花香。无论是日出的暖意，还是日暮的朦胧，无论是春风的吹拂，还是大雪的清寒，它的安静与和谐之美，都会让人有心旷神怡之感。

历史在这宁静和谐中流淌，如门前镜湖之水，饮水思源，30余年来，在秦皇岛分校一步步发展壮大的过程中，人们难以忘记在其中作出无私贡献的先驱们。

在基础馆、地质馆、管理馆门前，一排排松树掩映之下，有三座伫立的铜像。这三座铜像分别是胡伦积、赵寅震、钟汉教授，在秦皇岛分校建立之初，三位学者慷慨相助，无私奉献，留下了宝贵的精神财富和社会财富，也为一代代教育工作者树立了楷模。

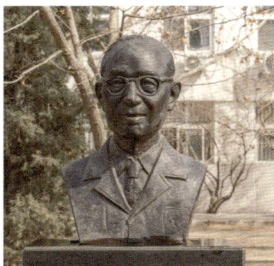

胡伦积教授铜像

胡伦积教授，曾在西南联大地质系读地质学专业，1947 年赴美国明尼苏达大学攻读经济地质学硕士，1950 年，胡伦积先生响应祖国的号召，放弃了在美国优越的生活条件和发展机会，与李四光先生等海外学子同期回到祖国，先后在山东大学、长春地质学院任教，并获得教授资格。1979 年援助非洲赴索马里讲学，并指导该国地质矿产勘探与开发。1985 年来到原冶金地质职工大学（现东北大学秦皇岛分校）任教，培养多名本科学生及研究生，并获得地质部和冶金工业部从事地质教育工作卅年奖。

赵寅震教授铜像

赵寅震教授，1947 年毕业于中央大学（今南京大学）农业化学专业，1952 年 2 月清华大学地质系毕业；毕业后任教于长春地质学院，1961—1965 年参加李四光教授举办的全国第一期地质力学班，任班长，并协助李四光教授兴办各期地质力学学习班；1983 年晋升为教授，成为第一批享受国务院政府特殊津贴的专家。1986 年来到冶金地质职工大学任教，培养多名研究生。一生出版专著及主编专业教材多部，1987 年被选入英国剑桥大学"世界名人录"。

钟汉教授铜像

钟汉教授，1952 年毕业于北京大学地质系，被分配到长春地质学院任教，同时参加研究生班学习。1956—1958 年赴苏联学习，1959 年回国，1983 年晋升为教授，1985 年调入冶金地质职工大学担任校长，为筹建东北工学院秦皇岛分院（现东北大学秦皇岛分校）作出了很大贡献。钟汉教授在斑岩铜矿方面有较深入的研究，其"斑岩型铜矿找矿理论"具有很高的理论和实践价值，在行业内影响深远。

三位教授都是在学校草创期间来到学校的，他们放弃了留在大城市里任教的优厚条件，在艰苦的环境下，自愿为中国的地质事业贡献力量，奠定了秦皇岛分校的学科基础，也培养出了一批优秀的教育工作者、学生。

"我已经年过八旬，如果我能看到分校成为美国伯克利那样的分校，我真的就会返老还童了。"在秦皇岛分校成立15周年之际，已经八十岁的胡伦积教授，留下这样的祝愿。

三位老先生如今都已经辞世，如他们所愿，秦皇岛分校已经一步步成长茁壮，从稚子少年，变成了一个昂首阔步、意气风发的而立青年。

2017年9月24日，胡伦积、赵寅震、钟汉三位先生的雕像落成仪式在地质馆西侧树林举行。这三座铜像由当年被三位老先生言传身教过的毕业生捐建。作为秦皇岛分校的第一代学生，他们一直难忘师恩，难以割舍与学校的情谊。

在秦皇岛分校创建的历史中，还有着重要的一笔——北戴河校区的发展史。

北戴河校区是秦皇岛分校的一个延伸和分支，位于秦皇岛市滨海大道54号，占地面积

东北大学秦皇岛分校北戴河校区正式挂牌

41141.6平方米，建筑面积14456.98平方米。沿着一条长长的海岸线，北戴河校区内风光如画，景色宜人，充分体现了避暑胜地北戴河的自然特色。

北戴河校区的前身是教育部北戴河教工活动中心。2002年9月，依据《教育部办公厅关于将北戴河教工活动中心并入东北大学的决定》，活动中心进行改组，从教育部剥离出来，整体并入东北大学，供秦皇岛分校办学使用，并由分校接收自筹投入资金进行建设和改造。

2004年6月29日，东北大学秦皇岛分校北戴河校区正式挂牌，作为秦

皇岛分校的重要组成部分，为学校的学生培养、学术交流提供支撑。如今，继续教育学院、罗克韦尔自动化实验室、国家语委语言文字应用培训基地等机构均设在北戴河校区。

从郊外的农村田野，到城市的中心地带，从一所普通成人高校，到融入"双一流"建设的城市名校，从城市开发区的发轫之地，再到举世闻名的避暑之都，历经几十年的时间。在历史的长河中摆渡前行，秦皇岛分校开始了其乘风破浪、直渡沧海的发展之旅。

# 春华秋实，主建筑里的奋斗之路

　　秦皇岛分校主校区有三座主体建筑，也是老校区在扩建时期的三大主体工程——工学馆、大学会馆和体育馆。

　　从南门进入直行一两百米，可以看见一座造型考究、独特的红色建筑——工学馆。全楼采用传统和现代相结合的建筑风格。前楼用于行政办公，以东北大学原北陵校址的理工大楼为模板，寓意秦皇岛分校作为东北大学总校的一部分，传承东北大学的校训精神。后楼与前楼相呼应，用现代表现手法展示大学的气质和风采，展现了秦皇岛分校蓬勃发展的未来，主要用于教学。

工学馆

一条如彩虹般的连廊将前后部分相连接，这是工学馆的一个独具匠心的设计，表明分校与总校紧密相连，更展现着从历史中传承、在创新中发展的精神理念。

工学馆周边的景致，与知源亭一起倒映在形似中华版图的湖面上，微波粼粼，如诗如画。春光微曦中，碧柳青青，与朱红的砖瓦交相辉映，每一处风景无不透着匠人的心意。

工学馆作为主教学楼，是秦皇岛分校立德树人与教育教学的主阵地，是人才培养与学生成长成才的摇篮。

1996年，秦皇岛分校开始承担东北大学"211工程"建设子项目；1998年，随东北大学由冶金工业部属院校划转为教育部直属高校。世纪之交后，秦皇岛分校进入了蓬勃发展阶段。

"教书育人，德育为先。"2000年，秦皇岛分校第四届领导班子提出并实施了"环境育人""文化育人""形象育人"三个育人工程，即坚持以全面的育人环境陶冶人的环境育人工程，以高雅的文化培养人的文化育人工程，以良好的形象影响人的形象育人工程。

清新幽雅的校园环境、和谐美好的人文环境，"环境育人"工程通过不断完善和发展学校的软硬件环境，使校园真正成为培育学生的一方热土；爱国、爱校和思想道德教育与丰富多彩的校园文化活动相结合，"文化育人"工程引导学生树立正确的世界观、人生观、价值观；教师师德的培养、学生党员的先锋示范作用，"形象育人"工程促进了校园精神文明的建设。

春风化雨，玉汝于成，雄关漫道，臻于至善。三个育人工程在潜移默化中铸魂育人，促进了秦皇岛分校学风和校风的建设，培养出一大批具有过硬思想道德素质和专业知识水平的社会主义建设事业合格人才。以德育为抓手，秦皇岛分校探索出了一条独具特色的教学型、创新型高校的发展之路。

2006年，秦皇岛分校开始承担东北大学"985工程"建设子项目。为了进一步优化师资队伍结构，秦皇岛分校采取引进、外聘、共建研究所等方式不断加大人才引进力度、优化人才成长环境，通过加大对青年教师的培养力度、制定激励机制、完善分类考核办法等措施提升教师队伍水平。教师队伍不断壮大，年龄、学历、职称结构日趋合理，逐步形成了一支数量充足、结构合理、科研能力较强的相对稳定的师资队伍，为分校发展提供了强有力的支持。

"所谓大学者，非谓有大楼之谓也，有大师之谓也"。秦皇岛分校需要有大师级的学者，也需要有顶尖级的研究人才。在此基础上，秦皇岛分校筑巢引凤，引育结合，只为汇聚天下英才。

2017 年以来，一系列的人才引进措施如雨后春笋般相继诞生，如：迅速调整高层次人才引进、教师补充等相关办法，实行高层次人才"年薪制"，鼓励柔性引进高层次人才，大幅度提高引进人才的各方面待遇；经过分类认定，采取"一人一议"的方式对人才在待遇和工作等方面给予更优惠的政策支持，最高可达 150 万元年薪和 2000 万元科研启动费……一个个"硬核"政策彰显了学校求贤若渴的满满诚意。秦皇岛分校先后引进了包括国家杰出青年科学基金获得者、国务院政府特殊津贴获得者、省级技术领军人才等高层次人才和具有发展潜力的青年领军人物，为一流大学建设注入了强劲动力。

同学们欣喜地发现，随着"人才强校"战略的深入实施，名师越来越多了，实验室越来越多了，科研项目越来越多了，自我突破、圆梦跃升的机会也越来越多了。

"伊廷锋教授给予我非常重要的指导，不仅在课题的形成过程中提供了思路启发，还在一次次组会讨论和私下交流中提出宝贵意见。"伊廷锋教授与他的科研团队，在聚合物全固态锂－硫电池领域和锌－空气电池氧还原催化剂领域取得重大突破，受到材料领域国际顶级刊物的关注，团队培养的博士生、硕士生、本科生也纷纷在国际著名期刊发表多篇高水平论文，收获了优异的成绩。在老师的带领和指导下，越来越多的青年学生敢于向"卡脖子"技术发起挑战，在一次次的磨炼中勇攀科研高峰、实现成长蜕变，走向更加广阔的科研新天地。

雄州雾列，俊采星驰。工学馆里，各种特色教学精彩纷呈。

课堂上，我们会看见这样的画面：一间教室，一门课程，专业课教师与思政课教师同台主讲，一个理论，一个实践，把知识教学、能力提升、价值观引导有效融合，使科技与人文之花并蒂而开。这是秦皇岛分校课程思政建设的一个缩影。

　　2018 年，按照东北大学党委统一部署，秦皇岛分校率先启动课程思政建设试点工作。相继成立课程思政领导小组、工作小组和课程思政研究中心，出台《课程思政建设实施方案》，制订课程思政示范专业培养方案、课程思政示范课程教学大纲等，推动思想政治教育教学改革与创新。

　　"融合务实"的建设理念，以"培德育人"为核心，驱动信息、资源与环境、机械、数理、经管、人文 6 个专业群，辐射全部专业全部课程的"六专一核"教学体系，专思融合、专业融合、课程融合、产教融合的"多态融合"模式，"融合创新、以本为本、文化引领、实践驱动"的丰富内涵，形成了秦皇岛分校独特的课程思政建设特色。

　　获批省级课程思政教学研究示范中心、省级课程思政示范课程、省级课程思政教学名师及团队，各级教学研究与改革项目、课程思政教学成果奖，出版课程思政教学论文集、案例集……不断涌出的教育教学成果构成了秦皇岛分校群星璀璨的"课程思政"的一片天空。育人基础更加深厚、育人氛围更加浓郁、育人成效更加彰显。

　　由工学馆出发，向西行进，则是学校的另一个标志性建筑，也是三座主体建筑之一的大学会馆，这里是莘莘学子的另一处精神家园。

大学会馆

大学会馆于 2004 年 10 月落成，既是一座校园建筑，也是历史的记载符号，因为秦皇岛分校是在东北工学院隶属冶金工业部时代诞生的，所以大学会馆的北立面沿袭了东北大学冶金学馆的建筑风格，而东立面采用中国古老的不对称美的美学思想，六根高大的罗马柱，更显大学会馆的威严和雄伟。大学会馆是学生们的文化活动基地，时常会举办丰富多彩的活动，成为学校文化不可或缺的一部分。

大学生文化体育艺术节、大学生科技节、周末文化艺术讲坛、新年音乐会……大学会馆是学生们放飞思想、张扬个性的舞台，各种学生社团也在这里展现着自己的风采，特别是 2009 年成立的大学生文化艺术中心，下设民族乐团、合唱团、舞蹈团等，传播高雅艺术，丰富校园文化生活，营造和谐、向上的校园氛围。

秦皇岛分校民族乐团走进河北高校专场音乐会

以"声希审美，礼乐修身"为团训，以"培养学生民族情感，丰富校园文化生活"为己任，秦皇岛分校这支由非艺术专业学生组成的民族乐团积极宣传和弘扬中华民族传统音乐，如今已发展成河北省大专院校中规模最大、设备较为齐全的民族乐团。2018 年作为河北省唯一一支高校乐团入选由教育部、文化和旅游部、财政部联合开展的"高雅艺术进校园"全国巡演活动，为众多师生带去一场场文化视听盛宴。

以大学会馆为核心，是一片风景如画的和谐画面：在紧张的学习之余，同学们相聚在绿草如茵的沉思广场、亭台轩榭的知源亭、树木成荫的桃李林，畅谈理想与人生，处处感受着校园文化的魅力。

由大学会馆向南出发，则是秦皇岛分校第三个有代表性的主体建筑——体育馆。

体育馆

东北大学与体育一向密不可分，总校曾以刘长春之名命名体育馆，纪念这位在中国体育史上留下划时代意义壮举的杰出学子，2004 年秦皇岛分校建成的体育馆，亦是对体育精神的传承和发扬。

这座体育馆开阔壮观，有正规的足球场地，标准的体育馆设施，多彩的体育活动项目，让大学生活丰富而充实。在看台的正前方，是巍然的旗杆，庄严肃穆。960 万平方毫米的方形底座，象征着中华民族 960 万平方公里的壮美山河。八根方柱矗立在方形底座的四角，象征着神州大地的四面八方，它们共同朝向冉冉升起的五星红旗，表达着对祖国母亲的无限热爱。

2008 年，秦皇岛分校体育场被奥组委认定为北京奥运会秦皇岛足球分赛场的训练场和备用场地，成功接待巴西、意大利等 9 个国家球队的训练任务 17 场次，训练人员 512 人次，国外媒体记者 163 人次，出色圆满地完成了独立场馆的训练任务。

同时，300 余名分校志愿者在秦皇岛市奥林匹克体育中心开展安保巡防、场馆服务等志愿服务工作，凭借优质的服务，秦皇岛分校被秦皇岛市委、市政府授予"北京奥运会足球比赛秦皇岛赛区先进单位"称号，并荣获"北京奥运会足球比赛秦皇岛赛区志愿者优秀组织奖"。

秦皇岛分校承担 2008 年北京奥运会秦皇岛赛区志愿服务工作，
这是安保志愿者合影

　　2019 年 12 月，2022 年北京冬奥会和冬残奥会志愿者全球招募启动，秦皇岛分校学生在第一时间踊跃递交了志愿者申请书。2022 年，100 余名师生出征北京冬奥会和冬残奥会，服务于张家口赛区赛事综合、体育、票务、住宿等领域，以及参加冬奥会闭幕式演出。

　　两次服务奥运，秦皇岛分校志愿者们，与总校一起谱写了一曲奥运的赞歌。两次奥运会的志愿服务经验，也让秦皇岛分校师生对"更快、更高、更强、更团结"的奥运精神，和"奉献、友爱、互助、进步"的志愿精神有了深刻认知。每当国

秦皇岛分校承担 2022 年北京冬奥会和冬残奥会志愿服务
及闭幕式展演工作，这是闭幕式上秦皇岛分校师生与总导演
张艺谋合影

家有重大赛事的时候，每当需要志愿服务的时候，秦皇岛分校学生都会积极响应、踊跃参与。

志愿服务精神，逐渐成为秦皇岛分校全体师生心中的道德理念，深深铭记于心。助人为乐，善志如磐，于风雪中送炭添薪，于艰难时扶危济困，成为秦皇岛分校校园文化和精神文明建设的一道青春风景线。

在众多志愿者中，李庆玉的名字广为人知。

李庆玉同学在东北大学秦皇岛分校和秦皇岛市红十字会联合主办的表彰大会上演讲

2004 年 5 月，秦皇岛市中心血站献血车开进校园，正在读大学二年级的李庆玉与分校数百名同学一起，自愿成为一名捐献造血干细胞志愿者。之后，他们的血样被送往中国造血干细胞管理中心。2005 年 6 月，河北分库接到中国造血干细胞信息管理中心《供者再动员通知单》，李庆玉的人类白细胞抗原（HLA）分型与一名白血病患者的分型完全相合，经与患者的主管医师研究，认为李庆玉是该患者的最佳供者。李庆玉毫不犹豫奔赴河北医科大学第二医院进行捐献，造血干细胞被成功地移植到患者体内。李庆玉成为了秦皇岛市造血干细胞捐献第一人。

李庆玉志愿服务先锋队

李庆玉一对一直接挽救生命的崇高行为，受到了社会各界的好评。为了将李庆玉的志愿服务精神传承下去，秦皇岛分校成立了以李庆玉名字命名的"李庆玉志愿服务先锋队"。

李庆玉志愿服务先锋队自成立以来，始终发扬吃苦耐劳的工作作风，无私奉献的志愿精神，在无偿献血、环境保护、志愿帮扶等各项志愿服务活动中贡献着青春力量，获得过"河北省青年志愿服务 20 周年标杆志愿服务集体""秦皇岛市杰出青年志愿服务集体"等多项荣誉。秦皇岛分校也多次被评为"河北省志愿服务先进工作单位""河北省教育系统优秀志愿服务组织"等荣誉。

在校园里漫步，处处可以感受到勃勃生机：在这里，可以看到工学馆里学子勤奋读书的身影，可以听到大学会馆里悠扬的青春舞曲，可以嗅到桃林深处阵阵花香，也可以遇到挟着书本与学生边走边讨论的教授、博导；在这里，可以邀时光做伴，伴清风同行，看春天的花枝叶茂，更可以感受秋天的硕果累累，各种情景交织，构成了秦皇岛分校独特的生命旋律。这是一首属于秦皇岛分校的"乐曲"，也是一所学校在经历了自强奋斗之后，迎来的春华秋实与桃李芬芳。

# 创新探索，南校区里的梦想蓝图

2016 年，秦皇岛分校南校区全面建成，并投入使用。

南校区

与传统的主校区相比，南校区更体现了一种崭新的活力，科技楼与人文楼环抱，前后错落，伫立在绿树环绕的院落里，这里没有喧嚣纷扰，犹如一片世外桃源。在这安静的学习氛围里，学生们挥洒汗水，学者们默默耕耘。

总建筑面积为 10.9 万平方米的南校区，建筑名称寓意注重对学生科学精神和人文精神的塑造与培养。这一片校区的出现，拓展了秦皇岛分校的发展空间，改善了教学科研和办公条件。

南校区，是一片面向未来的沃土，与主校区一起，互为表里，同灿生辉，结出了秦皇岛分校在探索特色创新、国际化合作发展的累累硕果。

走进南校区的大门，最先看到的是科技楼，一共九层，每一层里都别有洞天，如同学术的矩阵排列一般，有经济学院、管理学院、控制工程学院、数学与统计学院、东北大学悉尼智能科技学院，以及流程工业综合自动化国家重点实验室秦皇岛分中心等，最高层则是大学生创新创业基地。

对于来这里求学的人来说，科技楼体现着很多的元素：开放、合作、科技、创新……

科技楼的六楼，是东北大学悉尼智能科技学院（简称"悉尼学院"）的所在地。习近平总书记曾在全国教育大会上强调："要扩大教育对外开放，同世界一流资源开展高水平合作办学。"秉承这一精神指引，悉尼学院于

悉尼学院国际交流厅

2020 年 4 月经教育部批准设立。学院由东北大学与悉尼科技大学合作举办，办学地点设在秦皇岛分校，这是秦皇岛分校第一个中外合作办学机构。目前有计算机科学与技术、通信工程、应用统计学 3 个本科专业。

秦皇岛与悉尼，两个相隔万里的城市，两个同样风光优美、景色宜人的地方，因为学术而联结在了一起。

海纳百川，有容乃大，悉尼学院以"鼎新·致远"为院训，秉承东北大学"教育英才"的办学宗旨，坚持"国际标准、中国特色、东大品格"。融贯中西的课程体系、世界水准的专业课程、国际联袂的教学团队、全程强化的学术英语，悉尼学院的课程集四大特色于一体。中外名校的强强联合、沉浸式的学术英语培养、国际化的课程体系、高水平的国际师资队伍、高质量的全英文专业课程、多元化的先进教学模式、完善周到的学生服务、丰富的全球校友资源，是悉尼学院办学的八大优势。这里是同学们体验中澳文化、拓宽国际视野、锻造坚实本领、实现国际化发展的坚实平台。

谋划并推动与悉尼科技大学合作建成悉尼学院，标志着学校国际化办学取得重要成果。2022 年 10 月，喜讯再传，教育部批准东北大学与新西兰

奥克兰大学合作举办"数学与应用数学专业"本科教育项目，办学地点设在秦皇岛分校，从 2023 年 9 月开始招生。这是东北大学在秦皇岛分校新布局的一个重要国际化办学项目。

流程工业综合自动化国家重点实验室秦皇岛分中心

国际化办学给南校区带来了一条崭新的风景线，科技楼里众多的科研实验室，体现了秦皇岛分校在科技创新方面取得的成果。其中，让分校人骄傲的是控制科学与工程学科的流程工业综合自动化国家重点实验室秦皇岛分中心和光学工程学科的河北省微纳精密光学传感与检测技术重点实验室。

光学工程是一门历史悠久而又年轻的学科。它是以光学和信息科学为基础，与微电子技术、精密机械与制造、材料科学、计算机科学、能源科学、空间科学、生命科学及生物医学等学科紧密联系和相互渗透的应用型学科。目前，国内有包括清华大学、浙江大学、天津大学以及哈尔滨工业大学在内的一百余所高校具有光学工程硕士学位授予权。

为更好地融入东北大学一流大学建设，填补分校以及总校在光电信息科学领域的学科空白，秦皇岛分校勇挑重担，依托控制工程学院及其师资力量与实验条件，申请光学工程一级学科硕士学位授权点。2022 年，光学工程一级学科硕士点成功获批，2023 年起，秦皇岛分校将迎来东北大学光学工程学位点首批硕士研究生。

光学工程学位点拥有流程工业综合自动化国家重点实验室智能感知与光电检测技术研究中心、海洋油气勘探国家工程研究中心地震光电探测分中心、河北省微纳精密光学传感与检测技术重点实验室、河北省自然科学基金创新研究群体、河北省优秀教学团队等优质科研教学平台；具备国内一流的特种光纤拉制、飞秒激光微加工、双光子聚合 3D 打印等先进仪器设备及科研平台。实验室总面积达 5000 余平方米，总设备 654 台套，总价值

6000 余万元，设有校内大型科研设备共享平台。

在科技楼，人们随时可以看见师生在国家重点实验室秦皇岛分中心里工作、学习的场景。

以国家杰出青年科学基金获得者、享受国务院政府特殊津贴的赵勇教授和从事智能交通系统、信息物理系统、交通大数据分析、人工智能应用等研究的郭戈教授为核心的科研团队，在国家重点实验室秦皇岛分中心里，开展着相关领域的研究，努力将分中心打造成为国家重点实验室在国际前沿学术研究、"双一流"学科建设、服务国家和地方重大技术需求以及队伍建设等方面新的增长点，成为秦皇岛分校科技创新的标志。

科技是基础，创新是方向。在科技创新精神的引领下，秦皇岛分校构建了包含创新创业教育、训练、实践、保障、评价五个模块的"五位一体"创新创业教育体系，为学生搭建了综合能力提升的新平台。

走进科技楼九楼，人们会发现，这里是集"文化引领、双创教育、实训实践、项目孵化"于一体的大学生创新创业基地。秦皇岛分校将创新创业教育融入人才培养全过程，在

同学们在大学生创新创业基地学习交流

政策、资金、场地、服务等各方面给予支持，众多学生科创团队也不负众望，取得了一个又一个耀眼成绩。

"东秦节能环保创新团队"于 2014 年入选全国首批 100 个大学生"小平科技创新团队"，在人民大会堂金色大厅接受颁奖。该团队一直从事科研实践活动，发表 SCI 检索学术论文 18 篇，授权国家发明专利 35 项，积极参加高水平赛事并获国家级奖项 10 余项、省级奖项 30 余项。"智能汽车竞赛团队"是秦皇岛分校的另一张鲜亮名片，自 2007 年组建以来，团队构建

了科学的智能汽车竞赛知识体系和工程训练体系，建立了严格的选拔和管理体系，累计荣获大学生智能汽车竞赛全国总决赛一等奖 29 个。"英文思辨教育团队"是校园里的明星团队，在国际、国内多项赛事中均取得佳绩，包括东北亚辩论公开赛 EFL 组冠军、季军，"外研社杯"全国大学生英语辩论赛冠军、季军等，2008 年

秦皇岛分校捧得第十六届"挑战杯"全国大学生课外
学术科技作品竞赛"优胜杯"

获得"全亚大学生辩论赛"EFL 冠军时受到外交部部长李肇星的赞扬，并在获奖证书上签名……据统计，秦皇岛分校学生在各级各类双创赛事中取得佳绩，3 次荣获"挑战杯"中国大学生创业计划竞赛金奖，1 次捧得"挑战杯"全国大学生课外学术科技作品竞赛"优胜杯"，近 5 年荣获国家级奖励 1467 项，省级奖励 2960 项。

科技、创新是科技楼里的"主旋律"，而步入人文楼，则会感受到另外一种风格——人文哲思与传统文化的继承。

在人文楼七楼的民族学博物馆里，人们会发现一个在很多大学里难得一见的场景：409 平方米的展厅里，收藏着 3000 余件文物展品。这里设有瓷器馆、钱币馆、满族民俗馆、农具馆、剪纸馆、满文书法馆等专题展馆。

民族学博物馆

民族学是东北大学近年来重点发展的新兴特色学科。在国家民委的大力支持下，秦皇岛分校于 2016 年创建中国满学研究院，以满学为核心专注于中国北方民族研究，拉开了建立民族学学科的序幕。2019 年获批民族学一级学

科硕士学位授权点，2020 年成立了民族学研究院，2021 年获批民族学本科专业，2022 年成立了民族学学院。

学院拥有一支研究生培养经验丰富、治学严谨、学术成果丰厚的导师队伍，在满学研究、渤海国史、村落民族志、长城历史文化等学术领域拥有享誉国内外的知名学者。其科研团队于近年来获批国家社科基金重大项目、国家社科基金冷门"绝学"专项、教育部人文社科规划基金项目等科研项目，在民族学学术研究和服务社会发展方面取得了显著成绩。

科技楼和人文楼的诞生，是秦皇岛分校教学领域的拓展与延伸，它们与总校息息相关，但又不是仅停留在因袭和传承上，而是更着重于创新与发展。光学工程与民族学两个学科，体现了秦皇岛分校在继承总校传统的基础上，探索特色化、差异化发展的时代步伐。

从偏远的乡村到城市的郊区，再到如今城市西部开发的重要位置，秦皇岛分校始终与城市的发展紧密联系在一起，并为城市建设发展助力助威。2017 年，东北大学与秦皇岛市人民政府签署战略合作协议，多年来，从服务发展战略到打造科研平台、科技成果转化、学科专业调整、高端人才引育等多方面，力求实现科技创新与战略需要精准对接，学科专业与产业需求精准对接，人才引育与产业发展精准对接，为区域和国家经济社会发展培养急需人才、提供技术支持，充分发挥政府决策智库作用。

大学因城市而兴，城市因大学而盛，大学与城市的共生、共兴、共荣，也成为秦皇岛分校与当地政府合作的基础。

东北大学与秦皇岛市人民政府签署战略合作协议

　　忆往昔，峥嵘岁月。建校 36 年来，无数个镜头，无数个记忆，如星光闪闪，定格在这片土地上：改革开放初期师生艰苦创业的身影，节衣缩食勇闯征地关、教学关、师资关的奋斗画面，持续推进校内管理体制改革的胆识、气魄和探索，为中华民族实现百年奥运梦想所作出的重要贡献，悉尼智能科技学院示范引领河北省国际化办学，民族学、光学工程等相关学科与总校形成差异化发展……一代代优秀的教育工作者、一批批拼搏奋进的分校学子，在办学实践中怀抱赤诚、甘于奉献、锐意进取、不断超越，共同谱写了一曲栉风沐雨、披荆斩棘、自强不息、高歌奋进的绚丽篇章。

　　展未来，任重道远。秦皇岛分校将继续继承和发扬东北大学光荣的爱国主义传统，立足质量、特色和水平，彰显自身价值，让"自强不息、知行合一"的精神深植燕赵的广袤沃土，构建总校、分校一体化协同发展新格局。

第八章

智慧与激情的『二重奏』

推开书窗，望见苍松排排，学子络绎，仿佛时间并非直线般流逝。那些记忆里定格下的瞬间，时光中常想起的故事，此刻，便要与眼前的东大重叠起来，再上心头。

穿越百年的时空隧道，一代代东大人追逐梦想的青春故事，被这座校园忠实地记录着。故事里有熠熠璀璨的智慧之光，有激情似火的实践创造，那些恣意挥洒的青春、不知疲倦的努力都化为永恒的记忆，定格在楼馆内外，草木之间，成了东大气质的一部分。

或许我们热爱母校，爱的并非她的传奇或伟大，我们爱的，就是她的气质。这气质，是历史的沉淀，是文脉的传承，也是梦想的接力，而当我们发现了一座校园的气质，那些"当时只道是寻常"的一幕幕、一处处，也就成了有情的诗歌，古雅的"四大学馆"就成了挺括的肩背，廊桥睢苑就成了淡雅的衣装，绕堤垂柳就好似长青的秀发，南湖秋水就化作善睐的明眸……

在最美好的青春年华，与东大邂逅，也被东大塑造，结下一生的缘分，也留下自己的精彩，这是东大人独有的幸福。现在，让我们打点起记忆的行装，再次探访这校园的每一处，一起找寻属于东大人共同的记忆。

# 象牙白里流光溢彩

　　如果你曾在东大的校园里生活，那一定很熟悉这样的场景：惬意的秋日午后，漫步在图书馆附近某段林荫路上，身旁三三两两结伴而行的人中忽走出一个向你搭话：

　　"你好！请问'大活'怎么走？"

　　"看到最高的那栋楼了吗？在它南边，人最多的地方就是'大活'。"

　　他们扬着笑脸向你道谢，随后匆匆离去。而你不禁莞尔，因为曾经的你，也是那个问路人。

　　学生活动中心，大家习惯称呼它"大活"，这栋象牙白色的建筑坐落于主楼西南侧，每年9月，随着数以万计新生的到来，"大活"就会变成整座校园中最热闹的地方，因为一年一度的社团集体纳新活动——"百团大战"就在这里举行。

百团大战的现场照片

"百团大战"真像一场嘉年华。"大活"内外人山人海，各个学生社团用几张课桌拼成自家"阵地"，连成一条长街。精心策划了一假期的学长学姐们严阵以待，发传单、打标语，从不轻易"放过"任何一位新同学，俨然一场"新生争夺战"。当然，每个社团风格不同，招新的方式自然不会千篇一律，有些社团热情洋溢，不光宣传手段花样繁多，还准备各式各样的小游戏、小礼品，他们的面前总是气氛热烈；而有些社团则在人声鼎沸中仍愿意保持一贯的沉静，或是一杯清茶招待来客，或是几幅书画引人驻足，虽很少排起长龙，但在他们的眼神中，常能看到如觅知音的欣喜。或许在很多东大人的心中，置身"百团大战"现场的那一刻，才是这段青春岁月真正的开始，因为无论是钟情思想政治、学术科技，还是醉心文化体育、社会公益，总能在某个社团找到一群志同道合的伙伴，这是一种特殊的快意，难以复制，换一个时间，改变一种氛围，都会让这种感觉变得不同。

当"百团大战"的人潮散去，"大活"进入了短暂的沉寂，但请不必担心，属于这里的精彩才刚刚开始。一年四季，"大活"从不缺少人气，因为这里称得上东大校园文化活动的大本营，流光溢彩的校园文化活动有太多值得讲述的地方，我们还是要从东大的社团文化开始说起。

三台时期，学生看壁报

说起东大的社团文化，可谓源远流长。自百年前建校之日起，学生社团就一直是校园文化的重要组成部分。栉风沐雨，弦歌不辍，即使在流亡时期，学生活动与校园文化的传承也从未中断，尤其是在四川三台的八年间，社团活动空前活跃，东大师生创办的进步组织和社团多达80个，一时间百花齐放，竞相争春，其中以东大壁报与剧社演出为重点。

那一时期东大壁报甚多，分月刊、旬刊、周刊，贴于校门内甬道两侧墙壁上，形式多种多样，有诗文，有戏剧，有新闻，有评论，综合性，学术性，样样俱全。行修身之为，立报国之志，扬爱国情操，一时间东大文坛俊逸辈出，百家争鸣。计有"东大青年"、"求实"、"风雨笔会"和"华风"等，都是由学生主办或撰稿，文笔生动犀利、幽默俏皮，内容丰富，发人深省，尽显"少年心事当拿云、凌云健笔意纵横"的豪迈情怀。剧社演出同样异彩纷呈，更兼抗日救亡的民族大义，学生剧团编排的新老剧目不但在校内演出，还经常到乡间地头搭台公演，演出之余，向观众们发传单，作演讲，以此传播革命思想，东大师生的到来让三台这座后方县城的爱国主义热情格外高涨。1944 年，东北大学教授陆侃如、冯沅君、赵纪彬、张艾丁及学生邹勇政、徐放、刘黑枷等以文学研究会、实验剧团、合唱团等三个组织的成员为基础成立了"全国文艺界抗敌协会三台分会"（后扩为川北分会），出版了大型文艺刊物《文学期刊》；1945 年 5 月 5 日，全国文协三台分会举行"五五诗人节"纪念晚会，或为流亡时期东大社团活动的高峰。

如此繁荣的校园文化，与活跃在东大校园中的众多名家大师密不可分。如陆侃如、冯沅君二位教授，是一对著名的"文学伉俪"，陆教授是中国古典文学家，也是当时文学院的院长，冯教授则是中

东大早期学生社团

国当代著名哲学家冯友兰之妹，这位曾在五四运动时期名噪文坛的著名女作家当时是中文、历史等系的语文课教师。还有赵纪彬教授，笔名纪玄冰，曾与翦伯赞、杨尚奎合著《中国古代思想通史》，在东大为历史系一年级同学讲授哲学概论，赵教授 1926 年加入中国共产党，是当时东大的进步社团"读书会"的发起者之一。除此之外，教育家、思想家章士钊，现代哲学家、思想家、儒学大师梁漱溟，我国近代著名的文字学家、训诂学家和音韵学家，与章太炎先生并称国学大师、传统语言文字学的承前启后人的黄

侃，著名文学家姚雪垠，民国政要罗文干，哲学大家肖公权等名师硕儒都曾在东北大学传道授业。虽饱受战火流离，仍是名师荟萃，"所谓大学者，非谓有大楼之谓也，有大师之谓也。"这句话用以形容当年的东大，真是再合适不过了。

　　丰富多彩的社团文化中，跃动着东大学子不拘一格的思想音符，这里有探讨亦有争论，有引介亦有批判，繁弦急管，轻吟浅唱，组合成一曲宽广博大的人文交响，而爱国主义，无疑是其中永远鲜明的主旋律。在东北大学，爱国文化贯穿立德树人全过程，一代代东大人赋予爱国文化新的时代内涵和现代表达，一批精品文化活动，成为广大师生心目中的经典。

《离离原上草》剧照

由东大学生自编自导自演的话剧《离离原上草》，创作于 2013 年建校 90 周年之际，该剧从东北大学第一代学子的人生轨迹出发，讲述了东大建校、迁校、复校的风雨往事，东北大学的名字让相隔一个世纪的两代学子血脉相连、心意相通，家国大爱、儿女柔情，在那段风雨飘摇的岁月里更加令人动容。《离离原上草》一经问世便引起轰动，首演之后应师生强烈要求又连续加演四场，场场座无虚席。"小离"的成功开启了东大校史剧创作的高峰期，各个时期、各个领域的东大故事从书页走向舞台，前辈先驱矢志不渝的爱国情、报国志正激励着新时代的莘莘学子发扬光大。

　　一二·九运动在东大人心中具有特殊的历史意义，为纪念一二·九运动，从 2003 年起，每年 12 月初校园里都会举办"妙笔流声"诗歌散文朗诵大赛，追思那段不能忘却的记忆，以文咏志，致敬先辈，传承红色基因。在"妙笔流声"各项比赛中，尤以朗诵决赛最为精彩，经过层层选拔的选手们同台竞技，带来一场视听盛宴的同时也在生动的演绎中将东大人的爱国之心、强国之志、报国之行展现得淋漓尽致。时至今日，"妙笔流声"已经连续举办了 20 届，早已成为弘扬东大光荣传统、彰显大学文化精神、传递青春正能量的校园文化品牌。

东北大学"妙笔流声"诗歌散文朗诵大赛选手朗诵《五月的鲜花》

如果说，东北大学是一个意气昂扬、生机蓬勃的人，那么"自强不息、知行合一"的校训精神就是人之灵魂。知者，思想、理念，是基础和前提；行者，应用、实践，是重点和关键。自强不息、知行合一，是东大人的精神火炬，召唤着一代代东大人投身实践，坚持知识积淀和社会锻炼相统一，这一点不仅体现在东大人实干报国的卓越成就上，也氤氲在无数东大学子的青春记忆里。

盛夏时节，沈阳的各个火车站总有几天格外繁忙，在暑期返乡的欢乐人潮中，东大学子显得与众不

2007 年，"理论之光"社会实践考察团与袁隆平院士合影

同，他们三五结伴，着装整洁统一，飞驰的列车并不会将他们送回家乡，而是载着一双双求知的眼睛，去往发展与变革中的广阔天地。从 2000 年起，学校利用每年暑假开展"理论之光"社会实践活动，从北疆的辽中农村到沿海的经济特区，从东北老工业基地到井冈山头、长征起点，几年时间里，学校组织的上百支社会实践考察团走遍大江南北，在用双脚丈量生命宽度的同时，也带回了很多校园里听不到的故事。人们常说实践是最好的老师，其实实践更是一首绝妙的"宣传曲"，秋季返校后，社会实践时的经历无疑就是同学间最热的话题。他们相互分享心得，总有说不完的话，而没能参加的同学就只能一脸羡慕，暗暗着急。就这样，"理论之光"社会实践考察团的知名度迅速扩大，学校也一次又一次扩大实践考察团的规模，终于，暑期社会实践成为东北大学一项一年一度、全员参与的盛事。现如今，每年暑期参与社会实践的东大学子超过 6000 人，组成的社会实践考察团超过 700 个，这些实践团队有着各自不同的目的地和使命，追寻红色足迹、探访改革前沿；体悟田间劳作的辛苦、见证大国重器的诞生；在大山深处播撒爱与希望、为失孤老人送去温暖和祝福……随着社会实践工作经验的积累，组织工作也更加科学、规范，各个实践板块都有了自己的主题和名字，在每年 700 多个社会实践考察团中，最具开拓精神、最有现实意义的一部分，仍会被冠以"理论之光"之名。从某种角度讲，今天的"理论之光"象征着知行合一精神的传承与发展，也代表着一份勉励与期许，这束进射于白山黑水间的理论之光，终会化作点点炬火，随着东大人实干报国的赤诚热血闪耀神州大地的每一个角落。

研究生支教团

同样在盛夏踏上旅途的，还有另外一支团队，这是一支"精兵强将"组成的队伍，如果翻开他们的履历，就会发现他们中的每一个都曾有过精彩而耀眼的大学时光，四年匆匆，当面临新的人生选择时，一个相同的信念把他们聚集在一起——与孤独清贫为伴，同贫穷蒙昧斗争，用爱与信仰坚守在祖国最需要的地方。他们，就是东北大学研究生支教团（以下简称"研支团"）。研支团在东大的薪火接力已有24届，许多当年的支教学子如今已经成为了东大的老师，这里有一个有趣的现象，无论年龄差距有多大，无论两人的关系是师生还是同学，只要都曾有支教的经历，那么很快就能成为朋友，而且是相见恨晚的那一种。这种现象背后的原因也许很简单，就是志同道合的亲近。曾有记者采访一位十年前的支教团员，你为什么选择了支教，他这样回答："这个问题，跟人为什么要活着一样，没有答案，也不需要答案。"从新疆昭苏、布尔津开始，到云南昌宁、四川三台、江西共青城，这群闪耀着理想主义光芒的东大学子带着知识的雨露走进大山深处，他们讲授先进的科技与文化，他们推开世界之门、宇宙之窗，他们深知，能够改变这些孩子命运的不仅是自己传授的知识，更在他们终有一天会向阳而生的一颗颗梦想的种子。一年的时间并不长，但足够这颗种子生根发芽，在新疆布尔津高级中学附近的一家煎饼店里，有一面贴满便利贴的心愿墙，层层贴纸深处，工工整整地写着一句话："我一定要考上东北大学"。这是第二十一届研支团告别布尔津的那一天偶然发现的。没有署名，没有时间，短短的一行字却代表着一切，队员们转首相看，原来都已热泪盈眶。对于曾经、正在或即将支教的东大学子们来说，行走西部的那段青春，很艰苦，也会很难忘，但在那段岁月里，他们一定追寻到了心中最美的星光。

奉献，是属于研支团队员们的知行合一，那些动人的支教故事让我们体会到，爱的真谛就是越分享越富有。而活跃在校园中的另一群人，他们正在用行动向我们证明，真理的宝石就是越磨砺越纯净。正

东北大学学习社"不忘初心·紧跟党走"建党百年主题团日活动暨"百"年"百"讲第100讲活动

如前面所讲，东大的社团文化有着悠久的传承，同时是海纳百川，非常包容而博大的，鲜明的爱国主义底色和实干报国的文化基因共同塑造了东大人先忧后乐的如磐根骨。所以在各个时代，都有许多怀着崇高理想的东大人相互吸引，他们读书交流、彼此促进，形成了一个个理论学习型社团。当下也不例外，走进新时代，在马克思主义学院，研究习近平总书记系列重要讲话精神社团应运而生并迅速发展壮大，一些同类社团也相继诞生，它们共同组成了东北大学学习习近平新时代中国特色社会主义思想理论社团联盟。在这个社团联盟中，有着众多头脑敏捷而活跃的学生，他们思想先进，口才出众，并且充斥着青年所独具的旺盛精力，很快，他们便开始以宣讲的方式将社团的学习成果与更多人交流和展示，学校对此也给予了大力支持，各个宣讲团走进"大活"、走进报告厅、走进思政课，在校园里奏响了以青年之声发出的时代强音。朝气蓬勃的东大学子永远不会满足于现状，他们期待着来自东大的声音能传出校园、传遍全国，为此，他们需要更广阔的舞台。经过一段时间的发展，由校团委组织领导，依托学习习近平新时代中国特色社会主义思想理论社团联盟，东北大学"学习报国"青年宣讲团正式组建成立，该宣讲团面向广大师生和社会各界开展宣讲工作，以讲好中国故事、辽宁故事、东大故事为己任，传递青春正能量。不到三年的时间里，宣讲团的工作被教育部、共青团中央、人民网、新华网、《光明日报》等媒体宣传报道，获得了多项国家级荣誉。毫无疑问，"学习报国"青年宣讲团，正是东大流光溢彩的校园文化中一道耀眼的亮色，"自强不息、知行合一"的校训精神同样指引着他们奋楫笃行。

让我们的思绪回到活动中心吧！初次走进"大活"的人，总会在第一时间惊奇地发现，这是一栋自带背景音乐的建筑。在一楼大厅的醒目位置，摆放着一架钢琴，常有个中高手在琴边演奏。感谢他们的慷慨献艺，让身处其中的师生们时刻徜徉在美好的旋律里，也让"大活"这栋充满精彩的建筑更添一分艺术气质。

说起东大，人们首先会想到这是一座伫立在白山黑水间以理工见长的庄严学府，凛凛朔风、凌然冰雪已是人们对她的印象，然而越是了解东大，你就会愈发感到一种"已是悬崖百丈冰，犹有花枝俏"的惊喜。其实，科学与艺术，本就是相生相存的孪生兄弟，拂去历史的面纱，那些点缀在人类文明中的艺术瑰宝，无论是刻意雕琢还是妙手偶得，都可称是科学与美的结晶。就像跨越千年的青铜器，这种用铜锡合金制作的器皿和工具，不仅唯实用之用，更是集造型、雕塑、绘画于一体，正是实用和审美并举，才使得其铸造技术和造型艺术在世界文明史上占有堂皇不可撼动的地位。在东大的校园里，正有着这样一种艺术瑰宝，和一群传统艺术的传承者。

木偶戏表演社团的同学们到敬老院表演木偶戏《今又重阳》

2018 年 2 月，学校与沈阳市北派布袋木偶传承人吴梦君女士签订保护协议，开启了对北方木偶艺术研究与传承的大门。依托艺术学院艺术设计、音乐表演、艺术理论三个专业和艺术遗产保护中心，东北大学木偶戏基地正式成立，这是一个能够完整传承木偶戏剧目创作、木偶制作和表演技艺的基地。走进陈列厅，能够看到百余件上至明清时期的珍贵木偶藏品和北方木偶戏的众多原始文献资料。小小的木偶，诞生于汉代，盛行于明清，穿越了千年时光，也曾一度陷入失传、凋敝的窘境，充满朝气活力的东大校园，让这种古老的艺术形式重焕生机。传统的技艺融合现代科技，很多年轻人受到它的吸

学生练习木偶表演

引，也将属于年轻人的情怀注入其中。今天，东大木偶戏基地面向全校本科生，开设两门选修课——北方木偶制作与赏析和北方木偶表演，慕名而来的学生络绎不绝。同时，基地还组建了木偶戏采编、木偶制作和木偶表演三个社团，2019 年东北大学木偶戏基地被教育部认定为 25 家全国普通高校中华优秀传统文化传承基地之一，也是辽宁省首个全国普通高校中华优秀传统文化传承基地。

"与信仰对话"——马克思主义经典著作诵读会

　　木偶戏艺术能在东北大学再度绽放，并非偶然。这所百年学府从不缺少文化和艺术的舞台，辩论赛、钢琴大赛、主持人大赛、校园十佳歌手大赛、舞蹈大赛、曲艺大赛、诗词朗诵会、军歌嘹亮、演讲比赛、电影节、高雅艺术进校园……一年一度的艺术节和社团文化节，是属于全体东大学子一展才华的盛大节日，每年的迎新晚会、元旦晚会更是一场"天涯共此时"的文艺盛典。

　　文化永远生生不息，新的故事正在酝酿，在日新月异的浑南校区，我们的"大活"有了"姊妹楼"，更宽广的空间、更温馨的环境、更绚丽的舞台……一切都已准备就绪，只待未来的东大学子，演绎属于下一个百年的流光溢彩。

东北大学学生中心

# 迎接朝阳的地方

古往今来，人们总是热爱朝阳，不仅因为它的美丽雄伟，更因为它跃出地平线的那一刻，万丈光芒带给人间的无限希望。在南湖校园的最东侧，造型充满未来感的科学馆就是这所百年学府最先迎接朝阳的地方，也许是规划时的巧妙安排，科学馆为人们讲述的，正是一个个追风逐日的青春故事。

科学馆

当校园中的大多数楼馆还在黑暗中沉睡时，科学馆一楼却总是灯火通明。昼夜的更迭在这里淡化了意义，每一张年轻的脸上都写着对科学的热忱、对成功的渴望。他们任凭思维游走在前沿科学的国度，放开手脚给精密的机械注入智能，只有每天清晨的第一缕曙光会让他们停下手中的工作，流连片刻。他们就是东北大学机器人王牌战队——"拒绝平庸，挑战极限"的 Action 创新团队（以下简称"Action 团队"）。

组队 20 年，设计制造 90 多台机器人，先后有 600 多名学生成为团队成员，为东大荣誉、中国荣誉而战，历数队史，Action 团队的傲人战绩世所罕有：全国大学生机器人大赛 ROBOCON 暨亚太大学生机器人大赛国内选拔赛从 2002 年起每年举办一次，是国内技术挑战性最强、影响力最大的大学生机器人赛事，Action 团队多次进入八强，并获得 4 次季军、2 次亚军，更在 2016—2019 年以绝对的统治力豪取四连冠；只有国赛冠军才能为国出征，进军亚太，Action 团队五次领衔均不辱使命，拿下 2 个亚军、1 个季军和多次"最佳技术奖"。除了这两项尖端赛事，全国大学生电子设计竞赛、机械创新设计大赛、"挑战杯"、国家级重大创新项目、30 余项自主知识产权、入选全国大学生"小平科技创新团队"……硬核的实力，让所有了解他们的人都不由自主地竖起大拇指。

东北大学 Action 团队喜获 2016 年亚太大学生机器人大赛亚军及最佳设计奖

胜利，从来就不是山坡上唾手可得的蒲公英。科学馆一楼的角落里，成排地码放着很多床垫和被褥，在实验室里打地铺已是队员们备赛期间的常态。2016 年，科学馆迎来升级改造，装修期间正是全国大学生机器人大赛紧张的准备阶段，Action 团队毅然选择在主楼北广场搭建户外场地准备比赛。众所周知，那里阴暗潮湿寒冷，环境十分艰苦，很长时间里队员们都是卷着被子干活，尤其在每天晚上，要有人睡帐篷看守设备，如此条件，他们始终坚守，寸步不离。付出才有回报，他们在那一届比赛中夺得桂冠，真称得上"梅花香自苦寒来"。欲戴王冠，必承其重，经得起多大的压力，才配得起多高的荣誉。走出 Action 团队的实验室，悬挂在实验室门口的电子屏幕显示着"拒绝平庸、挑战极限"的标语和大赛倒计时令人一振，鲜红的文字滚动着、闪耀着，如同他们的青春，在心之所向处肆意地绽放如花，跳动如火。

创新之路，永不止步，曲径通幽处，常有创业的甘泉水到渠成。依据大脑的神经可塑性原理和运动疗法，Action 团队研发出一款能够帮助很多下肢偏瘫、丧失步行能力的病人进行康复训练的机器人。为了让这款足腿式下肢恢复训练机器人尽早面世，造福更多行动能力受限的患者，Action 团队成员王海洋建立了沈阳艾克申机器人技术开发有限责任公司。该公司的全方位平面定位系统在国内外 60 多家高校和公司得到应用，他们的足腿式下肢恢复训练机器人已经打造出低于市场价一半的新产品，即将面世。在可预见的未来，Action 团队和艾克申公司将为更多行动能力受限者带去希望。

T-DT 战队获第十八届全国大学生机器人大赛 RoboMaster 机甲大师赛冠军

2019 年 8 月 11 日，第十八届全国大学生机器人大赛 RoboMaster 机甲大师赛在深圳市宝安体育中心落下帷幕。东北大学 T-DT 战队击败上海交通大学"交龙"战队，以 3：1 的战绩摘得桂冠，成为 RoboMaster 机甲大师赛历史上第三支拥有冠军奖杯的高校队伍。全球 173 支高校机器人战队捉对厮杀，365 天艰辛备赛，分区赛、复活赛和国际预选赛层层选拔，总决赛全程零败绩，T-DT 机器人创新团队用实际行动诠释了东北大学"自强不息、知行合一"的校训精神。中央电视台综合频道、新华社、《中国青年报》、共青团中央和全国学联微信公众号等各大媒体将目光聚焦在东北大学 T-DT 机器人创新团队身上。"少年强则中国强""未来机器人行业里的中坚力量""走到他们梦寐以求的终点"……媒体报道中的每一句话，既是肯定，也是鼓励，更是全体东大学子勇于钻研、追求卓越的生动写照。

T-DT 战队决赛合影

T-DT 机器人创新团队组建于 2012 年。团队成员主要来自机械、信息、材料等 7 个学院。在指导教师陆志国、刘冲的指导下，团队在机械底盘设计、云台俯仰、电路控制、视觉识别、无人机飞行等相关技术领域取得了丰硕的研发成果。团队先后荣获首届中国"互联网＋"大学生创新创业竞赛金奖，2017 年 RoboMaster 全国大学生机器人大赛一等奖，2017 年 IEEE ICRA 国际移动搬运机器人技术挑战赛世界冠军，2018 年 RoboMaster 全球总决赛亚军，2019 年 RoboMaster 全球总决赛冠军。"T-DT"意指"Thinking–Doing to Theory"，是东北大学校训"知行合一"的英译。战队由电控组、机械组、视觉组、运营组及管理层组成，各组分工明确，运作有序。走进 T-DT 机器人创新实验室，正对入口的一个柜子上摆满了各类奖杯和荣誉证书，这是一代代团队成员不懈奋进的见证。地上顺次摆放着参赛机器人，有步兵机器人、英雄机器人、工程机器人、哨兵机器人和空中机器人等。它们不像电视里看起来那么小巧灵活，从接近 1 米高的英雄机器人，到重达 20 千克的步兵机器人，个个都是"钢铁战士"。每次夺冠都给 T-DT 带来不少关注度，但当众人目光散去，他们依旧埋头苦干、专心研发。奖杯是外界对他们的认可，在实现目标的过程中，在每一个不眠不休的夜晚，在突破难关、灵感迸发的时候，溢满胸腔的充实和满足，是他们从这份事业中得到的最大奖赏。

Action 团队的故事，是忙碌的科学馆的一个缩影，也是东北大学创新创业教育的缩影。T-DT 机器人战队、MC3 机器人战队、RoboFirst 机器人战队、海洋之心机器人战队等一个个冠军团队登上领奖台，沈阳艾克申机器人技术开发有限责任公司、沈阳森之高科科技有限公司等一个个科技企业不断创造市场价值，释放科技潜能。经过 20 余年的发展，创新创业教育业已成为东北大学最鲜亮的办学特色之一。拥有近万平方米空间的科学馆内坐落着东北大学创新创业学院，这里是学生"双创"活动的专属空间，虽然学院还很年轻，但在百年东大的发展历程中，有关创新创业的故事却要从很久以前开始讲起。

20 世纪 50 年代杜嘉鸿老师
（左二）指导学生做实验

早在 1953 年，在杜嘉鸿教授的带领下，东北工学院第一个学生科学研究小组——凿岩爆破小组就已悄然成立。老师们根据课程中关键性的问题，向学生介绍参考资料，运用国外先进理论和经验，结合中国矿山实际开展研究活动。

发表在 1954 年 4 月 3 日《光明日报》上的文章《对学生科学研究小组的领导工作》记录着那段历史，其中有一段写道："科学研究小组的活动的作用，既在于丰富和扩大组员的知识领域，培养他们正确的科学研究态度和兴趣，还在于培养组员独立的思考能力和良好的科学习惯，以及理论与实际相结合的能力，促进对生产实际的贡献。"事实证明，参加科学研究活动的收获是很大的。根据统计，1956 届采煤采矿专业 1954 年下学期的考试成绩达到全优的学生共计 43 名，其中科学研究小组的组员有 34 名，也就是占全优人数的 80%。

经过一代代东大人的经验传递，学生科研小组乃至整个课外学术科技活动都有了长足的发展和进步，逐步走向完善和成熟。1986 年，东北大学开设创造力开发课程，成为全国最早开设创新理论课程的高校，自此，学生科技活动走上了发展的快车道，许多东大人耳熟能详的名字就在这一时期闪亮登场。"棋天大圣"和"牛牛"就是其中的代表。

"棋天大圣"和"牛牛"都是人工智能领域的东大骄傲，它们的诞生可以说源自一个人，一次握手。1997 年，IBM 公司的"深蓝"战胜了"世界棋王"卡斯帕罗夫，"这是一部像人的机器，和一个像机器的人之间的决斗。"当时世界排名第二的棋手阿南德如此评价这一惊天战局。"深蓝"证明了人工智能是能在某一领域战胜人类中的天才，然而这是属于美国人在国际象棋赛场上的胜利，当时的中国科技工作者们铆足了干劲，誓要在中国象棋的赛场上打出个名堂。2003 年，东北大学的徐心和教授与"深蓝之父"许峰雄握手对话，以此为契机，徐心和教授开启了对中国象棋计算机博弈课题的研究。2004 年，东北大学"棋天大圣"代表队正式成立，徐心和教授和他的弟子们踏上征程，准备让"棋天大圣"来一次"大闹天宫"。

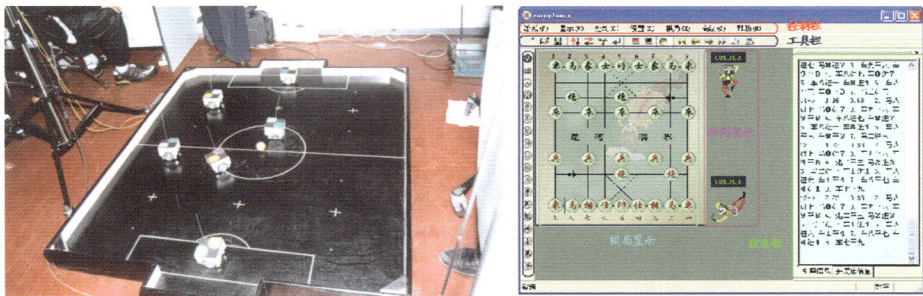

"棋天大圣"和"牛牛"

时间来到 2006 年，意大利城市都灵因为成功举办了当年的冬奥会而闻名世界，虽然已到春夏之交，城市街头仍留存着许多奥运氛围，而第 11 届计算机（棋类）奥林匹克大赛的举办，又一次使都灵成为了世人关注的焦点。此时的都灵高手云集，它们各个来者不善。从法国赶来的"谢谢大师"是 2004 年的世界冠军，名气很大。"深象"是台师大的研究小组，十多年的研究历史使他们"内功深厚"，实力不凡。"千虑"是中国台湾地区"电脑象棋之父"许顺钦教授的嫡系部队，常能下出妙手。"象棋世家"又称"棋海无涯"，是 2005 年奥赛的亚军，此行也是志在必得……一众高手中，东大的"棋天大圣"可谓初出茅庐，一年前的出道战，它小试身手获得季军，现在，"棋天大圣"已经做好了一切准备。

比赛采用双循环赛制，分别先手开局，30 分钟时间包干。没想到"谢谢大师"进步不大，很快败下阵来，和"深象"战斗比较激烈，但也没出现什么意外。"象棋世家"先手一盘，"棋天大圣"稳扎稳打，力克对手。次日再战，轮到"棋天大圣"先手，由于"象棋世家"对开局早有准备，突发奇招，"棋天大圣"有些被动，幸好它中局搜索深度高出"象棋世家"两层，局面慢慢挽回，成功与其握手言和。最终"棋天大圣"以 7 胜 1 平的绝对优势，夺得本届中国象棋比赛冠军，"象棋世家"第二，"深象"第三，都灵大战圆满结束。这是"棋天大圣"的第一个世界冠军，之后的数年，在北京、阿姆斯特丹，"棋天大圣"又捧起了多个世界冠军的奖杯。中国

"棋天大圣"在都灵获奖

人终于可以骄傲地说，我们也有了国际领先的棋类人工智能，东大人可以更加骄傲地向世人宣告，这份荣誉闪耀着东大人的智慧之光。

"牛牛"是徐心和教授组织开发的国内最早的机器人足球项目，它的名字来自 New NEU 的中文谐音，象征"新"东大的同时，创造者们也寄托着自己的希望——希望"牛牛"能在激烈的竞技赛场上，像公牛一样勇猛。"牛牛"没有辜负这份期待，当人们评价它的成就时，都要说一句，"牛牛"，真牛！

1999 年东大"牛牛"获机器人足球世界杯赛标准动作比赛冠军

1999 年，"牛牛"可谓"出道即巅峰"，战胜了巴西、法国、德国、阿根廷等一众足球强国的代表队，夺得机器人足球世界杯赛（FIRA CUP）标准动作比赛冠军。"牛牛"的身影，先后出现在"光辉的历程——中华人民共和国建国 50周年成就展"、"863 计划 15 周年成就展"，以及深圳高交会、

上海工博会、北京科博会、沈阳制博会等国家级的国际博览会上，向世人展示了东北大学的高科技成果。但"牛牛"团队的发展历程也不是一帆风顺的。由于团队的首批成员陆续毕业离校，队伍中有些松劲情绪，在 2000 年和 2001 年的国际比赛中，成绩不甚理想。加之经费拮据，条件长时间得不到改善，东大"牛牛"团队处于新的困难时期。是昙花一现，见好就收，还是继续努力，再攀高峰？其实无须多虑，因为东大人向来是不惧困难的，在找准了新的突破方向后，憋足了劲的"牛牛"团队决心重整旗鼓，再次出征海外。

2002 年的韩日世界杯创造了很多历史，世界杯第一次在亚洲国家举办、中国男足有史以来第一次"冲出亚洲"进入世界杯决赛圈，不过也许大家并不了解的是，作为世界杯正赛的科技项目，FIRA CUP 也在韩国同期举办，在世界杯热潮的带动下，近 30 个国家的 200 多支代表队前来参加 8 个项目冠军的争夺，8 个项目中，"牛牛"团队瞄准了 4 个，分别是 3 对 3 和 5 对 5 的微型机器人比赛，还有 5 对 5 和 11 对 11 的仿真比赛。由于这是 4 个热门项目，都要通过分区预选，东北大学"牛牛"机器人足球队可以说历经了一场场生死大战，"牛牛"团队在残酷的赛程中顽强地坚持下来，最终 3 个项目进军决赛。决战汉城，虽然三个项目全都以一球之差惜败东道主，但中国"牛牛"团队不屈不挠的精神和谦虚大度的气质仍令场上裁判和志愿者感佩不已，"You are the best player."这是他们发自内心的赞扬。

没能为中国赢得"世界杯"，"牛牛"团队略显遗憾，也愈发充满斗志。2008 年，"牛牛"团队夺得第十届中国机器人大赛暨 RoboCup 公开赛两项冠军；2010 年北华大学杯 GDCN 足球机器人国际友谊赛，"牛牛"团队先后战胜来自韩国和澳大利亚的两支劲旅，捧得冠军杯；2011 年的 RoboCup 公开赛，"牛牛"再次获得 3 项一等奖、2 项二等奖；2012 年 9 月，"牛牛"团队在中国科协组织开展的全国科普创作与产品研发示范团队创建活动中，被评为东北地区唯一一个全国科普创作与产品研发示范团队。

"牛牛"团队在所有从事机器人科研创新活动的东大人心中，是一位老前辈、一个"活传奇"。如今，曾经驰骋赛场的"牛牛"团队已然功成身退，却有更多的东大机器人盼望着称雄竞技场，成为新传奇。他们传承着"牛牛"团队的勇猛，接续着"牛牛"团队的创新，彰显着东大人的锐意，表达着东大人的态度。Action 团队就是其中一个，RoboFirst 机器人战队更是直接继承了"牛牛"的衣钵。2020 年中国机器人大赛在青岛举办，RoboFirst 机器人足球战队亮相赛场一战成功，时隔多年，东北大学又一次在机器人足球领域取得佳绩，从 1999 年到 2020 年，二十一年间，这颗冠军之心始终滚烫，就如徐心和教授所言："世界冠军，再没有更为绚丽的光环让人羡慕，更令年轻人所向往。那最高的领奖台，是最强大的前进动力——学习的动力，创新的动力，团结的动力，拼搏的动力。"

2020 年，东北大学 RoboFirst 机器人足球战队
获得 FIRA 仿真组 5 比 5 机器人足球赛季军、一等奖

东大战队闪耀 2021RoboCup 机器人世界杯中国赛

2021 年，东北大学 NEU_吾曹机器人团队荣获 2021RoboCup 机器人世界杯中国赛救援仿真组全国一等奖（亚军）、仿真 3D 组全国二等奖、仿真 2D 组全国三等奖。

NEU_吾曹机器人团队成立于 2021 年 3 月，隶属智能车实验室（浑南校区），队名"吾曹"取自东北大学校歌"能不奋勉乎吾曹"。这是东北大学第一次参加 RoboCup 机器人世界杯的仿真项目。其中，救援仿真组以预赛排名第一的成绩进入复赛，并在技术挑战赛中获得第二名，最终作为亚军获得全国一等奖。

扎根社会，引领发展，这是东大人的实干品格，实际上，也是创新工作的目的所在。科研和竞赛，最终都要通过孵化实现价值的转化；创造和创新，最终都要导向创业，完成动能的释放。

中天嘉华集团董事长、创始人刘英魁，1995 年考入东北大学计算机系本硕连读，在校期间，刘英奎是一个不折不扣的"学霸"，而且他还热衷于参加学生活动，曾是学生会主席。做学生会主席，他和别人不一样，"我把学生会当成一个实体来做，增加了很多部门：实践部是销售部，外联部是市场部，科协则是研发部门。""实体学生会"像一个小公司一样运行着，1997 年，当大多数人对互联网还很陌生时，他就借用一个设施完备但经营不力的网吧办起了网络培训班，培训的老师就是他在校内找的研究生。培训班在校内火爆异常，"嗅觉"敏锐的刘英奎决定乘势转换客户，将宣传的重心转移到企业用户身上，果然效益显著，刘英魁就这样靠一个好点子，收获了第一桶金。

让刘英魁真正走上创业之路的，是 1998 年举办的第二届中国大学生电脑大赛。由他带领的团队，计划用半年多的时间，在指定平台上开发一套软件。开发环境很艰苦，刘英魁和同学们借用 IBM 中心的一个角落，一边编程，一边"偷听"培训。最后，刘英魁团队的作品获得了全国一等奖。在参赛过程中，刘英奎对 IBM 等国际化公司的经营理念、创业故事产生了浓厚兴趣。他决定成立公司，进一步开发自己的参赛作品。

从家里借来两万元钱，跑完一系列手续，微网公司成立了，刘英魁自任总经理。他和创业伙伴们——很多都是当年在学生会时一起摸爬滚打的骨干，在校外租了一套还没有正式交付使用的期房，窗户四面透风，甚至连楼梯扶手都没装，七八个人就这样凑到一块儿，开始没日没夜地搞研发。当时，他们正赶上网络在中国风起云涌，做技术工程的微网公司生逢其时，

到 1999 年底，他们已经赚了 100 多万元。

然而，创业之路怎能一帆风顺。1999 年，刘英魁认定网络与通信手段相结合的新模式必将改变传统商业模式，同时能为企业带来更多收益。于是，他开发出基于手机号码的邮件系统"e 网通"。然而，由于缺乏市场运营经验和充足的资金，公司的资金流很快出现问题，项目宣告失败。好产品没能打开市场让刘英魁痛心，但他没有因此消沉。2000 年，网站建设如火如荼，刘英魁也和自己的团队开发了一套用于建网站的工具和数据库统计分析系统，这个项目获得 2000 年"挑战杯"一等奖。此时，刘英魁为了获得更大的发展平台，开始到北京创业。北京东方般若科技发展有限公司，这是未来的中天嘉华集团旗下的第一家企业，但由于网络泡沫纷纷破灭的大环境和商海经验的缺乏，刘英魁的公司遭遇失败，新产品被宣布放弃。在公司低潮期，刘英魁自学了几乎全部的 MBA 课程，他更深刻地理解了创业公司必须创新的道理。2001 年 10 月，中国第一条结合企业业务系统的自动服务短信由刘英奎成功发出，他创造了中国的移动商务服务模式；2006 年，刘英魁创建了北京中天嘉华财富管理咨询有限公司，这是中国首批独立的财富管理公司之一；2012 年的嘉华基金、2014 年的嘉华资产和嘉华保险相继成立；2018 年，中天嘉华集团旗下的嘉华信息在 A 股上市。

创业近 20 载，刘英魁完成了从 IT 精英到科技金融投资的完美跨界。他根植于 IT 基因，坚持创新、不断颠覆，秉承"专业创造价值"的核心理念和"公专信慎"的经营理念，始终做到"知行合一"，以独特的思维方式创建并引领着国内领先的金融科技、移动商务等商业模式。

东软集团总裁刘积仁曾说："当很多人看你很正常的时候，你在做的事情，往往不太容易成功，因为大家都看着正常的事情，机会就没有了。反而，别人认为比较困难的事情，我喜欢试一下。"无论是科学研究还是企业经营，一切突破其实都源于创新，而创新最大的风险就是很难得到认可，这正是考验一个人的时候。"亦余心之所善兮，虽九死其犹未悔"这样的豪情气魄，是来自东大的创业者们共有的气质。

刘洪伟，东北大学博士研究生，同时也是致力于打造中国版"天眼"的东深科技股份有限公司的 CEO。他 2008 年开始创业，成立深蓝工作室；2014 年成立沈阳东深科技股份有限公司；2015 年公司订单总额达 500 万元；

2016年公司一季度订单就突破1000万元。《在东大读博士搞创业，订单突破千万》，他的故事广为人知，他的成功令人艳羡，然而夺人眼球的新闻标题背后其实是一次次闯关、一次次凤凰涅槃。

2014年，刚成立东深科技有限公司的刘洪伟团队经历了最艰难的一段时期：公司数十万元的款项一直不能付清、客户企业大环境不好，经营不善导致的100万元的订单违约造成整个团队前期的准备付之东流……资金、市场、人员等问题重重地压在他的肩上，这是残酷而且致命的。刘洪伟也曾彷徨，不知前路在何方。思来想去，唯有苦干，才能守住初心。刘洪伟带着他的团队，夜以继日，几乎每天只睡两三个小时，如此一连半个月，终于克服了一个个难关，让客户和同行都感到惊讶和不可思议。

刘洪伟

飞得越高，才能看得更远，刘洪伟的坚持带来的是公司成长期的繁荣发展。低谷之后，公司业务不再是单一的软件定制业务，而是走多元化的发展道路，开拓新的市场。2015年下半年，公司已经脱胎换骨，在创新创业的道路上有了突破性的进展，与中航工业集团等大型国有企业在系统开发等领域展开合作。

在刘洪伟的公司飞速发展的日子里，科学馆也在发生日新月异的变化。2015年，继创新创业学院正式定名之后，学校又获评"全国高校实践育人创新创业基地"，成为"中国高校创新教育联盟"首批成员，随后，东北大学KAB创业俱乐部获批成立，并连续多年荣膺全国百强社团。2016年，创业基础成为必修学位课，写入东北大学人才培养计划。2017年，东大创新创业海外课堂走进美国、日本多所大学，创新创业国际交流活动逐步拓展。2018年，东大获评全国创新创业典型经验高校，实现双创教育荣誉大满贯。"思创融合、知创融合、行创融合"的人才培养新模式，激励着东大学子迎

着朝阳追赶梦想，"十三五"以来，学生获得创新创业竞赛国际大奖 444 项，国家级奖励 2100 项，共有 94 家学生创业企业落地，荣获"互联网 +"大赛最具商业价值奖（全国唯一）、高校集体奖、"挑战杯"金奖，并捧得"优胜杯"等荣誉。在 2021 年全国高校竞赛排行榜中，东大获奖数量居全国第二、综合排名全国第七。

就在百年校庆前夕，又有好消息传来。东北大学青年校友曾振、王郁分别作为"社会企业 & 教育"和"工业制造 & 科技"新星入选福布斯中国 2022 年度 30 Under 30 榜单。曾振的"舞指科技"以肌电信号核心算法，为听障人士发出"心声"，从公益社团负责人到科技企业掌舵者，他的成果在西安残特奥会落地应用，历史首次在残特奥会上为听障人士提供智能化信息无障碍服务；王郁的"星阑科技"参与由工业和信息化部网络安全产业发展中心牵头组织的《数据传输安全白皮书》的编写工作，首个云原生 API 安全标准推动了政策在业内落地……

还有什么样的故事，比历尽艰辛终成正果更为人所乐见呢？还有什么样的经历，比创造前所未有的科学奇迹更加令人着迷呢？深厚的历史打下它的地基，经验的传承筑就它的四壁，创新的精神生成它的外表，青春的胆魄决定它的气质，这就是它，充满未来感的科学馆，一座荣誉的殿堂，一个迎接朝阳的地方，一个吸引青年的奇境，一个让梦想起航的母港。若干年后，请务必再来探访这里，听听科学馆的新故事，一定让您惊喜。

# 漫游在共同的记忆里

　　李白曾说："夫天地者，万物之逆旅也；光阴者，百代之过客也。"长逝不回头的时光中，唯有共同的记忆，能够跨越所有界限，成就永恒。校园是全体东大人共同的精神家园，漫步其中，总有说不完的故事，诉不尽的衷情。

　　松涛掩映间，古朴而典雅的"四大学馆"，如同四位亲切长者，温柔地注视着代代青年。遥想当年奠基之初，为这四幢楼宇起什么名字，全校上下莫衷一是，最终是东北工学院首任院长靳树梁力排众议，决定循法古例，定名为"馆"，以期学子于此发奋苦学，成就立德成才之圣地。

机电学馆

毕业于东北工学院钢铁冶金系冶金炉专业的干勇院士这样回忆自己的东大时光，他说："我真正的人生历程是从 17 岁进入学校开始的。在母校，我不但学到了扎实的基础知识，更主要的是受到母校光荣的爱国主义传统的熏陶，被陆钟武等老师严谨治学的精神所感染。母校培养了我追求创新的奋斗精神和吃苦耐劳的作风，使我能够不断战胜困难，不断进步。"他印象中的东大人"就像生命力顽强的山楂树一样，春来花繁叶茂，秋去红果满枝，根深何求沃土，酸甜自在心底"。

曾经担任国家载人航天工程应用系统总指挥等重要职务的张厚英校友，只要到沈阳，就迫不及待地回到校园。从 1952 年到 1956 年，他曾经在东北工学院生活了 4 年，见到每一条街路、走进每一个教学场馆都让他兴奋不已。他总是说："学校变化太大了，校园太美了，发展之快让人感动！在东北大学的毕业生中我并不是最突出的，在我所学的工业企业电气化专业中，我当时只是处于中游。我感觉学校给我的培养是最重要的。尽管当时教学科研条件很有限，但是老师们的敬业精神、东大的深厚文化底蕴却深深影响着我，在东大我学会了做人，学会了拼搏进取。"

巍巍东大，煌煌百年，究竟有多少优秀学子成才于此，数也数不清楚。东大的校友遍布祖国各地、四海之外。虽然大家天各一方，但只要提起母校，校友们总会有无限的感慨。有些记忆，如同往昔的珍藏，只有当校友们齐聚时才会拿出来分享，也只有在这种时刻才能找到共鸣，就好比一把小小的"丁字尺"，一定能使很多老校友们会心一笑。

何世礼教学馆

20 世纪 80 年代，"四大学馆"因疏于维护，有些破败之相，馆内灰秃秃的墙面，坑洼不平的地表，让经常需要绘图的同学们很是苦恼。不过，东大学子们极富智慧和想象力，他们将五六把丁字尺竖的端头立在地上，让尺身靠近墙面，听课时依靠在丁字尺组成的平面上，这样一来，衣服就不会在墙壁上蹭脏。在需要的时候，丁字尺也可以作为垫在圆桌脚上的"垫料"，为的是将制图桌"找平找正"，那时的丁字尺可真是"校园出行好伙伴"。不过，新楼馆的诞生和"四大学馆"的翻新整修，很快就"解放"了丁字尺们身上的重担，1997 年和 2001 年，何世礼教学馆与逸夫教学馆相继竣工，东大教学场地与设施得到了很大改善。

何世礼教学馆，纪念着曾任东北大学校董会常务董事的香港知名人士何世礼。何老出身名门，自幼便以身为中华儿女的高节大义闻名香港，青年时先后赴英、法、美等国学习军事，归国后就任军职。抗战期间，他参加大小战役多次，曾指挥炮兵击退日军土肥原部，1962 年卸任后返港定居。年轻时的何老曾任张学良先生的副官，得到过张学良的提携扶助，故对张学良寄予重望的东北大学关怀备至。1996 年，得知学校教学场馆用度不足，他慨然捐资 50 万美元用于新建教学楼。1997 年 12 月大楼竣工，无论在技术还是规模上，何世礼教学馆都是当时国内高校中设施最好的教学大楼之一。

1998 年，东北大学 75 周年校庆之际，92 岁高龄的何世礼先生不顾年事已高，在子女的陪伴下，与已 98 岁高龄的宁恩承先生飞越千山万水，前来参加庆典。校庆之日，二位老人早早来到教学馆，宁老步履矫健地走进一间教室，招呼何老与其并肩而坐。"我们又做学生了。"宁老凑近何老的耳根说。随后宁老大步跨上讲台，拿起粉笔，以流畅的笔法写下了"何世礼"三个字并冲何老大声招呼，"何先生过来，我给你讲课了。"说着把粉笔递向何老，"来，你写几个字。"何老挥笔而就，"宁老"。不想两个苍劲有力的字，却遭到了宁老的"批评"，"你这个'宁'字写得好，'老'字不行，我们不能称老"。两位世纪老人，老骥伏枥，壮心不已，然而岁月究竟不饶人，如今想来，多么希望时光就定格在那一处、那一刻。

记忆，不仅在人与建筑间产生相互的观照，也在新舍与老屋的对话中实

大成教学馆

现传承。极富格调的"东大红"是浑南校区的主题色，其实浑南的红，正是继承了老一辈东大人的记忆中"小红楼"的颜色，而浑南校区1号教学馆，更是"继承"了它的前辈——大成教学馆的设计理念。

浑南校区1号教学馆及内部结构

大成教学馆在正式定名前，就被称作"1号教学楼"，当年，1号楼的设计被大家戏称为"东大盗梦空间""楼穿越"。因为1号楼为了充分利用室内空间，将层高不同的阶梯教室与平面教室平行布置，其中北侧为6层平面教室，南侧为4层阶梯教室，如此一来，学生便可以隔楼层玩"穿越"，比如从6楼不经过5楼直接下到4楼，又或者明明在4楼往下走出去竟是五楼。时间久了，同学们发现，其实这样的布局也很科学。每到新学期，大家也十分乐于开展一项纯自发的"领学弟学妹走一遍1号楼"活动。后来，大连校友会的李洪军、姜清波、秦佑建、王德虎等为回报母校培育之恩，支持母校发展，共筹1000万元捐资助学，为感谢此种义举，铭记反哺深情，学校将1号教学楼命名为"大成教学馆"，以弘扬东大校友爱校荣校的优秀品质，激励在校师生追求铭心立德、笃学立言、修身力行之大成。如今的大成教学馆与浑南校区1号教学馆如同一对兄弟，哥哥洁白庄重，弟弟火红新潮，它们内心里都蕴藏着一个"盗梦空间"，实在妙不可言，不知身为"弟弟"的浑南校区1号教学馆会有一个什么样的新名字呢？

我们的东大，在每一位东大学子最美的青春年华里，留下了许多独家记忆。也许你最爱东大的蓝天，只因那种清透的蓝色别处少有；也许你最爱幽静的树林，倏忽几只小鸟掠过，叫醒沉睡的空气，也叫醒沉醉的你；也许你最爱东大的细节，那些平凡的片段总能触动你的心弦，比如黄昏路上悠闲散步的老者与孩童，风华园里灵动快乐的小松鼠，比如小南湖水倒映着的那一轮秋月，绕过小土坡跃然眼前的红叶林……

又或者你对某一个季节情有独钟。比如东大之春，那是一种完整的体验，从盼春、迎春，到游春、赏春，一切绮丽芳华都款款地、踏着节拍而来。春天又最能勾起同学们对时令的探索欲，柳林又绿了几分？桃与杏今日有无绽放的迹象？连翘和迎春，长得实在相似，为了辨别清楚值得走一趟图书馆，毕竟"为了喜欢的东西大费周章，所以才能快乐如斯"。

小南湖

春景

夏日的东大则是生命的乐园。柳枝轻拂，枝蔓伸展，姹紫嫣红中，风儿、裙儿、蝶儿、鸟儿翩翩起舞。良夜风和，敞开寝室的窗子，静听树影婆娑、蝉声了了，赏心乐事，令人忘忧。而或骤雨初歇，走在草边，看肥硕的蚯蚓在油黑油黑的泥土里打滚撒欢，又见一只小松鼠跳跃着穿过马路，下意识地停下脚步，轻轻地目送它很远、很远……

夏景

秋日东大，色分五彩，红枫、银杏、梧桐、白鸽、蓝天。漫天秋叶，为东大编织一个斑斓的梦，银杏染金，也曾觅得最可爱的一叶，当作书签。东大的秋天，最适合相逢，并肩走进温柔的秋色里，收集快乐，不经意间的抬头，看秋风不肯驻，秋日不肯暮，生活就变成了诗篇。不过天气转凉，千万不要忘记添衣，不然一不小心打个喷嚏，就会说出心里话——"爱秋"。

银杏叶　　　　　　　　　　　　红枫叶

飘雪的校园更是令人神往，冰清玉洁、高冠华盖，树树盛开带雪的冰莲，处处雕刻着北国的浪漫。看准夜里的雪，第二天务必早起，去留一串独一无二的脚印，或是在好友的必经之路上，藏起彼此才懂的白色留言。南湖苍松变雪松，美景年复一年；浑南校区红楼照白雪，有人说是"圣诞老人配色"，友人却笑他，说是猩红袄镶着白狐边。

雪景

东大校园的美，不只美在浑河两岸。蜿蜒起伏的万里长城之下，枕山襟海，依势而筑的东北大学秦皇岛分校另有豪迈与大气。古老的松树焕发着青春的风采，如同东大的优良传统在 21 世纪里熠熠生辉，挺拔秀丽的棵棵银杏，带有少男少女特有的青春气质，喷泉、水池，各色金鱼游弋水中，常有人驻足观赏，亦有人悄悄许愿。草坪旁边的长椅上，清晨坐着朗读外语的青年学生，黄昏坐着银发苍苍的老教授。天光正好时再来看，草坪间嵌着鹅卵石的弯弯小路上就有孩童快乐玩耍，也许他们之中就将有人与东大结下一生之缘。

秦皇岛分校

沈河校区（原基础学院）的校园，也是一代东大人的独家记忆。会堂中世界杯之夏的未眠夜，教学一馆、二馆每晚的定点自习和导员抽查，六舍门前无数次火热惹眼的投篮，开水房前永远排起的暖瓶长龙。东大印象，无处不在，东大时光，萦萦在心……

沈河校区

何人见月，何月照人，学子与校园的关系又何尝不是如此呢？再去五五体育场散散步，再去小南湖畔吹吹风，再去看看校训石上的字，再去听听准时守候的广播，历史就在其中，未来就在脚下。漫游东大，就是漫游在共同的记忆里，这些记忆，有"爱校、爱乡、爱国、爱人类"的大同理想，有"能不奋勉乎吾曹"的逐梦故事，有兴学育人、力耕躬学，有踵事增华、知馨行远……这些记忆就是百年东大留给我们永恒的财富，这些记忆就是 40 万东大学子永远的精神家园。

# 后记

　　十秩峥嵘波澜壮阔，山河为证岁月为名。从 1923 年到 2023 年，伫立在白山黑水间的东北大学走过了百年征程。这是东北大学光荣历史的里程碑，这是百年东大继往开来的新起点。

　　在历史的交汇处，我们满怀真情地记录下属于东大校园与东大人的故事，创作出这本《漫游东大》，献礼母校百年华诞。期待这些跨越世纪的记忆珍藏，化作醇香佳酿与世人共享，也期待本书能够成为一把钥匙，于枕边或案头开启您与东大的独家记忆。

　　沿着岁月的长河漫溯，老建筑是引导我们的最佳地图。那些发生在其中的人物故事，连同饱经沧桑的老房子本身，都已是东大历史不可分割的一部分。无论是北陵校园的松涛林海、大小白楼，北平复课的公署校舍，西安礼堂前的基石，还是三台小城的低矮草坪，南湖校园的"四大学馆"，置身其中，那段兴学育人、抗争求索的铿锵岁月便会扑面而来，那种身为东大人所共有的"使命如此其重大，能不奋勉乎吾曹"的报国壮志便会油然而生。而在如今的校园，美丽的风光透射出东大的魅力与高度。现代化的教学楼馆，领航时代的科研环境，温馨舒适的生活空间，清新秀丽的自然风景，漫步其间，更觉施展才干的舞台无比广阔、实现梦想的前景无比光明。

　　《漫游东大》就是以校园中的建筑为线索，将百年东大的光荣历史融入校园的一砖一瓦、一草一木，让校园里的每一个风物都成为文化传承的载体，报岁月以歌。翻阅本书，如同步入东大漫漫历史长河，不经意间就能触摸到一个个鲜活的故事，真切感受到实干、报国、创新、卓越的东大文化，感受到东大人的精、气、神。

　　本书各章编写者为：第一章，刘海龙、王钰慧；第二章，陈均、梁爽；第三章，姜孝宇；第四章，张广宏；第五章，姜宇飞、李杨；第六章，韩斌、刘颖慧、姚艾君；第七章，武涛；第八章，杨明、霍佳锐。本书由丁义浩、刘海龙、韩斌统稿。

　　本书在编写过程中，参考引用了大量的历史文献、图书、报刊和部分网络资料，未能一一注明出处，在此一并表示感谢。

　　东大的建筑风景还在继续生长，融贯其中的东大精神仍在传承。历史不会止步，东大和我们仍在路上。

**本书编委会**

2023 年 6 月

# 编者的话

大学文化基于人也为了人。很多东西越是熟悉，越是不明白，对文化的理解，更是如此……大学文化建设是大学的价值所系、责任所在，一所大学失去了文化也就失去了"大学之为大学"的内生动力。

当你仅仅置身于东大百年文化长河中，也许你不一定感受到她的澎湃与浩渺，但是在梳理东大文化的时候，必然会感到这笔精神财富的凝重与不可或缺。三次"漫游东大"，恰似也在创造文化！

使命如此其重大！

——丁义浩

居芝兰之室，久而不闻其香。在东大二十余年里，早已熟悉了那一条条路、一栋栋建筑，就像在家里一样，熟悉而温暖。先后两次参与《漫游东大》的编撰，静下心来细细打量、慢慢梳理，却觉得母校是真的美，是那种大气、壮观而又不张扬的美，就像她的历史一样，于百年的涓涓细流中总能在关键时刻呈现出波澜壮阔的场景和气度。生命中的四分之一在东大度过，许身东大的情怀让我愿意为她的更加美好贡献一切。

——刘海龙

2013年，东北大学90周年校庆时，我有幸进入《漫游东大》编撰小组，开始了"漫游东大"的奇幻之旅。

2023，东北大学百年校庆之际，我再一次幸运地进入《漫游东大》编撰小组，深度体验东北大学在历史隧道中震荡磨砺所形成的永恒魅力。

育人为本，科学为根，文化为魂。

十年之间，我两度"漫游"，让我深感她是一首诗、一首歌、一座宝藏，那历史铸就的光荣传统、优良学风和先进的办学理念，使她生生不息，英杰辈出，成为学子追逐梦想的人文沃土，成为推动社会进步的坚实力量。

我爱东北大学，能在这里工作是我一生的荣耀！

——王钰慧

作为个体，年满期颐已为上寿，正如古语所言"生年不满百"。但群体能，精神传承更能。历经百年征程，东北大学承载着当年的爱国初衷，带着新时代的精气神，正昂首阔步地前进着。

与期颐相比，舞象所表示的时段既陌生又短暂，但这恰好是我入职东大、探索东大历史的时光。不到20年的时段，如沧海一粟，偏偏缘分让我参编《漫游东大》第二版、第三版，分别为90周年校庆、100周年校庆献礼。

以舞象对期颐，除了机缘，还有感恩，更有祝福。祝福东大，祝福东大人。

——陈均

展卷翻阅，旧时风物与建筑跃然纸上；掩卷凝思，百年岁月在指尖流转。映入眼帘的是一张张从黑白渐变到彩色的胶片，感同身受的是百年学府厚重的文化底蕴。东大的历史在演变、人物在更替，不变的是爱校爱国之心和自强不息的奋斗精神。这股无形的力量如涌动不息的心流给予一代代东大人不竭的动力，带领我们冲破开创之艰辛、流亡之困苦、复名之不易，走到东大的今天，这股力量也必将继续引领东大人踏上新的征程！

——梁爽

百年校庆来临之际，得到重新修订《漫游东大》的消息，我又忍不住激动起来。想到也许数年之后，那些续写东大辉煌的学人，也许还会触摸本书，不禁感到一种巨大的幸福与骄傲。

在书写东大，以期破译蕴含其中的密码的同时，我们也将目光投向东大下一个百年。我们期待，承载百年荣光的东大人，在未来的岁月里，编制出令人称奇的新密码。我们相信，追寻梦想的东大人在下一个百年，也一定能编制出让人拍案叫绝的东大新密码，必有新的故事、新的传奇被源源不断地酿造出来。

——姜孝宇

三次参与《漫游东大》的撰写，从跃动的历史音符，到材料学科的大本营，再到两栋信息学馆跨越浑河的传承，每次撰写过程，都是对东北大学校史的深入学习、精心选择和细致描绘，是对东北大学人和事的深度再认识。真诚地希望新一版《漫游东大》能让更多的人了解东北大学实干报国、创新卓越的辉煌校史，激发前行动力，共同为东北大学一流大学建设贡献智慧和力量。

——张广宏

百年东大是一部厚厚的书。书中有兴学育人、文化救国的爱国主义光荣传统，有与国家发展和民族复兴同向同行、科技报国的光荣事迹，有立德树人、先后培养40余万名毕业生的卓越成就，有历久弥新的校训精神和东大文化……10年前，参与编著《漫游东大》，以记者的视角记录校园建筑、回顾校史场景、讲述校园故事；10年后，在建校百年之际，参与重新修订此书，再次化身"导游"，倍感荣幸。建筑无声，记忆有形。愿这本书能带着你感受东大、回味记忆、觅得知音；愿我们的东北大学新百年新征程再创新辉煌。

——姜宇飞

百年东大，虽历经坎坷而精神永存。回顾学校曲折奋斗的百年历程，阅览前辈校友载入史册的光辉业绩，我们心灵震撼，豪情万丈。"自强不息、知行合一"是东大精神的灵魂，献身、求实、团结、创新是东大力量的源泉。东大的百年，是可歌可泣的百年，是引以为豪的百年。作为东大的一分子，能亲身融入百年校庆，成为《漫游东大》的撰稿人之一，心之自豪，无以言表。惟愿竭尽所能，为校庆、为学校贡献一分微薄力量，也惟愿母校峥嵘厚蕴，永谱华章！

——李杨

东大百年之际，作为一名《漫游东大》的撰稿人，心情尤其激动。回望跌宕起伏的百年发展历程，一代代东大人胸藏改革奋进的心智，从强国御辱的原点出发，泅渡东大历史长河，践行了对爱国报国信仰的坚守。展望大潮奔涌的未来，隽永厚重的东北大学正不断寻求规制与赋能之间的合适张力，在不懈探索如何更好应答国家社会发展之需要的进程中稳步前行。建校百年之际，恰逢时代的开阔地带全面打开，唯愿母校能继续肩扛情怀梦想，在大潮奔涌的时光之海中不畏时空巨变，穿行历史经纬，永远澎湃向前。

——韩斌

当时间的车轮慢慢驶过青春的岁月，悄然来到 2023 年，东北大学这所巍巍学府已然走过百年历程，何其幸运的我，与母校相伴成长 24 载。蓦然回首，时光仿佛斑驳了记忆，而记忆并没有辜负时光。

漫步在校园的林荫小路上，一草一木都仿佛有了生命，和我诉说着百年东大的故事，那些耳熟能详的学界泰斗、"中国第一"不仅仅是响亮的标签，他们的故事在我的脑海中愈发清晰，构成一幅幅不能忘却的画卷，引领着我默默地前行，追寻属于这座学府的荣光。

——刘颖慧

这，是我和东大一起走过的第二十个春夏秋冬。二十年来，我在人生最美的年华，得遇一二德才璀璨的良师，觅得一群志同道合的朋友，携手一位一世倾心的伴侣，追寻一份一生挚爱的事业，东大，给了我最深沉的陪伴和最周全的呵护；二十年后，我将站在职业的终点回望漫漫人生，东大，将会给我最完整的记忆和最珍贵的温暖。百年征程再出发，想说一句，谢谢你，我爱你，我的东北大学！

——姚艾君

作为一名昨日的东大学子，今日的秦皇岛分校教师，能在东北大学百年华诞之际，回望秦皇岛分校在东北大学引领关怀下的成长奋斗历程，激动之情，难以言表。上一八百年中，因为同一个家园、同一个梦想，渤海之滨与白山黑水之间，燕山脚下与辽沈大地之上，以"自强不息、知行合一"的校训精神为纽带，日益同频共振、紧密相连。下一个百年里，秦皇岛分校将按照东北大学"一体化协同发展"的战略布局，为尽快实现"建成与东北大学创建世界一流大学相适应的高水平特色校区"的目标而努力奋斗！

——武涛

我们常常怀念青春岁月。东大人的青春答案，或许就在《漫游东大》的字里行间。一百年的时光，铭刻下无数人的青春记忆，就像一个个跃动的音符，有些高亢，有些婉转，有些激越，有些沉着，共同谱成了百年东大这首实干、报国、创新、卓越的壮丽交响乐。

写下这些故事，不只为了记录下光荣与美好，更是为了激励后来者，当书中的文字映入那些年轻的眼眸，他们会知道征途漫漫终能蟾宫折桂，奋斗虽然艰辛，但并不孤独。如此，我们的工作便有了非常的意义。

——杨明

前人文章，穆穆皇皇，读之感佩的同时也在思考，自己的书写有何意义？如果仅是记录与抒怀，是否有价值化身纸书？

与东大的缘分，从邂逅，到融入，再到留恋，必然在学与思的过程中感受着东大文化的浸润，在行与悟的过程中经历着人格与精神的成长。选择了东大，也被东大塑造，这就是属于全体东大人的共同情怀，是我们在这校园间行走、学习、思考的共同纪念。怀着书写下这些的心情，落笔成文也更加谨慎、珍重。

起笔于新春的灯火中，成文于百年校庆前夕，停笔之时春光正好，推窗望见小南湖。

——霍佳锐